JN277214

日本教育制度学会20周年記念出版

現代教育制度改革への提言

日本教育制度学会 編

上

東信堂

はじめに

　いつの時代においても、またいかなる国においても、恒久永続的なベストの教育制度というものが存在するわけではない。教育制度は、社会的に容認されている一つの組織であり、組織一般というものはひとたび形成されれば固定化され、画一化し、次第に硬直化していくという側面を常に内に孕んでいる。長年の間には「金属疲労」ならぬ「組織疲労」が生じることさえある。それゆえ、かつてジョン・デューイ (John Dewey) も『学校と社会』の中で指摘していたように、組織としての教育制度も、それが屈伸性をもって持続し十分に働くためには、柔軟化、弾力化を図りながら絶えず改善される必要がある。また、一般に、社会が変化すればそれに伴って教育制度にいくつかの問題や矛盾が表れてくることは明らかである。そうした問題や矛盾を解決し克服していこうとする努力が教育制度の改革である。そこでは、外社会からの変革による教育体系の全体に関わる大規模な教育制度改革の場合もあれば、体制内における教育制度の部分的、内部的改編の場合もある。

　わが国における21世紀の教育像は、およそ1984（昭和59）年に始まる臨時教育審議会によってその基本的方向が示され、以後今日までの30年間に及んでさまざまな改革が実施されてきた。しかし、この間の教育制度改革は、「理念がない」「金がない」「子どもがいない」と揶揄されるように、改革の三無主義の中で行われてきた。実際、国の厳しい財政状況の中で、長期にわたる子ども人口の減少傾向の影響を大きく受けながら、対処療法的な改革対応が続いているといってもよい。また、教育の論理より経済の論理優先の改革案も多くみられる。次代を担う人材を育成することを使命とする学校教育の発展にとっては、こうした三無主義や経済優先策は阻害要因となっている。それゆえ、学校教育に対する国の財政措置をはじめ、広がりつつある格差是正方策や教育理念先行の改革などが強く求められるのである。

総じて、今日のわが国の教育制度改革は、狩猟民族社会における教育システムを農耕民族社会における教育システムにどう組み込むのか、という一点に集約される。教育制度改革にみる多くのシステムは欧米での試行・実践を後追いしているように思われるが、システムは導入されてもなかなか日本的なシステムにならないというジレンマを抱えている現実がみられる。飛び入学制度や学校評価制度なども、教育のシステムとして思ったように定着していないのが現状である。農耕民族社会における新しい教育システムを築き上げていく上で、狩猟民族社会のシステムをどのように組み込み、効果的に改革の実を挙げていくかが問われるのである。

　教育の国際化あるいはグローバル化の時代にあって、教育は高度に制度化される必要がある。変化の激しい社会の中で、教育制度改革はどのように進められるべきか。われわれは教育制度の何を踏襲し、何を抜本的に改革しなければならないのか。翻って、日本教育制度学会は、この20年で何を為すことができたのか。どんなインパクトを及ぼすことができたのか。われわれは、教育制度についての事実問題を解明するとともに、あるべき教育制度改革への理論的・実践的知見を洞察し、提供していかなければならない。本書は、日本教育制度学会の会員の叡智を結集して、教育制度に関わる諸問題を理論的かつ実際的に解決を図っていく責務を果たし、教育制度の研究の水準を高めていく意図をもって刊行された。

　本書の刊行にあたって、東信堂社長の下田勝司氏の温かい励ましと多大な力添えに対して心から感謝を申し上げたい。

　平成25年11月

清水　一彦

目次／現代教育制度改革への提言　上

はじめに ………………………………………………………… 清水 一彦　i

序章　教育制度学のすゝめ ……………………………… 桑原 敏明　1

第1節　「創立20周年」の記念出版構想の変転 ……………………… 2
第2節　教育制度学のすゝめ …………………………………………… 6
第3節　現代の「教育制度学のすゝめ」に底流する
　　　　「教育を受ける権利」………………………………………… 8

第1章　教育制度の諸原理 ………………………………………… 11

第1節　教育制度における教育権論の課題と
　　　　展望 ……………………………………… 佐藤 修司　12
　1　教育権論と内外事項区分論
　2　国家と国民、教師の関係性
　3　権限としての教育の自由
　4　教育の自由と選択・参加
　5　ネットワーク型ガバナンスとしての「国民の教育権」論
　コラム1　いじめ問題等の解決に向けた日本の
　　　　　　　教育制度改革への提言 ……………………… 半田 勝久　29

第2節　教育の機会均等理念の課題―6・3・3制
　　　　再考の意義を中心に…………………………… 池田 賢市　31
　はじめに
　1　文部省『民主主義』にみる教育観
　2　複線型を支える論理
　3　人間観の問題
　4　消費財としての教育のイメージ

5　複線化への動き
まとめにかえて
　コラム2　オランダ王国憲法に見る「教育の
　　　　　自由」の保障 ………………………………… 澤田 裕之　52

第2章　初期教育制度 ……………………………………55

第1節　子どもの権利保障から見た
　　　　初期教育制度の課題 ……………………… 秋川 陽一　56
　1　本稿の目的
　2　初期教育制度と子どもの人権保障
　3　初期教育制度改革におけるネットワーク化とガバナンスの視点
　4　現代の「初期教育制度」改革の課題

第2節　幼児教育義務化論 ……………………………… 藤井 穂高　74
　はじめに
　1　わが国の幼児教育義務化論の論点
　2　フランスの保育学校の就学保障と義務化法案
　3　スイスの幼児学校の義務化と柔軟化
　おわりに

第3節　初期教育制度と保育・教育自治論 ………… 伊藤 良高　89
　はじめに
　1　初期教育制度改革の展開と保育・教育施設
　2　保育・教育施設における保育・教育自治論
　3　保育・教育自治から見た保育・教育施設 ── 制度・
　　経営改革の構想
　おわりに
　　コラム3　幼稚園、保育所と小学校との「接続期」
　　　　　カリキュラムは、就学の準備か？ ……… 梨子 千代美　107

第3章　義務教育制度 ……………………………………… 109

第1節　義務教育諸学校の評価制度構築上の
課題 ……………………………………… 窪田 眞二　110

はじめに
1　なぜ、小学校・中学校の設置基準で学校評価が規定されたか？
2　学校評価の制度はどのように作られていったか？
3　学校評価ガイドラインはどのような役割を果たしているか？
4　義務教育諸学校にとって学校評価は必要か？
5　提言

第2節　義務教育段階における学校間連携・接続の
課題と展望 ……………………………………… 南部 初世　126

はじめに
1　小中連携・一貫教育における論点
2　地域との連携を基盤にした小中連携・一貫教育の事例分析
おわりに

第3節　周辺的成果からみた学校運営協議会の意義と
課題 ……………………………………… 佐藤 晴雄　145

はじめに
1　創設過程から見たコミュニティ・スクールの意義
2　学校運営協議会の諸活動
3　学校運営協議会の活動と校長のコミュニティ・スクールに対する満足感
4　学校運営協議会の権限外活動と校長の成果認識
まとめ－提言

コラム4　学級規模縮小法案成立の一要因 …………… 星野 真澄　163

第4章 後期中等教育制度 ………………………………… 165

第1節 「最若年移行困難層」への支援制度の拡充 ……………………………… 藤田 晃之 166
1 第2期教育振興基本計画が示す教育改革の方向性と本提言の意図
2 「最若年移行困難層」への支援制度の現状と課題
3 サポステの活用を阻むもの
4 サポステ制度に内在する課題
5 提言

コラム5 米国のAVIDプログラム―不利な状況にある生徒のための大学進学準備システム― …… 福野 裕美 183

第2節 高校教育改革の展望 …………………………… 山﨑 保寿 185
1 後期中等教育の二面的性格
2 中高一貫教育制度の設立とその特徴
3 中高一貫教育校の校数増加と質的変化
4 中高一貫教育校の展望と改革課題
5 後期中等教育におけるキャリア教育
6 キャリア教育推進の施策と経緯
7 キャリア教育の展望と改革課題

第3節 適切なる「学習評価」と「グローバル人材育成」としての「学力向上」……………………………… 桑原 哲史 202
1 はじめに
2 新学習指導要領に伴う評価の見直し
3 「学校評価」としての「学習評価」
4 「学習評価」と「学力向上」及び「グローバル人材の育成」
5 「学習評価」と「学力向上」

コラム6 「未履修問題」が現代の教育制度に問うもの ……………………………………… 松原 悠 212

第4節　改革への見解と提言 ……………………………… 亀井 浩明　214
　1　全般的な傾向から
　2　自民党政権での高校教育改革から
　3　大学入試と高校教育から
　4　都立高校改革推進計画から
　5　校長会の見解から
　6　平成25年度文部科学省関係予算から
　7　中央教育審議会答申「第2期教育振興基本計画」から
　8　スーパー・グローバル・ハイスクール
　9　総括的な《見解と提言》
　コラム7　高校教育像の史的探究ノート ………… 大脇 康弘　222

〔付録〕日本教育制度学会20年の歩み ……………………………… 225

目次／現代教育制度改革への提言　下

| 第5章　高等教育の革新と質保証 |

第1節　大学単位制度の再構築 ……………………… 清水 一彦
　コラム8　中国の高等教育機関の財務はどのように
　　　　　　変わるのか ……………………………… 黄 海玉
第2節　学修評価制度の改革提言 …………………… 山田 礼子
　コラム9　大学評価は大学を変えられるのか
　　　　　　……………………………………………… 和賀 崇
第3節　学習支援に関する政策提言 ………………… 溝上 智恵子
　コラム10　シンガポールの大学教育制度が与える
　　　　　　日本への示唆 …………………………… 戸田 千速

第6章 教員制度

第1節　教員制度改革の争点と展望
　　　　―教員評価の問題を中心に― ………………… 山下 晃一
第2節　対保護者トラブルに遭遇する教職員への
　　　　支援体制の現状と課題………………………… 小野田 正利
　　コラム11　スクールリーダー・フォーラム
　　　　　　の挑戦 ………………………………… 大脇 康弘

第7章 専門教育・生涯教育制度

第1節　専門職制の強化と市民協働……………………… 泉山 靖人
第2節　生涯教育施策の課題と展望……………………… 背戸 博史
第3節　生涯学習社会の構築の再検討
　　　　―欧州の学びのシステムの再編から― …… 吉原 美那子
　　コラム12　ドイツの市民大学(Volkshochschule)の
　　　　　　現在 ……………………………………… 荒川 麻里

第8章 看護教育・福祉教育制度

第1節　看護養成機関の多様性とカリキュラム ……… 佐々木 幾美
第2節　看護・医療・福祉職の資格制度と専門職性
　　　　…………………… 中嶋 一恵／大町 いづみ／楠木 伊津美
第3節　「健康権」を保障する看護・福祉教育制度の
　　　　意義と課題 ……………………… 髙瀬 淳／住岡 敏弘
　　コラム13　徴兵制からボランティア制度へ…… 荒川 麻里

第9章 教育経営・行政制度

第1節　学校教育の法化現象とスクール・
　　　　コンプライアンス……………………………… 坂田 仰
第2節　現代資本主義国家における教育行政と
　　　　その改革 ………………………………… 中嶋 哲彦
第3節　学校改善に向けた学校支援制度の構築 …… 福本 みちよ
　　コラム14　アメリカ連邦政府による教育政策普及の
　　　　　　実態 ……………………………………… 吉田 武大

序章

教育制度学のすゝめ

桑原 敏明（筑波大学名誉教授）

　この「序章」は、本書日本教育制度学会編『現代教育制度改革への提言上巻・下巻』東信堂刊の序章である。

　しかし、編集方針も、編集組織も、途中で大きく変更されたので、この後に続く長い「本論」の観点や構成などを紹介する通常の意味での「序章」ないし「序論」とは趣を異にしている。

　この序章では、第1節で、今後の学会活動の参考にするために、「変更」の経緯を簡単に記録し、次に、第2節で、本書は、本学会の9つの課題別研究グループがそれぞれの教育制度領野について探求してきた提言を収録する提言集として期待されること。そして最後に第3節で、日本教育制度学会会長として本書に寄せる期待を率直に語るとすれば、それは、「現代教育制度改革」において万人の「学習する権利」をさらに深く探求することによって当該権利保障をより完璧にすることができること、そしてこのことがすべての「教育制度学のすゝめ」の諸提案に共通して底流することが暗示されることを期待したい。

第1節　「創立20周年」の記念出版構想の変転
第2節　教育制度学のすゝめ
第3節　現代の「教育制度学のすゝめ」に底流する「教育を受ける権利」

第1節 「創立20周年」の記念出版構想の変転

1　会長試案

　当「日本教育制度学会」の第1回創立大会は、清泉女子大学(実行委員長：小林順子教授)において1993年11月27日に開催された。それから20年後といえば、今年の11月である(すでに2013年11月16・17日、「創立20周年記念大会」となる第21回大会の筑波大学における開催が予定されている)。

　日本教育制度学会の第18回大会(於：山梨県立大学、実行委員長：堀井啓幸教授)の準備が始まった頃、「そうだ！日本教育制度学会創立20周年行事を行い、この『21世紀教育改革時代』にふさわしい教育制度の確立に貢献し、本学会の存在価値を世間に知らしめよう」という着想が私の脳裏に湧いた。早速、次のような「教育制度学会20周年記念事業試案」を作成し、会長提案として、第17回大会の理事会及び総会の議題としていただいた。

資料1　教育制度学会20周年記念事業試案(2011.11.12理事会への会長提案)
1、事業内容
　『「提言：21世紀教育制度改革指針　日本教育制度学会が求めるもの」とその解説(仮題)』を作成(英語版も作成)し、各方面に提示する。
　　○学会創立20周年記念学会大会(第21回大会、2013年11月)の公開シンポ及び総会に中央教育審議会会長に出席していただき、上記提言を手渡す。
　　○上記「提言」部分を学会紀要『教育制度学研究』第20号に掲載する。
　　○上記『「提言」とその解説』の冊子を作成し、各方面(外国、国際機関も含む)に配布する。
2、事業の趣旨
　　○わが国を含めて、人類には抜本的な教育改革が必要である。
　　○われわれは、教育制度研究の専門家集団として、この教育改革が踏まえるべき原理を解明し、現実の教育改革に活用されるよう提言として

まとめ、各方面に配布する。（提言は、10年ごとに改訂される。）
　3、事業の進め方
　　1）会長及び全理事で「20周年記念事業推進委員会」を構成する。
　　2）提言の内容は、9つの課題研究グループごとに進める。その成果は、年次大会の「課題別セッション」で推敲される。
　　3）各課題研究グループの成果は、会長の下に集約され、「20周年記念事業推進委員会」が主宰する「課題別セッション・総括」で総括される（第19回大会より第21回大会まで3回連続公開シンポ）。
　　4）本年の第18回大会では、会長が次の要旨で個人研究発表を行い、この事業についての討議を行う。理事各位の参加を切望したい。（以下、○推進組織、○スケジュールなどを記載する「4、付帯事項」……省略）

2　第19回大会公開シンポジウム

　この会長提案は、これを受けた第18回山梨県立大学大会の理事会・総会では、"ボンヤリと通過"したに過ぎなかった。理事会でも、総会でも、意見一つ出るわけでもなく、採決が決まっても拍手の一つ起こるでもなかった。理事や会員は、表向き反対はできず、かといって「指針」を見事に完成させる自信がない、というのが、この企画を決定した当時の理事や会員の大方の認識だったのではないだろうか。総会でこの議案の採択が行われた直後になされた江幡理事の重苦しい次の発言が唯一のものであった。「この議題を採択したことによって、私とてこの採択に反対するものではありませんが、私たちはとてつもなく大きな自己責任を背負い込むことになったことを自覚しなければならなくなりました。」と。提案者の会長自身、提案のどの部分が採択され、どの部分が継続審議なのか定かでなかった。

　この感触を持ち帰った会長は、第19回（玉川大学）・第20回（岡山大学）・第21回（筑波大学）の3年連続公開シンポジウムこそこの記念事業を推進する起爆剤となるとみて、第19回の玉川大学大会シンポジウム用に、5章69条からなる「教育改革指針」案を作成した（はじめに、第1章 21世紀の教育〔第1条～第14条〕、第2章 教育を受ける権利〔第15条～第28条〕、第3章 教育体系・学校体系〔第29条～第49条〕、第4章 学校の組織要件〔第50条～第58条〕、第5章 教育ガヴァ

ナンス〔第59条～第69条〕。全条文は日本教育制度学会編『教育制度学研究』第19号、2012年、pp.69-79に掲載参照)。『21世紀人類教育制度改革指針』の叩き台を作成して、9人の課題研究担当理事＝シンポジスト及び司会に配布し、担当理事たちに事前アンケートを求めて、「会長提案」とそれに対する担当理事たちの意見を掲載する『日本教育制度学会第19回大会公開シンポジウム資料』を作成して配布した。

　第19回公開シンポジウム（玉川大学大会）は、シンポジウム自体としては盛り上がり、多数の意見が出された。この公開シンポジウムのまとめに当たった事務局次長の荒川麻里会員は、次のように締めくくっている。

　「以上のように、3年連続シンポジウム『21世紀教育改革の原理を問う』の第1回では本学会20周年記念事業について会長より具体的な提案があり、それを受けて各課題研究グループの代表者による提案及び全体討議が行われた。本学会のあり方を含めた根本的な問いが投げかけられ、次年度大会での連続シンポジウム第2回に向けた重要な課題が確認された。多くの会員が参加できる記念事業としていくためには、課題別研究グループによる活発な議論と共に、事業の推進方策についての検討が当面の課題であるといえよう」（日本教育制度学会紀要『教育制度学研究』第19号、2012年、p.65)。

3　第20回大会公開シンポジウムに向けて―会長構想の無理：「改革指針」から『改革提言集』への変更

　第20回大会公開シンポジウム（2012年11月、岡山大学大会）に向けた準備は、2012年の正月明けから始まった。第1回シンポの討議資料がその作成手順について何の相談もなしに会長提案という形で行われたので、第2回目の今回は、9つの課題別研究グループに各章の編集主役をお願いする形で企画を推進することとした。

　しかし、このことが記念出版事業の進展に一つの難局を生じさせた。日本教育制度学会では、発足の当初から、9つの研究課題（理事の任期3年ごとに見直される）について、学会としての恒常的研究体制の機関車役として3人ずつの担当理事（選挙による選出理事2名、選出理事による指名理事1名）を配置し、科研費による研究などを日常的に推進するとともに、学会大会において「課題

別セッション」や場合によっては公開シンポジウムを企画して幅広い会員の参加による当該研究課題を集中審議する仕組みを設置してきた。今回の措置は、研究組織上の当学会の特徴ともいうべき課題別担当理事制度を記念出版事業の企画の主役に据えようというのである。しかし、この方式には思わぬ難問が潜んでいた。9つのグループの間にあるさまざまな温度差が記念出版事業の取組にストレートに流入するという問題である。例えばAグループはかなり長い期間グループを結成し、ほとんど毎年「課題別セッション」を開催してその成果を学会紀要である『教育制度学研究』に報告しており、3人の理事間の意思疎通は「ツー、カー」である。今回の理事アンケートへの回答も迅速で当を得ている。他方、Bグループは、今期初めて設置されたグループで、3人の理事が連絡をとるのも困難で、アンケートへの回答に当たって相談したこともない、といった具合である。

　課題研究グループ間のさまざまな温度差に対応して、全理事若しくはグループ代表者に対するアンケート及びその確認などを織り交ぜて、先へ進もうとするので、時間だけがずんずんと流れ、当初の予定では5月末にはすべての原稿を集約し終わっているはずなのに、現状では各執筆者の第1次原稿の提出率5割といった状況である。

　原稿の完成に、予定より大幅な遅れが出るという時間だけの問題ではない。時間のずれとともに、「創立記念事業」のモチベーションも変化し、企画もスリムにならざるを得なかった。その結果、当初予定された5章69条からなる「改革指針」案を改革課題グループ別に検討し、その結果を集約して、新しく学会としての「改革指針」案を作成するプランも途中で放擲され、現在の編集方針は以下のようになっている。

（1）「創立20周年記念出版」を刊行するが、それを「指針」形式にして国内外の立法機関等にたいして何らかの改革行動を促すことはしない。
（2）全体の構成は、9つの教育制度課題別グループが各1章を担当する全9章から構成され、原則として、1章3節で構成され、執筆者は各章担当理事間の話し合いで決める。
（3）原稿は、本来執筆者の所有物であり、署名付のものである。
（4）全編の統一を図るため、執筆要項をはじめ最小限度の共通性を保持する。

(5) 学会全会員の参加を得るために、ささやかではあるが、学会のウェブサイトを利用して「コラム」原稿を公募する。

　要するに、当学会会員でありさえすれば、現状より良いと思う教育制度(＝希望をもって生きる力を育んでくれる仕組みを保障する)のアイディアを提案することができるのである。それを集めて束にしたのが本書である、と見ることができる。そして、本書を別名『教育制度学のすゝめ』と称することもできる。

第2節　教育制度学のすゝめ

1　本書のモチーフと構成

　慧眼の読者は、すぐ気付かれたであろう。福澤諭吉の『学問のすゝめ』を捩ったな、と。想うに、福澤諭吉と彼が創設した慶応義塾が1868(明治元)年の創立から大正・昭和・平成へと、「政教分離」と「学問のすゝめ」の精神を堅持することによって、約150年にわたり我が国最有力の学校文化を拓き続けてきたのと同様、当学会はいつでも「学問的見地に立って」「よりよい教育制度の在り方」(＝教育制度学)を探求して、広く人類全体にその成果を流布し、それを踏まえた教育制度改革の実現を求め続ける決意を表明するものである。福澤諭吉の『学問のすゝめ』が、明治以降のすべての日本人に「生きる知恵」を学ぶことを随時奨励しアドバイスし続けたように、日本教育制度学会の本書が、現代に生きるすべての人間に「生きる力」を育む教育制度を絶えず見直すヒントを得るべく絶えず活用してほしいのである。

　さて、本書は、先に述べたように、それぞれが3名ずつの理事グループによって編集される次の9つの教育制度の領野から構成される。章ごとに編集者名を示すと、以下のようである(○は代表編集委員)。

章	編集グループ	章タイトル
序章	○桑原敏明、清水一彦、荒川麻里	教育制度学のすゝめ
第1章	○江幡裕、佐藤修司、青木栄一	教育制度の諸原理
第2章	○秋川陽一、藤井穂高、元兼正浩	初期教育制度
第3章	○窪田眞二、南部初世、高橋寛人	義務教育制度
第4章	○亀井浩明、大脇康弘、井深雄二	後期中等教育
第5章	○清水一彦、山田礼子、大桃敏行	高等教育の革新と質保証
第6章	○山下晃一、小野田正利、八尾坂修	教員制度
第7章	○背戸博史、宮腰英一、荻原克男	専門教育・生涯教育制度
第8章	○髙瀬淳、二宮皓、河野和清	看護教育・福祉教育制度
第9章	○坂田仰、福本みちよ、中嶋哲彦	教育経営・教育行政制度
付録	○桑原敏明、清水一彦、荒川麻里	日本教育制度学会20年の歩み

2　日本教育制度学会編『教育改革への提言集』（2002年～）

　本学会は、同じ会長の発議に基づいて、10年前にも同じ出版社から、「創立10周年」を記念して、『教育改革への提言集』（2002年12月1日から5年間。本書巻末「付録：日本教育制度学会20年の歩み」参照）を刊行している。そして私（会長）の手になる「はじめに」は、本書の「はじめに」に記してもおかしくないことばかりが述べられている。したがって、同上書5冊に収録されている提言論文も敢えてここに想起し、日本教育制度学会の『教育制度学のすゝめ』の一翼を担うものとしてご活用をお勧めする次第である。『第1集』には、例えば、次のような提言がある。

　　若井　弥一「学習権―児童の最善の利益―を軸とする教育制度の構築を」
　　亀井　浩明「選択の自由・市場原理を問い直す」
　　嶺井　正也「インクルーシブ教育の確立に向けて」
　　嶺井　明子「『国民』教育制度を問う―外国籍の子どもたちの学習権保障を」
　　桑原　敏明「早幼児期における発達・学習支援制度の構築を」
　　藤井　穂高「活動主義から初等教育を見直す」
　　渋谷　英章「教育機会を保障する義務教育から能力獲得を保障する『義務』
　　　　　　　教育へ」
　　大脇　康弘「高校教育の総合化・選択化の理論」

石村　雅雄「学校教育を根本的に見直し、義務制・無償制を縮小する方向へ」
同一会員の10年間に提言の変化が見られるとすれば、これも興味あるところである。

第3節　現代の「教育制度学のすゝめ」に底流する「教育を受ける権利」

1　「教育を受ける権利」の人間論

　以上により、本書に収録される「現代教育制度改革提言」に対しては、例えば「創立記念出版委員会」等々による学会としての全体的指導はいっさいなく、提言内容は、執筆者個人のものである。学会運営の責任を負う会長も、執筆者に直接ヒントを与える機会は用意しなかった。

　しかし、近代の基本的人権の1事項として確認された「教育を受ける権利」は、現代に到ってますますその重要性を増し、あらゆる生存環境において、あらゆる発達段階において、最も必要な生きる力の習得の方法と内容に関する「教育制度学のすゝめ」の土台をなすにいたった。私たちは、万人の「提言の自由」を最大限尊重するけれども、その根底に、万人の「教育を受ける権利」があることを読者に訴えたい。「記念出版」推進委員会は、本書のモチベーションを学会としての「指針」方式から学会員の自由意思による「教育制度学のすゝめ」方式に切り替えたように見えるが、我々の探求する「現代における教育制度」は、従来以上に高く、広く、細やかに、万人の学習権を保障しようとするものであることを確認しておきたい。

（1）人間は生きている。生きるためには、生きる力が必要だ。この生きる力を習得させるのが教育（教育は生きる力の獲得支援）だ。しかも、人間が生きる世界が、近代においては近代市民社会であるのにたいして、現代においては文字通り地球上人間の想像し得るあらゆる環境である。教育＝生活環境への適応力またはその習得過程といえる。

（2）教育制度は、人間の各期の発達を生涯にわたり保障する。胎児時代（神経細胞ニューロンの育成）＋乳幼児教育（シナプス、ニューロンによる脳内ネットワークの形成）＋幼児・児童・少年期教育（各時期の成長を踏まえた生活力の獲得）＋青年期の教育（社会教育、職業教育、普通教育）＋成人期の自主学習の支援＋高齢期の自主学習の支援。教育＝生涯発達保障である。
（3）人間の教育は、大脳の多様な機能を用いて、多重かつ総合的に行われる。学習には２つの型がある。ペーパーテスト型ないし資格試験型（最大多数最大得点をめざす）とオリンピック型ないしノーベル賞型ないし万博型（比較不能の個性的学力の向上をめざす）である。いずれの型においても、教育は、自分の生き方を自己決定できる個性的学習の保障（主体的人間的生を支える人間力の形成）を目標とする。
（4）現代においては、国際的にも国内的にも、人間の生きる環境は極めて複雑かつ流動的となっている。そうした中では、生きる主体性の保持が特に必要となる。そして教育制度のすべての教育場面において、教育の主体性、自発性が何よりも尊重される。

　以上の認識が、現代における「教育制度学のすゝめ」の根底にあること、教育制度学でも「教育を受ける権利」論の基礎として確固たる位置におかれ、その制度的展開がめざされることを願う。

　現代において、人間の生きる環境、したがって生き方は無限に多様である。そう考えるとき、あるべき教育制度の姿が揺れ動くことになる。こうして教育制度の改革の必要が点検される。

　こういう場合に参考とされ、教育制度改革の設計に役立つべく編集された書物が本書『現代教育制度改革への提言』である。日本教育制度学会の会長としては、本書のそのような利用の有効性を通じて、本学会が社会的貢献をなし得ることを期待している。

　「創立20周年」は歴史の節目に過ぎない。またすぐ「30周年」「40周年」がやってくる。私たちは、「教育（制度）改革」に資するために、研究を行っている以上、本書がより「社会的貢献」を進め得るよう日頃から知恵を絞って学会の運営を改善していきたいと思う。

私は、当学会の「創立20周年記念出版」事業推進期間中3度入院した。当学会の会長として、また当事業の言い出しっぺとして、この事業の遂行に全力を傾注できなかったことを残念かつ申し訳なく思う。

　本書の刊行ができたのは、「鋼の意思」によって推進していただいたお二人のお力によるものです。ここにお名前を挙げさせていただき、特に感謝申し上げたい。

　お一人は、学会本部事務局次長の荒川麻里筑波大学助教であり、もう一人は下田勝司東信堂社長である。荒川事務局次長は、会長案が挫折するときいつも笑顔で「次善策」を用意してくださった。下田社長には、出版事情の極めて厳しい中で、終始一貫して出版の決意を変えられず、忍耐強く原稿の到着を待っていただいた。

　平成25年7月23日　　本年度2回目の退院の翌日

日本教育制度学会会長　桑原敏明

第1章

教育制度の諸原理

第1節　教育制度における教育権論の課題と展望
佐藤修司　12

コラム1　いじめ問題等の解決に向けた日本の
教育制度改革への提言
半田勝久　29

第2節　教育の機会均等理念の課題
——6・3・3制再考の意義を中心に
池田賢市　31

コラム2　オランダ王国憲法に見る「教育の自由」の保障
澤田裕之　52

第1章

第1節　教育制度における教育権論の課題と展望

佐藤　修司（秋田大学）

1　教育権論と内外事項区分論

　戦後教育学において、「教育権」は中心的論点であった。教育を統制・管轄する権利が「国民」にあるのか、「国家」にあるのか。戦後、1950年代～1960年代、勤務評定や全国学力テスト、教科書などをめぐって、日本教職員組合と文部省が激しく対立し、その対立が法廷に持ち込まれる中で、1970年代、教育の国家統制、権力統制を否定する法理論として「国民の教育権」論が確立され、教育学の「主流」を占めてきた[1]。

　1980年代以降は、体罰・校則・不登校・いじめなどで学校批判、教師批判が高まる中、「国民の教育権」論への批判も強まるが、子どもや親の人権・教育権、教育参加を「国民の教育権」論の周縁部に位置づけることによって、根本的理論転換は避けられてきた。1990年代以降は、学校選択など、新自由主義的教育政策が展開される中で、「国民の教育権」論は、教育の市場的統制、競争的統制に対峙する。ただ、全般的に、「国家」対「国民」の対立構造が薄まり、組合の組織率、民間教育運動の対抗力が低下するにつれ、「国民の教育権」論の影響力も弱まっていく。

　2000年代に入り、2006年に新教育基本法が成立し、様々な「改革」、制度改編が矢継ぎ早に行われる中で、「国民の教育権」論が表だって主張される機会が減ってきているように見える。特に、若手研究者の中では、教育学よりも、政治学や行政学などに立脚し、「国民の教育権」論や、従来型の教育（研究）運動を敬遠する傾向もうかがえる。文部科学省、教育委員会との「対決」傾向も減り、むしろ財務省、経済産業省、総務省などからの教育費削減・抑制、教育委員会廃止・任意設置等の圧力に対して、文科省・教委と共同戦線を張ることも多くなった。

しかし、安倍第一次・第二次内閣や橋下大阪市長（前大阪府知事）、石原前東京都知事などによって進められてきた教育改革を考えれば、現在、「国民の教育権」論の存在意義がなくなったわけでも、また、理論的発展の可能性がなくなったわけでもないだろう。また、2006年教基法で、1947年教基法にあった「教育の直接責任性」「教育行政の条件整備性」「教員の全体の奉仕者性」などの重要な原理が削除されたとはいえ、教基法改正を結論づけた中教審答申（2003年6月）は、1947年教基法やこれらの原理を否定したわけではなく、新しい時代への適合を改正理由に挙げているに過ぎない。国会審議の中でも種々の教育問題の原因が旧教基法にはないこと、新しい時代に応ずるための内容が盛り込まれたにすぎないことが確認された。思想・良心の自由（愛国心評価、日の丸・君が代問題など）についても、新教基法下において、その自由が教育の場で十分に尊重されるべきこと、侵害されてはならないことが答弁されている。最高裁学力テスト事件大法廷判決（1976年）の論理は新教基法下でも守られるべきものとされた。最高裁判決は憲法26条、23条や旧教基法の解釈を最高裁として確定したものであったことから、1947年教基法が否定されたわけではなく、その精神は2006年教基法下においても生きていると考えるべきである（教育法令研究会2007、浪本勝年・三上昭彦2007など）。

　これまで筆者は、米国教育使節団に参加し、旧教基法10条の条件整備原則、内外事項区分論の主張者として引用されることの多かったキャンデルの区分論を研究し、その理論構造と、戦間期アメリカにおける位置づけ、戦後教育改革とその後の展開を見てきた（佐藤修司2007）。キャンデルの区分論と「国民の教育権」論の区分論とは外形的に相似しているだけではなく、内実においても、①近代の市民革命の原理に立脚し、福祉国家的現実を前にしながら、機会均等のための外的事項の集権化を許容しつつ、内的事項への国家介入を抑制しようとする点、②20世紀初頭の子どもの権利や教育観の転換等を背景にしながら、教師の教育の自由を導き出している点、③国家統制ばかりでなく、効率原理に基づいた市場統制に対して、教育に標準化と画一化をもたらすものと反対し、さらに民衆統制に対しても、教師の専門職性を重視する立場から批判する点など、共通するところが多かった。

しかし、多くの相違点もあった。最も大きな相違点は、区分論を統制権の帰属の論理としてとらえるか、専門性の違いによる責任分担の論理としてとらえるかという点であろう。前者の立場に立つ「国民の教育権」論では、内的事項における専門的能力の行使ばかりでなく、能力管理の面でも教師の自由が措定され、逆に、外的事項は行政機関や立法機関による権力的統制に委ねられる構図となっていた。それに対して、キャンデルは、行政機関についても政治から分離した、外的事項、機会均等に関する専門性を求め、教育職と教育行政職との分離的発想に反対していた。専門的自由を認められるのは、その専門性の高さが認められ、職能の向上を不断に追求する教師のみであった。また、教育が社会からの自立を求め、社会的要請を無視すること、教師が社会の変革を求めて急進的立場を取ることにも強く反対していた。教育刷新委員会に集ったオールドリベラリストたちの考え方に近かったのである。

キャンデルの主張も踏まえながら、ここで今一度、「国民の教育権」論の法解釈について再考してみたい。

2　国家と国民、教師の関係性

「国民の教育権」論で想定される教師は、憲法・旧教基法の価値を実現するため、労働運動や教育運動に積極的に携わり、反権力的な立場に立って、自らの職務遂行と職能向上に自律的に取り組み、教師集団、親・子ども、住民・国民の中でリーダーシップを取って全体をまとめていくことのできる教師であった。そこでは、日本教職員組合などの教育労働運動や教育研究運動（教研集会）、教育科学研究会など各種の民間教育研究運動が重視され、逆に、国、自治体、教育行政機関の教育統制、官製研修は、教師の専門的能力の行使・向上を阻害するものとして否定の対象とされてきた。そして、「国民の教育権」論の中では、国家対国民の図式の中で、権力側・支配者側と、非権力側・被支配者側とが二分されてきた。前者には、政府、財界、文部科学省、教育委員会等が含まれ、後者には、教師（労働者）、親、子ども、国民が含まれる。今橋が言う「第一の教育法関係」である（今橋盛勝1983）。

ところが、現状において、組合の組織率の低下や、民間教育運動の停滞の一方で、行政研修と教育改革に追われ、多忙化で疲弊していく教師や、体罰

やわいせつ行為など、「問題教師」「不適格教師」が問題となっている。「国民の教育権」論が想定するきわめて高い教師像は、教師(集団)の自覚や、それを支える運動(学校教師集団、親・住民の教育要求運動・意見表明など)に依存するわけだが、そのことが成立しにくくなっている。教師対子ども・親の図式は、今橋が主張した「第二の教育法関係」であり、西原らの主張に通じる(西原博史 2003、2006)。その主張の中では、国家の権力性とともに教師の権力性、抑圧性が問題とされるわけだが、他方で国家の権力性は、教師の権力性を抑止するものとして肯定的にとらえられる側面も有する。

　本来、権力の有無を基準として、国家側と国民側とを分けられるのかどうか。教師にしても、親、国民にしても、「被支配階級」「労働者階級」「革新」と一枚岩的に規定することができなくなっている。権力・管理志向の教師、体罰等の人権侵害を行う教師もおり、親・住民も様々である。また、多くの教師は公務員として自治体職員であり、自治体の一部を構成している。もし国や自治体が内的事項に関する権限を持たないとすれば、自治体職員である教師もまた、その権限を持たないことになる。従来より憲法26条を踏まえ、教育は公権力作用ではなく、サービス作用、非権力作用であるととらえられ、教師もまた公権力を行使する存在ではないととらえられてきた。戦前とは違い、行政分野を問わず、公務員が全体の奉仕者であることを考えれば、教育ばかりでなく、行政全体もまた、国民の権利に対するサービス・奉仕作用であると位置づけるべきものである[2]。

　以上のことからすれば、従来の国家と国民の分け方を変更し、国家をサービスの提供者、権利実現の責任者とし、国民をサービスの受給者、権利行使の主体として位置づけること、教師を国家の側に位置づけるのが妥当である。国家や自治体が抑圧的な機能を果たすとすれば、それはサービス機関としての性格を逸脱しているととらえるべきであり、権力性、抑圧性が行政にとって本来的かつ不可避のものであるわけではない[3]。

　1976年最高裁判決(1976.5.21)は、国による義務教育の普通教育の内容・方法の基準設定について、「教育における機会均等の確保と全国的な一定の水準の維持という目的のために必要かつ合理的と認められる大綱的なそれにとどめられるべき」だとしていた。さらに、教師の弾力的・創造的な教育の

余地や地方の特殊性を反映した個別化の余地を求め、党派的な政治的観念・利害による支配、子どもへの誤った知識・一方的観念の植え付けや、自由かつ独立の人格としての成長の妨げを禁じている。また、地教行法、地方自治法の旧規定も引きながら、「地方自治の原則が現行教育法制における重要な基本原理の一つをなすものであることは、疑いをいれない」と述べ、学力調査の実施を地教委に対して義務づけることは教育に関する地方自治の原則に反するとしていた。市町村教委・公立学校に対して学力テスト実施を迫った主体は文部省であったことから、判決が指す「国」とは、主に国の教育行政機関たる文部省を想定していると考えられる。

判決では、旧法10条の「不当な支配」の解釈について、この規定は「教育が専ら教育本来の目的に従って行われるべきことを示したもの」であり、「不当な支配」とは「教育が国民の信託にこたえて…自主的に行われることをゆがめるような」ものであって、教育行政機関が行う行政でも「不当な支配」にあたる場合がありうると判示している。ただし、憲法に適合する有効な他の法律の命ずるところをそのまま執行する教育行政機関の行為は「不当な支配」とならないが、法律の運用にあたっては「不当な支配」とならないように考慮しなければならない拘束を受けているとされている。教育は、「教師と子どもとの間の直接の人格的接触を通じ、その個性に応じて行われなければならない」こと、「人間の内面的価値に関する文化的営み」であることも指摘されていた。

この判決の論理や憲法、新旧教基法を踏まえれば、以下のような図1-1-1、説明になろう。

①国(自治体・学校・教師)は内的事項、外的事項の双方において国民の教育を受ける権利、学習権、そして、学問の自由や精神的自由等の人権を実現すること、実現を要求すること、侵害しないこと、侵害を阻止することが義務となる[4]。

②立法機関は全分野にわたる総合的な政治的決定を機能とし、教育の内的事項、外的事項の双方にわたる教育法令・教育予算を決定するが、内的事項については教育目的等の「学校制度的基準」[5]の範囲に限定されるとともに、その原案は教育行政機関(教育委員会等)によって策定される。

③文部科学省は教育行政分野における専門的決定を機能とし、外的事項につ

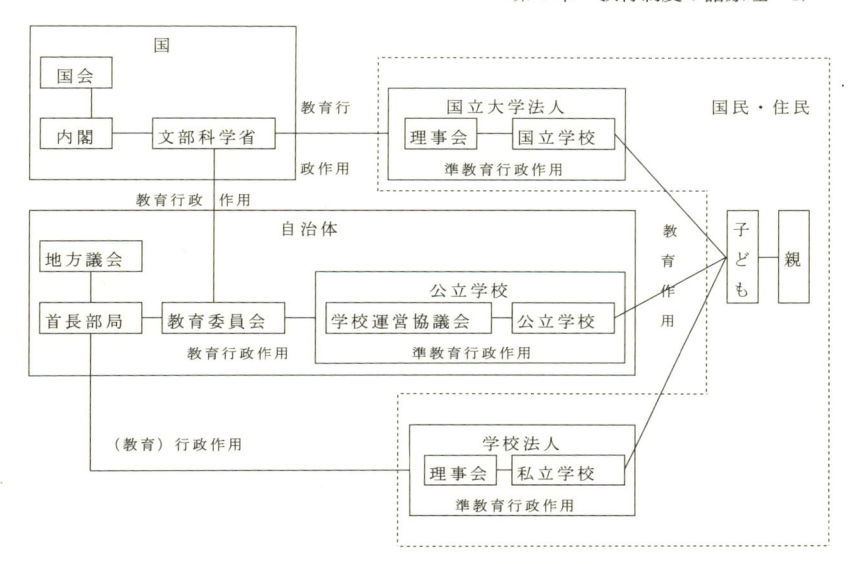

図1-1-1　国・自治体・国民の関係性

いて機会均等のための基準設定や補助金交付等を行うが、内的事項については、教育の地方自治の原則により、機会均等・水準維持のための大綱的基準の範囲を超えて、自治体・教育委員会に対して統制を及ぼすことは不当な支配となる。

④教育委員会は教育行政分野における政治的決定と行政的決定の双方を機能とし、一般行政から相対的に独立する。内的事項、外的事項の双方にわたる教育政策・施策・規則等を決定するが、内的事項については教師の専門職性(新教基法第9条)、学校の組織性(新教基法第6条)の原則により、大綱的基準の範囲を超えて、学校・教師に統制を及ぼすことは不当な支配となる。教育委員会は合議制の機関として、住民の多様な教育意思を直接反映させる機能を持つ。

⑤国立大学法人や学校法人の理事会や学校運営協議会は学校に対して、文部科学省・教育委員会に準じた教育行政作用を持つが、内的事項に関して、学校・教師に対して、不当な支配を及ぼしてはならない。学校運営協議会は、子ども・保護者・住民等の教育意思を直接反映させる機能を持つ。

⑥学校と教師は教育法令、教育政策等の第一次的な解釈権と実施権を有する。教師は、子どもや親に最も近い存在として、その学習権を実現すべき責務を負うとともに、労働者として、使用者である行政機関・法人理事会や校長・教頭の管理職に対する労働基本権を行使し、内的事項に関しては専門職としての自由を行使する立場に立つ[6]。
⑦外的事項は教育行政機関の専門的判断に委ねられるが、内的事項における教育の改善・充実(学習権の実現)や学校・教師の教育条件・労働条件の改善(教育の自由の保障)に資すること、関係者の合意を得ることが求められる。

3　権限としての教育の自由

　教師の教育の自由が人権であるのか、職務上の権限であるのかについても争点であった。人権の制約原理と、権限の制約原理とは当然違うものと考えられる。人権の制約原理は、国際人権規約や子どもの権利条約の中で、形式的要件として法律による規定であることが挙げられ、目的的要件として、①他の者の権利・自由の保護、信用の尊重、②国・公共の安全、公の秩序、公衆の健康若しくは道徳の保護、が挙げられている。①は他者の権利を侵害しないことであり、J.S.ミル以来の侵害原理である。②は憲法上の公共の福祉と言い換えてもいいであろうが、いずれにしても、人権の制限は、必要最小限度にとどめられるべきものである。

　人権は人が生まれながらにして持つ権利であるのに対して、教師は、教員免許状を有し、かつ教職として採用されている者であることから、やはり、職務上の権限ととらえられる。もちろん、学問の自由の制限的適用を受けることは最高裁学テ判決も認めている。ただ、堀尾が述べるように、学問の自由が、大学教員など、教員に限定されず、すべての人に認められるべき人権だとすれば(教基法上の「学問の自由」はそう解釈される)、教師に固有の自由とは言えなくなる(堀尾2010等)。たとえ学問の自由の主体が教員に限定されるとしても、それは教員の特権であるわけではなく、国民全体の利益を増大させるために与えられたものであることから、やはり純粋な人権、生来の人権ではなく、職業上、職務上の権限としての性格を強く持つものと考えるべきであろう。この点も堀尾が一貫して主張してきた点である。

教師の教育の自由は、まずもってその目的によって制約される(目的を損なってはならない)と同時に、その目的故にこそより強固な自由が求められる。その目的は、一次的には子どもの教育を受ける権利、学習権を実現すること、そのことを通じて、幸福の追求、市民的自由の実質的な獲得(例えば、表現の自由を行使するための表現対象－思想・音楽・美術等－や表現能力の獲得：堀尾が言う「人権中の人権」としての学習権)を実現することである。教師が実現できない条件であれば、行政機関や立法機関、さらには社会に対して条件整備を要求しなければならない。逆に、この目的を阻害する自由の行使は認められない。教師自身が子どもの市民的自由、一般人権を侵害しないこと、より積極的に子どもの市民的自由を外界の圧力から擁護、防御することが求められる。堀尾と今橋の論争点であった、子ども固有の権利と子どもの一般人権との関係は、補完的なものであるとともに、緊張的なものであり、その関係性がより緻密に考究されるべきものである[7]。

　また、二次的には親の権利(とりわけ教育権)、親権(親義務)を実現すること、三次的には社会の利益(社会の再生産・発展、平和、民主主義、人権の尊重等)を実現すること、のために行使されるべきものである。堀尾が述べるように、親や社会は教師に子どもの教育を「信託」しているのであり、その信託の目的が阻害されるようであれば、信託は撤回される。「国民の教育権」論は、教師や教師集団の自律的判断、親、住民、子どもも含めた文化的ルートによってそれが果たされると考え、また、限界的な事例の場合に、司法等の介入が想定されていた。それに対し、西原などは、教育行政機関等による即時的、強制的介入を想定している(西原2006)。子どもの人権、学習権への侵害が重大で、救済の緊急度が高いような限界的な場面において、そのための実効的な予防措置、早期発見・対処、事後措置のシステムが構築されなければならないことは論を待たない。ただ、その際にも重大度、緊急度を判定する専門的で、民主的、自律的な機関、手続きが考えられなければならない。

　権利とは違い、権限の制約原理は、作為も不作為も含めて、職務上の裁量権の逸脱(権限外の行使)、濫用(権限内の不適切な行使)の禁止要件を意味し(行政事件訴訟法30条)、①事実誤認、②目的違反、③憲法上、社会通念上の原則違反(比例原則、平等原則など)、④判断過程の違反(他事考慮や考慮不尽、適正手

統違反など)、⑤裁量基準の違反(基準の法規違反、基準の不遵守、逆に基準の機械的適用など)、などが挙げられる[8]。これらの制約原理に抵触すれば、司法上、行政上の処分が行われる。行政裁量に関する要件ではあるが、教師にも適用されうる。

　教師のような専門職の場合、非専門職と違い、免許制度や、自律的な職務遂行と結果責任を特徴とすることから、⑥能力・資格要件違反、も追加されうるだろう。教師は、教育の自由を適切に行使できる資質、能力を有し続けること、向上させることが求められ、逆に、その資質、能力が失われた場合には、自由の行使が制限される。この点も、堀尾が従来より指摘してきた点である。教員免許状制度、分限処分などが最低ラインを画するシステムであり、各種研修制度が資質、能力の向上を促進するシステムと言える。現在の免許更新制や免許取り上げ・失効制度、指導力不足教員認定制度、初任者・十年経験者研修、各種の行政研修、教員評価・人事考課制度などが教育専門職に適合的なものと言えないことは、CEARTなどが指摘するとおりである。専門職団体(教職員組合も含めて)が確立され、資格管理・人事評価管理が専門的かつ自律的に行われるとともに、教師の身分保障や職能向上が十分に保障されていなければならない。

　教師については、専門職であることから、一般職員以上に広範な裁量を認めつつ、「社会通念上、著しく妥当性を欠く」場合などにのみ、逸脱・濫用が認められるべきものである。それは、専門職であるが故に、逸脱・濫用の基準が緩められることを意味するのではなく、反対に専門職であるが故に、専門職どうし、専門職団体内において自治的・自律的に倫理・規律が維持・担保され、より厳しい目が注がれること、自らに対しての厳しさが求められることを意味しなければならない。

4　教育の自由と選択・参加

　子どもの学習権、親の教育権は、単に与えられた教育を受ける権利だけでなく、自らにとって望ましい教育を要求、創出、選択する権利、望ましくない教育を拒絶、排除する権利を含んでいなければならない。政策的にも、子ども・保護者による参加権(教育内容・方法や教職員人事、学校経営等に関する要

求・意見の提示と協議)や、選択の自由が、教育改革・教育改善の手段として構想され、実施されてきた。前者は民衆統制の一類型であり、具体的な施策としてはＰＴＡ、学校評議員、学校運営協議会であり、教育委員の公選・準公選や保護者委員の選任などにも関連する。参加主体である子どもや保護者は、学校・教師に対して直接的に一定の行為(作為ないし不作為)を要求・強制することとなる。

　選択の自由は市場統制の一類型であり、学校選択、バウチャー制度、公立中高一貫校・小中一貫校等の多様な学校の設立、飛び級などが関連する。この場合には、子どもや保護者の一定の行為(選択ないし不選択)が学校・教師に対して一定の行為を強制する。黒崎勲は、学校の選択の自由を、教職員の「専門的活動の責任を問う方法の一つ」であるとともに、「教師の教育の自由を拡大するための前提条件」としていた(黒崎1993：66)。確かに、選択の自由は内的事項を直接的に統制するわけではないが、選択・不選択が、非合理的な判断によって行われたり、過度の排他的競争が学校・教師に対して、また子ども・保護者に対して強制される危険も存在する。学校評価や情報公開、学力テスト、教員評価や人事考課等は、国家統制、民衆統制でも活用可能な手法であるが、特に新自由主義的教育政策、市場統制に親和的なものである。

　子どもの学習権も絶対的なものではなく、人権の制約原理にあるように、他者の権利(他の子ども)や公共の福祉(社会全体の教育)を侵害することはできない[9]。選択の自由も、子どもの学習権を実現する観点から十分に実現されるべきものであるが、自由の拡大が、経済的、文化的資本の家庭間格差、地域間格差をもたらす中で、教育による世代を超えた格差拡大と、教育による格差の正当化が生じている。キャンデルが主張した外的事項における機会均等の要請は、資本主義経済の発展に伴う地方間、個人間の財政・経済格差を補正するため、言い換えれば弱者を救済するためのものであった。戦後当初のように、国民の大部分が貧しかった時代とは違い、中流化が進み、さらに格差が拡大し、勝ち組と負け組とが分離する中では、権利、自由が強者のものへと転換される傾向にある。形式的平等は、何らかの公的規制がかけられない限り、強者の有利、弱者の不利へと帰結する。区分論は、このような状況を視野に入れるものでなければならない。権利は本来、憲法や法律でなけ

れば守ることのできない、弱者のものとして考えられる必要があろう。

　選択の自由を考える際には、経済的格差、地理的格差、能力的格差の問題を十分に配慮し、個人による形式的な自由の行使が、他者の自由や社会共同の利益、当人の将来的・実質的な自由（人間的成長など）を阻害する場合などには、濫用を防止する観点から、就学義務、就学校の指定、通学区域の設定、総合選抜制などの実施が認められなければならない（黒崎「規制された市場」）。

　選択にしても、参加にしても、それが人格に由来する根源的なものであるのかどうかが問われる[10]。経済的利潤、政治的権力、社会的地位を求める利己的なものであれば、それは、人格に由来する自由に比べて制限される場合がありうる。その制限は、他者の権利や公共の福祉（社会全体の利益、個々の利益の総和）を侵害する度合いによって課されるべきである。憲法上も、公共の福祉を害しないように権利を行使することが求められるとともに、公共の福祉を増進するように権利を行使することが求められている（憲法第12条）。

　また、精神的自由と経済的自由とを区別し、前者については明白かつ現在の危険などの厳格な制限基準を適用し、後者については、比較衡量など緩やかな基準を適用することもありえる。精神的自由（身体的自由、政治的自由も）は最優先されるべきものであるが、地位や財貨の最大化を目指すための教育選択は、経済的自由の範疇に位置づけられ、相対的に低位に置かれるべきだろう。

5　ネットワーク型ガバナンスとしての「国民の教育権」論

　「国民の教育権」論は、公権力を除けば、それ以外の諸主体間の調和的な関係を重視してきた。それに対して、「国民の教育権」論への批判者は、教師とそれ以外の主体との緊張関係、紛争状態、限界状態を取り上げ、「国民の教育権」論が予定調和的であり、実態は教師の独善に帰していることを批判してきた。批判する側からすれば、「国民の教育権」論は、専門職統制モデルとして位置づけられ、中でも、労働組合主導の革新的・反体制的な性格を持つものととらえられてきた[11]。

　しかし、本来の「国民の教育権」論は、教育専門職の支配、独善を批判し、憲法26条を基盤として、子ども、親の学習権、教育権を理論の中心に据え

てきたはずであった。巷間の学校バッシング、教師バッシングの中で、「国民の教育権」論までもが否定の対象とされることは問題であろう。現状から考えれば、区分論が目指していた、教師の専門職的自由の確立は今後とも課題であり続ける。内的事項には親や子どもの精神的自由が関わり、教師の専門的な自由が関わる以上は、外的事項とは違った原理が適用されなければならない。様々な批判があるとしても、戦後改革によって構築された制度が、その根底までを含めて否定されるべきではないと考える。藤田英典が指摘するように、統制形態の変更よりは、民衆的、専門的、官僚制的統制の相互間の抑制と均衡を維持し、協同と協調を高め、学校、教育の改善を図ること、諸主体の「誠実」さへの回帰と活動の自由度の保障が必要となる。その意味でも、区分論の廃棄ではなく、充実、深化が求められるのではないだろうか。区分論は、パートナーシップの原理に立って、関連諸主体間の関係を調整する原理として位置づけられなければならない。

　これまで語られてきた教育ガバナンスのモデルを図1-1-2に表してみた[12]。生産者とは教育サービスの提供側であり、学校や教職員、行政が主な構成主体となる。消費者は教育サービスの受給側であり、子どもや親、住民が主な構成主体となる。集権、分権は説明不要であろうが、普遍とは、経済面でも政治面でも、単一の原理（権力や資本など）・実践を強制する傾向を意味し、個別とは、学校や地域などで、多様な原理・実践を許容する傾向を意味する。原点に向かう求心力、引力は信頼、自律、省察、支援であり、平等と主体化を可能にするのに対し、原点から外に向かう遠心力、斥力は不信、孤立、競争、管理であり、格差と客体化をもたらす（藤田英典2005）。

　原点から離れるほど、いずれかの統制モデルに特化し、他のモデルを凌駕するとともに抑圧する。同時に、構成員間の不平等・不信が拡大し、自由の偏在と全体的な自由度の低下をもたらす。要は、原点に近づけること、四つのモデル間のバランスを取りながら、最適な制度を紡ぎ出すことが求められる。そこで、原点付近にネットワークモデルを位置づけてみた。

　ネットワークモデルとは、政府部門だけでなく、「企業、ＮＰＯ、ＮＧＯ、住民など多様なステークホルダー（利害関係者）が有機的で開放的なネットワークを形成し活動することによる公共的な問題解決の方向性」（小松茂久

【経済的格差】　集権・普遍　【政治的格差】

市場統制モデル　　　国家統制モデル

【経済的平等】　　　【政治的平等】

消費者重視 ←　ネットワークモデル　→ 生産者重視

【社会的平等】　　　【教育的平等】

民衆統制モデル　　　専門職統制モデル

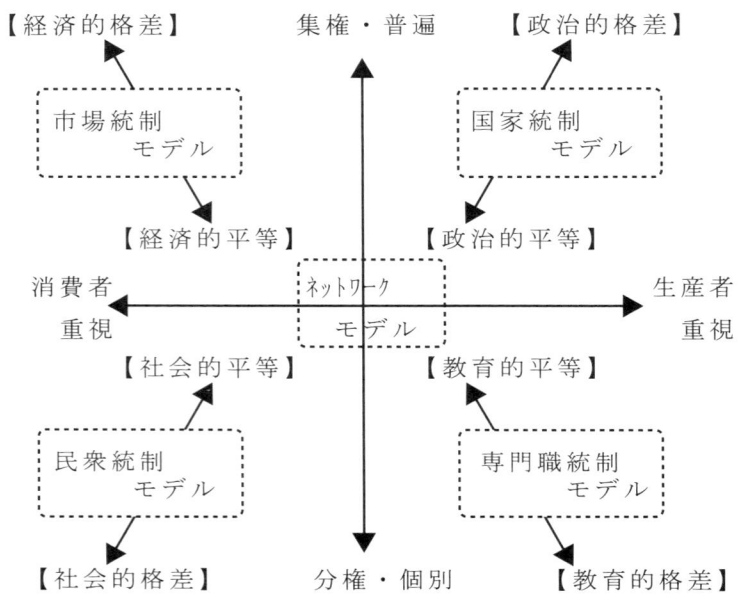

【社会的格差】　分権・個別　【教育的格差】

図1-1-2　教育ガバナンスのモデル

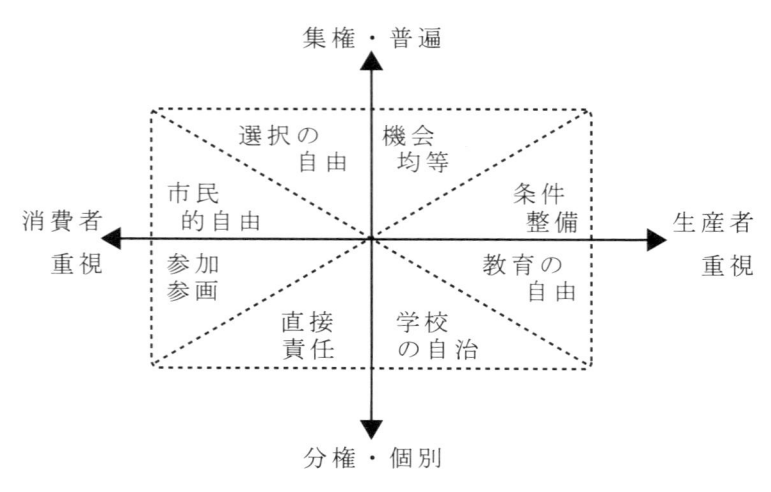

集権・普遍

選択の自由　機会均等

市民的自由　　条件整備

消費者重視 ←　　　　　　　　　→ 生産者重視

参加参画　　教育の自由

直接責任　学校の自治

分権・個別

図1-1-3　ネットワークモデルの内部構造

2004：12)と定義される(宮腰英一2008など参照)。教育の場合、アクターとして学校や教師、教育委員会などの「生産者」を加え、パートナーシップ型のモデルとして構成することが必要である(大桃敏行2004、参照)。「国民の教育権」論は、専門職統制モデルに位置付くのではなく、むしろこのネットワークモデルとして位置づけられなければならない(**図1-1-3**)。パートナーシップの原理に基づき、各アクターがそれぞれの適切な役割を果たしながら、柔軟に結び合う関係の構築が求められている。

　現在、民主党、自民党ともに、学校基盤型運営組織への権限委譲や、教育委員会・教育長制度改革を打ち出している。実際場面では、学校運営協議会や教育委員会の先進的な取り組み事例が見られるようになってきた。若手研究者の研究にはそれらの実証的研究を志向するものが多く見られる。「国民の教育権」論の理論的発展のためには、そのような実証的研究との融合を図ることや、政治学、行政学等の他分野との共同的な研究と概念枠組みの構築を図ることによって、教育制度論として再構成することが求められる。

注

1　堀尾輝久(1971)、兼子仁(1978)でおおよそ完成されたととらえられるだろう。
2　このようなとらえ方は西原(2003)など、憲法学者によって提起されている。兼子も旧版教育法の時点では、教師の職務権限を問題としていた。
3　学校が法人化され、教師が非公務員となる場合には、国の側から離れ、国民の側に立つ。国は、国民の側に位置づけられる法人の「教育の自由(創設の理念や中期目標の実現等)」や教師の「教育の自由」を、補助金、交付金等により実現・支援する義務を負う。ただし、国立大学法人に見られるように、中期目標・計画、運営費交付金などによる締め付けは、国立時代よりも強くなっている。
4　これも西原らが主張していることであり、妥当であろう。
5　学校制度的基準は兼子(1978：369-381)が打ち出したものである。各学校の目的、目標、修業年限や、設置基準、教科目等の法定までを指す。旧版時点では、大綱的基準(全国的画一性を要する度合いがきわめて強く、指導助言では間に合わないことが明らかな事項)までを認めていたが、教育内容のどこまでが大綱的なのかが議論となり、内的事項への国家介入の禁止が曖昧になることから理論変更がなされる。
　1976年最高裁判決の想定する大綱的基準とは、「教育課程の構成要素、教科名、授業時数等のほか、教科内容、教育方法については、指導助言行政その他国家

立法以外の手段ではまかないきれない、ごく大綱的なもの」(原判決)ではなく、提訴時の学習指導要領(1958年版ではなく、1951年版を指している可能性もある—大橋基博2013)のレベルであった。

その当否はともかく、最高裁判決を踏まえ、また、教育委員会(学校運営協議会も含めて)等の内的事項に関する一定の関与(多様な教育意思の集約)が認められるべきことからすれば、教育行政機関は大綱的基準の範囲まで、立法機関や首長部局は学校制度的基準の範囲まで許容されるとして、区別することが有効である。

6 この点も、西原らが主張している点で、賛同できるところである。
7 今橋盛勝1983や、『ジュリスト』963号(1990年9月15日)に掲載の堀尾、今橋論文を参照。
8 兼子仁1983、原田尚彦1981等参照。裁量基準については、これが学習指導要領だと考えることもできる。ただし、大綱的基準として、妥当かどうかが問われるし、どの程度の拘束力を教師に対して持つかも問題になる。一方、いじめなどで出されている各種の通知なども、裁量基準の一種であり、これを知らない、守らない場合には、教師の裁量違反が問われることは明らかである。
9 学習権については、反面、学習しない権利・自由もありえるはずである。義務教育段階以上の子ども、そして成人であれば、それは認められている。義務教育段階の子どもに対して、他の年齢段階の子ども、成人に比べて、学習権がより強く保障されている理由は、子どものその後の、その他の権利実現のために義務教育が必要不可欠であるからだろう。その点からいっても、「学ばない自由・権利」が義務教育段階の子どもに認められるとは考えにくい。学習しないことにより、現在的、将来的に他者の権利や公共の福祉を侵害する危険性が高まることだけではなく、思想良心の自由等の適切な行使のためや、労働の権利・義務の実現など、自己の権利の実現のためにも、学習は権利として認められるとともに、社会的責務としても位置づけられるべきものである。
10 田原宏人2007。学校段階を問わず、選択の自由が基本であろう。しかし、義務教育段階においては、選択のもたらす弊害が大きいことから、一般的に公立学校については選択の自由が社会的合意によって制限され、通学区制がとられていると考えられる。

藤田は、国民社会の教育と産業社会の教育とを区別し、前者を義務教育段階、後者を後期中等教育以降と位置づけ、前者には商品として差異化されないが故に、選択になじまないとしている。しかし、義務教育段階であっても教育の質の差は存在し、国立大学法人立や私立の小中学校の存在を考えれば、選択になじまないとは断定しにくい。むしろ、地域社会との関係や通学上の地理的、経済的問題をあげるべきであろう(藤田2005)。

11 専門職統制モデルには、校長会の重鎮層を軸とした、教育管理職主導の既得権益擁護的な性格を持つものも考えられる。労使協調的な教職員組合がその中に組み込まれうる。
12 国家統制モデルには、政治主導タイプと官僚行政タイプ(中教審等の審議会を活用する場合も多いわけだが、委員の選任、運営等は官僚主導であろう。)がありうるだろう。民衆統制モデルには、委員会参加タイプ(教育委員の公選・準公選・公募、教育長公募、学校運営協議会など。純粋形態は教育委員の公選制や、学校運営協議会委員の各階層代表制であろう。教育委員等の任命が首長の独断で行われれば、首長専制タイプに近づく。)と首長専制タイプ(首長直轄や、首長の直接任命の教育長による教育行政の実施など)。市場統制モデルには、選択競争タイプ(学校選択、バウチャー制度、民営化・法人化など)と、民間経営タイプ(学校評価、教員評価・人事考課、民間人校長・教員など)が考えられる。

表1-1-1 教育ガバナンスのモデルとタイプ

モデル	タイプ
国家統制モデル	政治主導タイプ、官僚行政タイプ
市場統制モデル	選択競争タイプ、民間経営タイプ
民衆統制モデル	委員会参加タイプ、首長専制タイプ
専門職統制モデル	革新組合タイプ、教育管理職タイプ

引用参考文献

今橋盛勝1983:『教育法と法社会学』三省堂。
大橋基博2013:「『不当な支配』と教育の自由」『日本教育法学会年報』第42号。
大桃敏行2004:「教育のガバナンス改革と新たな統制システム」『日本教育行政学会年報』 第30号。
兼子仁1963:『教育法』有斐閣。
　　　　1978:『教育法(新版)』有斐閣。
　　　　1983:『行政法総論』筑摩書房。
教育法令研究会2007:『逐条解説改正教育基本法』第一法規。
黒崎勲2005:「教育行政制度原理の転換と教育行政学の課題」『日本教育行政学会年報』 第31号。
小松茂久2004:「教育ネットワーク支援のための教育行政システムの構築」『日本教育行　政学会年報』第30号。
佐藤修司2007:『教育基本法の理念と課題』学文社。
田原宏人2007:「子育ての自由の平等と福利追求の自由の不平等」「教育の制度的条件としての『信頼』」田原宏人・大田直子編著『教育のために』世織書房。

戸波江二・西原博史2006:『子ども中心の教育法理論に向けて』エイデル研究所。
浪本勝年・三上昭彦2007:『「改正」教育基本法を考える』北樹出版。
西原博史2003:『学校が「愛国心」を教えるとき』日本評論社。
　　　　　2006:『良心の自由と子どもたち』岩波書店。
原田尚彦1981:『行政法要論』学陽書房。
藤田英典2005:『義務教育を問いなおす』筑摩書房。
堀尾輝久1971:『現代教育の思想と構造』岩波書店。
　　　　　2010:『人間と教育―堀尾輝久対話集』かもがわ出版。
宮腰英一2008:「英国の教育行政の今日的変容」『日本教育行政学会年報』第34号。

コラム1
いじめ問題等の解決に向けた日本の教育制度改革への提言

半田 勝久（東京成徳大学）

いじめ問題等の解決に向けた教育制度改革

　近年、我が国の政府や自治体は、いじめ問題等の解決に向け、立法化を含め、性急に議論を進めてきている。こうした流れの背景には、滋賀県大津市の中学2年生がいじめを苦にして自死を選択した事件（2011（平成23）年10月）が社会的に注目され、学校や教育委員会におけるいじめ対策の限界性が浮き彫りになったことにある。そこで、国レベルの立法化が模索されることとなり、2013（平成25）年の第183回国会において与野党それぞれによりいじめ対策推進に関する法案が提出され、会期末に与野党協議で一本化され、「いじめ防止対策推進法」（以下、「いじめ対策法」とする）が6月21日に可決、成立することとなった。

　そこには、第二次安部内閣のもと教育再生実行会議が2013年2月26日に公表した「いじめ問題等への対応について（第一次提言）」が影響している。ここで進めようとしている教育制度改革の柱は、①道徳教育を通じた子どもたちの規範意識の醸成、②いじめ防止対策に主眼を置いた教育法の立法化、③学校及び教育委員会を中心とした家庭や地域社会、警察その他関係機関との連携協力体制の構築、④加害児童等への懲戒や保護者に対する出席停止措置等を実施することによる厳罰主義による加害者指導などである。このような教育政策の展開では、いじめを「子どもを巡る人間関係を背景とした人権問題」と捉え、そうした人権問題からの救済、関係性の修復を視座におくアプローチにはつながりにくい。

権利の主体・解決の主体としての子ども

　いじめ対策法では、「いじめを受けた児童等」の「支援」と、「いじめを行った児童等」の「指導」といった対立図式に立っている。すなわち被害を受けた子どもを保護し、加害行為を行った子どもを罰するといった構図である。しかしながら、いじめの構造はそういった単純な構図で描くにはあまりにも危険すぎる側面がある。そこには、個別のいじめ事案の特性や子どもの置かれている現実を踏まえ、子どもの関係性に十分配慮し、丁寧に対応していくことが求められる。そのためには、子どもを単なる保護や支援、指導の対象としてではなく、子どもを独立した人格と尊厳をもつ権利の主体、さらには解決の主体として位置づける認識を社会全体で共有し、子どもの権利を基盤とした積極的な政策展開が必要である。

子どもに寄り添う相談・救済のしくみ

　いじめがマスコミなどに社会問題として取り上げられて以降、国・自治体・民間レベルにおいて様々な子どもの相談・救済のしくみが用意されてきた。しかしながら、いじめなどでつらい状況下にある子どもの話を傾聴するにとどまらず、子どもの気持ちや考えに即して救済していくしくみは教育政策として構想されてこなかった。

　子どもの相談・救済のしくみは、周囲のおとなが子どもの気持ちや声に耳を傾け信頼を深めるなかで、子どもとともに最善の利益を追求し、そうした活動を通し行動の選択肢を子ども自身が豊かにもてるようにする、すなわち子ども自身がエンパワメントできるような環境を整えていくことに力点を置くことが重要である。

　そうした子どもの相談・救済のしくみとして国連・子どもの権利委員会やユニセフが提唱し、国内外で注目されているのが、子どものためのオンブズパーソン制度である。具体的な機能としては、個々の権利侵害からの救済、権利状況のモニタリング、権利実現に向けての制度改善・提言、教育・啓発等があげられる。我が国においても、自治体レベルで条例を設置し、公的第三者機関として子どもの権利擁護に取り組む自治体が増えてきている（2013年10月現在：22自治体程度）。今後は、こうした自治体のしくみを参考にして、より多くの自治体において設置を進めていく政策が求められる。

子どもにやさしいまちづくりと教育制度改革

　いじめ問題等からの子どもの回復には、相談・救済のしくみと行政、学校、地域が有機的につながっていくことができる総合的なセーフティネットワークを構築することが求められている。いじめ対策法で進めようとしている、国、都道府県の権限強化を図り、学校や家庭を規制していく上意下達的な方向では、解決につながらない。

　現在の教育制度改革は、いじめや体罰といった具体的な問題の個別法の策定により対策を進めようとしているが、子どもの権利条約等の国際基準をふまえた「子どもにやさしいまちづくり」といった観点から改革していく必要がある。そのためには、国レベルには子どもの権利基本法、自治体レベルには子どもの権利条例等を制定するなかで、子どものための政策・施策と実践が、総合的・継続的・重層的に運用されるような教育制度改革を進めていくことを検討すべきである（荒牧重人・喜多明人・半田勝久『解説　子ども条例』三省堂、2012年）。

第1章
第2節　教育の機会均等理念の課題——6・3・3制再考の意義を中心に

池田 賢市（中央大学）

はじめに

　日本国憲法26条は教育を受けることを権利だと宣言し、それを受けて、教育基本法や学校教育法は就学保障等について定め、また、6・3・3制の「単線型」学校体系により、日本では教育の機会均等が果たされていると一般には理解されている。これらの改革が戦前の反省の上に立っているということをも考え合わせれば、ここでの権利保障と機会均等は、国家の強制からの自由をも含意しているとの解釈も可能となろう。しかし、実際には、このような理解は裏切られる。そもそも日本の学校体系は、当時もいまも単線型ではなく「複線型」（議論をわかりやすくするため分岐型を含む）である。しかも、最近の教育改革論議においては、「ニーズ」に応ずるという言い方で、複線化が教育における自由として議論される状況さえある。では、教育制度における「機会均等」とは、いかなる意味においてなのか。

　また、今日、「6・3・3制」自体の見直し論議が盛んである。しかし、これは年数の区切り方の問題ではない。たとえば、小学校5年生と6年生との間には精神的・身体的な成長に大きな差がみられるので、小学校を5年間にしたほうがよいとか、学級担任によるすべての授業の実施から教科ごとの教員の授業に変わることに子どもたちが戸惑うので、小学校4年までを一区切りにして、その後3年間を移行期間として、残り2年を教科担任に、といったことも話題になるが、これらを「6・3・3制」の見直し論議として位置づけてよいのか。「6・3・3制」の見直しとは、いったい何を見直すことになるのか。

　本節では、以上の2点に着目して、教育制度の原理を再確認したい。

1　文部省『民主主義』にみる教育観
(1) 機会均等の確立へ

　教育の機会均等について考えるための材料として、1948年から翌年にかけて上下巻で発行された文部省著作教科書『民主主義』[1]の第14章（民主主義の学び方）のなかの「教育の機会均等と新教育の方針」という項を取り上げたい。
　まず、戦前の教育制度について「いろいろな差別があった」として、次のように総括している。

　　　中学校と高等女学校とが分かれていて、女学校の方がかなり程度が低くなっていた。そうして、中学校は、同じ中等教育でも、そこだけでひととおりの職業教育を行う実業学校に比べると、上級学校に進む場合にずっと有利であった。このことは、高等学校と実業専門学校とを比べた場合にも同様であって、大学にはいる道は、主として高等学校の出身者のために開かれていた。また、女子のための専門学校は、ごく少数しかなかったし、大学令による女子だけの大学は一つも設けられていなかった。このように、学校の違いや性別によって教育を受ける機会が均等でなかったことは、それぞれの学校の学生・生徒や卒業生の間におのずから差別観念を与え、男女の間にも差別思想を植え付ける結果になったのである。

　その後、新憲法（第26条）が「教育における機会均等の原理を高く掲げ」ていること、この原則に基づいて「新たに6・3・3・4制の学校制度が設けられること」を説明し、「学校制度が単純化され、教育を受ける機会が平等化されたことは、教育における民主主義の実現への画期的な出来事であるといわなければならない」と評価している。
　しかし、課題も示されている。そのひとつが学資の問題である。とくに大学進学の際の金銭的援助の必要性を次のように述べている。

　　　奨学の制度は、能力があるにもかかわらず、学資がなくて困っている者に学資を出して、教育の機会均等を保証しようとするものである。

この論理は機会均等を考える本稿において重要な部分であり、のちに詳しく論じたい。

(2) 求められるべき教育内容・方法

さて、教育内容や方法についても、民主主義の理念に沿ったものでなければならないとして、その原則が示されている。それは、「人間の尊重」である。具体的には、「今までのように、政府が教育の方針を細かく定め、それをそのとおりに教えることを学校に強要していたのでは、学校教育はどうしても画一的となり、型にはまった人間だけが作られる結果になる」のだから、「この点をすっかり改めて、生徒の勉強に自主性と自発性とを与えるように努めることとなった」と、戦前との比較でその本質を端的に表現している。

このような教育を実現していくため、生徒には、「受け身の態度をやめて、自分からすすんで知識を求めていくようにならなければならない」との注意を促し、そのことで「楽しみつつ学ぶ」ことができるとしている。同時に、「先生の教え方にもじゅうぶんに自主性を認める」ことが大切であり、「自ら教材を集め、郷土の地理や歴史、あるいは、時々の社会の問題や経済問題のような生きた教材を織りまぜて、生徒の知識を満足させるように指導していく」ことが求められ、そのことで「教えることの楽しみ」が実現するはずであるとしている。

今後たくさんのことを学ばねばならないが、もっとも大切なことは、「われわれの住んでいる社会そのものをよく知ること」であり、それが「社会科」という教科の新設の意義であると述べられている。そして、「個性と人格とが尊重されなければならない」と指摘し、「社会のいろいろな問題を科学的に、そして民主的に解決」していくことの大切さと、実践の大切さが示されている。

学級運営についても、「人間の平等と人格の尊厳という民主主義のたてまえからいうならば、先生も生徒も同じく人格の持ち主としてまったく対等」であるとの前提の上になされるべきとされる。教師は「生徒の性質と要求をよく理解し、生徒の人格を尊重して誠意と愛情とをもってこれを導く」のであり、そうすれば、「型にはまった命令や強制によらない、人間性のしぜんにかなった礼儀と秩序とが行われるようになるに違いない」と。

こうした「学校生活を貫くものは、上からの強制による秩序でもなく、わがままかってを許す無秩序でもなく、先生と生徒との間の人間としての責任と尊厳とを基礎とする民主的な秩序でなければならない」のであり、両者は「真理を突き止めようとする共同研究者の立場に」立っているのであり、「先生と生徒との真剣な協力による、はつらつとした楽しい授業が行われるようになるであろう」と、学校の風景について描いている。

　やや長い紹介になったが、ここでの学校教育のイメージを念頭に置きつつ、以下、機会均等の課題等について、検討していきたい。

2　複線型を支える論理

(1) 戦後改革期からつづく複線型

　第二次大戦後の教育改革期、日本国憲法および1947年制定の教育基本法（2006年に改正）の規定にしたがって、単線型の学校制度の下、教育の機会均等が実現した、と一般にはいわれている。しかし、ここには忘れられていることがある。つまり、機会均等を実現する場である学校が、そこに在籍すべきとされた子どもの特徴によって、現在においても、分けられている（別学体制）という点である。

　先の文部省による民主主義の下での教育のあり方によれば、戦前のような複線型の学校体型は、子どもたちに差別観念を与え、差別思想を植え付けることになる。だとすれば、障害児を別学としている今日の体制は、明らかに、障害児・者への差別観念を与え、差別思想を植え付けていることになっているはずである。この点に関しては、戦後すぐの教育改革期においてはその時代的制約を考慮したとしても、少なくともその後のいくつかの改革においては是正されてしかるべきであったろう。ところが、実際には政策はその反対方向に動き出した。それが1979年の養護学校義務制度化[2]であった。この動きを、教育を受ける権利保障として位置づけようとする議論もあるが、「特殊教育」としての制度化は、近代公教育における「差別と選別、支配と被支配の体制を超克し止揚することにならない」ばかりか、逆にそれを「拡大再生産することになって」[3]しまう。そして、今日、特別支援教育の名の下に、この別学体制は強化されている。実際に、特別支援学校・学級の数は増えている。

要するに、戦後の改革において日本の教育制度が単線型になったなどという事実はないのである。もちろん、純粋な意味での単線型は存在せず、理念のひとつであり、とくに後期中等教育にあっては専門分化することが社会的な要請でもあるとの見方は成り立つ。この点については後述するが、ここで指摘しておきたいことは、義務教育の出発の段階から、障害の有無によって学校が分けられていることを問題としなければならないということである。「障害」に関しては、「専門的な」対応が必要なのだとの説明で制度の分離を当然視する傾向もあるが、「専門性」の議論から「分離」を説明することは簡単ではない。

(2) 「能力に応じる」差別構造

　憲法にも教育基本法にも、教育の機会均等の制度的保障に関しては、「能力」に応じるとの規定が明記されている。これは通常、身分などの違いによって教育が受けられないといった封建的な差別制度のもとでの教育機会の不均等を否定し、誰もが教育へのアクセスを保障されることを示す表現として理解されている。したがって、「能力」という表現は、今日でいうところの「点数学力」といった意味ではなく、すべての者に対して、その者の現在の状況に応じた教育を保障する、人間としての成長を大切にしながら教育を保障するという意味に理解すべきであるとされてきた。この認識に立てば、「能力」が「ない」といった状況は存在し得ないことになる。
　しかし、日常的な言語感覚で「能力に応じる」、「能力があるにもかかわらず」という表現を理解すれば、このような論理にはならない。かつ、先に紹介した『民主主義』のなかで当時の文部省が想定していたことも、実は、この日常感覚での用語法であった。
　たとえば、奨学の制度の必要性を述べるところで、次のような表現がある。

　　経済事情の違いによって、ある者は大学に行くことができ、ある者は上級の学校に学ぶべき熱意と才能とがあるにもかかわらずそれができないのでは、せっかくの機会均等もじゅうぶんに実現されないことになる。

これにしたがえば、「能力」とは「熱意と才能」ということになる。しかも大学進学の機会をその例としてあげていることからもわかるように、実際にはより長く教育を受けるに足るだけの学力の有無を問題にしている。これは、一面では、学力があるにもかかわらず進学の機会が閉ざされてしまう不公正を正そうとする意思のあらわれであるが、反面では、教育の「保障の原理ではなく、むしろ権利の拘束、権利を保障していく制約の原理」[4]ということになる。なぜなら、ここでは「能力」が「ない」ということが十分に想定され得るのであり、それが進学の機会の制約を正当化するからである。

そして、大きな問題となるのは、このような制約の原理としての能力論が実際に制度化されているということである。教育機会の問題や受験体制を批判的に表現する際にかつてよく用いられてきた「15歳の春」の問題は、もっと早く「6歳の春」として存在しているということである。日本の義務教育は、保護者がその保護する子を学校に就学させることをもって成立しているが、法律は、小学校入学前の健康診断での「障害」の有無によって、就学先を明確に分けている。「『能力に応じて』という考え方が、就学させるべき学校の種別として規定する考え方につながっ」ているのである[5]。

このような別学体制が、戦後の教育改革の当初から6・3・3制のなかに組み込まれていたのである。つまり、2006年の改正以前の教育基本法の前文に明記されていたような、憲法の理念を実現するためには教育の力に待つべきとされた、その教育が、能力による教育機会の制約原理を含んで制度化されていたということである。民主的な国家の形成をめざす教育は、実は差別構造をも生み出す性質をもっていたのである。

3 人間観の問題
(1)制度を支える観念・不安

このようにみてくると、戦後の6・3・3制を、単線型の教育体系における機会均等の実現として理解することはむずかしくなる。これまでの制度論が、仮にそのように論じてきていたとすれば、それは、一定の、しかもかなり排他的な人間観に支えられていたことになるだろう。なぜなら、その体系は、能力主義による人間の選別を正当化する就学システムを含むものであっ

たからである。このことは、「障害」を分析視点として据えた場合によく理解できるものであるが、1960年代に入ってからの高校の入学試験制度の固定化の段階から、すべての者の教育機会均等という理念は疑がわれねばならなかった。教育が権利としてあるならば、なぜその権利を奪う選抜・選別制度が存在しているのか、と。

　では、今日、国際条約との関係もあって盛んに議論されているインクルーシブ教育を制度的に実現すればよいのか、そして、高校入試を廃止するか、きわめて簡便な方法と基礎的内容に変えればよいのか。

　確かに前者については、単線型で機会均等だというのであれば、とっくに実現しているはずのものである。しかし、いまだに実現していない。しかもその実現を阻もうとする動きさえある。したがって、早急に改革がなされるべきことであろう。後者についても、中等教育学校などの創設とともに中高一貫教育の意義がいわれていたときの発想にしたがえば、当然実施されていてしかるべきである。しかし、現実の高校入試は、都道府県によって違いはあるものの、学区の拡大や選別の度合いを高め、高校間の格差構造を強める方向で作用しつづけている。

　しかし、ここで問題にしたいことは、このような「制度そのもの」を問題・課題として定め、それを改革していく方法を考えねばならないということとは別に、その制度を支えている観念や思想、あるいはメンタリティのようなものの存在を問題にしていく必要がある、ということである。制度は、そのなかにあって具体的に動く個人によって支えられているのであって、「制度そのもの」が人々とは独立して宙に浮いたように存在しているわけではない。たとえば、おそらく誰もが、大学進学しなければ就職ができず、社会生活さえ保障されないなどと本気で思ってはいないだろう。大人として生活しているかぎり、さまざまな学歴の者が、さまざまなところで働き、生活している姿を知っている。いわゆる一問一答的な、単なる物知りになるだけの勉強が社会生活においては役に立たないことも知っている。競争的環境がかえって企業の業績を下げてしまう例だって知っている。しかし、だからといって、自分の子に対して、無理に大学進学する必要はなく、世の中にはいろいろな生き方があると語ることにはならない。とりあえずは進学しておいたほうが

安心であるという気持ちが勝ることで、競争的な試験制度を支えてしまう。

　要するに、人々がどのような人間観・社会観等をもっているかによって、制度の問題も変化してくる。いま示したような、漠然とした不安を背景とした根強い能力主義の結果として実現される制度は、非民主的なものになってしまう。そして、実際に日本の教育制度は、きわめて露骨な差別的複線型学校体型としてありつづけている。

(2) 外国人の就学問題

　人間観・社会観に着目したとき、外国籍の子どもたちの就学問題も浮き彫りになる。

　1990年代以降、入管法の改正もあって、ニューカマーと呼ばれる外国人住民の増加が社会問題化し、なかでも外国籍児童生徒の就学は、日本の義務教育制度に大きな課題を突きつけた。

　国際人権規約のうち「経済的、社会的及び文化的権利に関する国際規約」の13条は、「教育についてのすべての者の権利を認める」とした上で、「初等教育は、義務的なものとし、すべての者に対して無償のものとすること」と定めている。子どもの権利条約28条でも、「初等教育を義務的なものとし、すべての者に対して無償のものとする」と定められている。この場合の「義務的」とは、当然ながら、教育への権利を保障する義務のことであり、その対象は「すべての者」である。つまり、国籍によって制限されない教育権の重要性を規定しているわけである。しかし、日本に居住する外国籍児童生徒の教育においてもっとも深刻な問題は、その不就学状況にある。不就学となる制度的な原因・要因として、就学案内のあり方の問題もあるが、そもそも、法令上、外国籍者は義務教育の保障の対象外になっていることがあげられる。

　日本政府の対応は、日本の公立小・中学校に入ることを外国人が希望した場合に、日本人の場合と同じ条件でそれを認めるという立場を取っている。これは、日本人と同様の就学義務を外国人の親に課してしまうと、かれらに同化を強いることになるから、いくつかある選択肢の一つとして日本の公立学校を位置づけておくことこそが多様性を認めることになるのだ、という論理に基づく対応である。

しかし、日本の経済構造のなかで低賃金で働くかれらに、いったいどんな選択肢があるというのか。確かに、たとえばブラジル人学校のように、母国の教育（制度・内容）を確保できる施設はあるが、日本の教育制度上、正規の学校として法的資格を与えられていないのであるから、授業料をはじめ必要な経費はきわめて高額となり、また日本国内での進学に際しても不利益がある。したがって、選択肢として十分な機能が期待できるものではない。結局、日本人と同様に「無償」の条件で学べる公立小・中学校に入るということになる。ところが、形式上は選択しての入学ということになるため、「同化」を求められることになり、「いやなら出て行け」といった言い方がまかり通ってしまうのが現実である。日本の国際化は、政府の様々な教育改革において核に据えられながらも、このレベルにとどまっている。

　仮にさまざまに選択しうる条件の下で公立学校を選んだとしても、そのこととカリキュラムその他への同化要求とは結びつくものではない。なぜなら、権利として保障されるべき教育として、子どもの権利条約29条は次のように言っているからである。

　　　児童の父母、児童の文化的同一性、言語及び価値観、児童の居住国及び出身国の国民的価値観並びに自己の文明と異なる文明に対する尊重を育成すること。

　つまり、これに従えば、学校教育の目的・目標として「日本人の育成」や「日本人としての自覚」といった表現がなされている現在の学習指導要領の規定が根本から問い直されなければならないのである。

　要するに、日本の学校教育において学ぶためには、クリアしなければならない一定のハードルが存在しているのであり、誰にでも開かれた制度ではないということが、先述の「障害」をめぐる別学問題と同様に、外国人児童生徒の就学をめぐる問題からもよくわかる。制度がある一定の人間像を前提としているのである。そして、その「人間」は、さまざまにありうる人間存在の一部にしか対応していない。

(3) 国際化が求める学力

　ニューカマーの子どもたちが公立学校を途中でやめていくケースも多く報告されているが、その原因の一つとして、かれらの「異文化」に対する学校側の不十分な理解、生活習慣上の同化を強いる学校の雰囲気をあげることができよう。つまり、さまざまな教育改革のなかでは異文化理解や相互交流の必要性や重要性が繰り返し語られてきていたが、それらは国境の外にある文化に対する理解・交流であり、日本国内の多様性に対するものではなかったということになる。日本の伝統文化を共有した日本人による他国理解のことを国際化と称し、グローバル化した経済状況での生き残りという国家的課題がそれを後押ししているために、英語教育がそのツールとして重視されることになる。このような国際化の把握である限り、ニューカマーの子どもたちの教育への権利は侵害されつづけることになる。

　このような認識の下では、英語を使った商売上手な日本人は育成できるかもしれないが、教育課題としての国際化は果たされないだろう。小学校から英語学習を取り入れ、また外国籍児童生徒を日本人にとってのいわば教材のように位置づけた異文化理解活動をしたり、あるいは、留学生を何万人受け入れようとも、状況は変わらない。

　では、教育課題としての国際化とは、何であったろうか。

　1974年、ユネスコの第18回総会において「国際理解、国際協力および国際平和のための教育ならびに人権および基本的自由についての教育に関する勧告」が採択された。それによれば、「教育は、諸国間の矛盾と緊張との底にある経済的政治的性質を有する歴史的および現代的諸要因についての批判的分析ならびに理解、真の国際協力および世界平和の発展に対する現実の障害であるこの矛盾を克服する方途についての研究を含むべきである」とされている。ここで重要なことは、国際状況を調和的にとらえるのではなく、矛盾と緊張のなかにあるものととらえた上で、それをいかに克服していくかが「国際教育」の課題であるとしている点である。

　すなわち、ここにみられる国際感覚は、各国がそれぞれに自国の文化の発展に努力し、その努力についての相互尊重を前提にしていれば、それぞれが平和になるのだから、予定調和的に、あるいはその集合的状態として世界も

平和になるのだ、という認識を否定するものである。それぞれの国でのさまざまな出来事が国際的にどのような関係のなかで起こっているのか、そこにどのような問題状況（矛盾や緊張）が発生しているのか、あるいは発生する可能性があるのかについて敏感になる学力が求められているのである。

4 消費財としての教育のイメージ
(1)「楽しい」教室の風景

現在の日本における「機会均等」の意味を明らかにしていくために、もう少し議論を進めてみたい。

先の文部省による『民主主義』のなかには、教育制度改革にとって重要な教室の風景が描かれている。それは、生徒も先生も「楽しい」ということである。先の引用を繰り返すことになるが、確認しておきたい。

「政府が教育の方針を細かく定め、それをそのとおりに教えることを学校に強要していたのでは、学校教育はどうしても画一的となり、型にはまった人間だけが作られる結果になる」点を反省し、戦後の改革では、「この点をすっかり改めて、生徒の勉強に自主性と自発性とを与えるように努めることとなった」のであり、生徒のほうも「受け身の態度をやめて、自分からすすんで知識を求めて」いかねばならず、それはすなわち「楽しみつつ学ぶ」ということであると述べられている。教員のほうも、その教育方法の自主性が認められることで、「生きた教材を織りまぜて、生徒の知識を満足させるように指導していく」ようになり、「教えることの楽しみ」を感じることになるとしている。このような思想は、「教える・教えられる」という二分法的状況設定を超えて、ともに学びをつくりあげていく教室を実現していくはずであることは、「先生と生徒との真剣な協力による、はつらつとした楽しい授業が行われるようになるであろう」と述べられていることからも想像がつく。

「楽しさ」は外側から客観的に指標化できるような、どちらが高い低いといった測定にそぐわない概念である。したがって、今日的な行政手法にとっては改革の鍵概念にはなれない。しかし、「学び」を楽しいと感じることが悪いことであるはずはない。そして、制度論として重要なことは、文部省の『民主主義』が明らかにしているように、「学び」の楽しさは、学校現場の主体的

判断の尊重を前提条件にしているということである。いわば国家の強制からの自由を前提として、機会均等および民主的教育は実現するということである。

　ここで描かれた教室の風景が破壊されて今日に至っていることは、誰にも明らかである。しかし、一方で、人々は別の「自由」を享受していると思い込まされている。それは、「選択の自由」である。

(2)「選択の自由」という罠

　情報化の進展は、さまざまなものを「商品」に変えていった。たとえば、「情報産業の時代にはいって（中略）農業生産物はすでに食料ではない。それは食品として、味、かおり、形など、多様な情報を満載した情報産業商品」[6]となった、というように。そして、教育（関係）が商品となったといわれて久しい。

　学ぶということは権利である。では、ここでいう「学び」とは、どのような特徴をもつものと考えねばならないのか。パウロ・フレイレは次のように指摘している[7]。

　　　本来の解放とは、人間化のプロセスのことであり、何かを人間という容れ物に容れる、といったものではない。ただの言葉でもなければ、怪しげな呪文でもない。解放とは実践であり、世界を変革しようとする人間の行動と省察のことである。…本当の意味での解放をめざす教育は…知識の容れ物としての人間ではなく、世界とのかかわりのうちに問題の解決を模索するようなものであるべきだ。

　この教育観は、先の国際化のなかで求められる学力観につながる。つまり、ここでは消費の対象として、知識の個人内蓄積を目的とするような学びは否定されている。しかし、多くの者はその「容れ物」を満たそうと必死になっているのではないか。そして、「自由化」の名の下に、わたしたちは「消費者」であることに慣れて（慣らされて）しまったのではないか。おそらく1980年代半ば以降の臨時教育審議会での議論がその方向を決定づけたといえるだろう。用意されたものを選択することしか許されず、自分たちでつくり上げていく

自由を奪われた状態では、知識は陳列棚に並んだ商品のごとくバラバラに売り買いされていくだけである。手に入れた商品で自らを満足させているのであり、あるいは、それで満足しなければいけないというルールを(無自覚に)わがものとせざるを得ないのかもしれない。たとえ品揃えが豊富でも、それは選択の幅が若干広がったことしか意味せず、不自由を強いられる構造に変わりはない。ここに、物を買うことでしか個人の尊重を感じることができない消費社会の一側面をみることは可能であろう。たとえば、学校選択制にしても、「選択できる」と言われれば、「選択できない」ことが急に不自由に思えてくる。しかし、そもそも教育権を保障する義務教育における「選択」とは何を選択することなのだろうか。

　選択制の実施にともない各学校は「特色ある学校づくり」に必死になる。その特色をアピールして生徒を獲得せざるを得ない競争的環境がつくり出されている。しかし、生徒が入ってくる前からその学校の特色があるとは一体どういうことなのか。学校の特色は、その構成員である生徒や教職員等の相互の活動を通じてつくりあげられていくもの(また、常につくり変えられていくもの)である。今日の選択制においては、自分たちの学校をつくりあげていくという「生産」のイメージは消去されているのである。

(3) ICT化の功罪

　このような「学び」についての「消費」のイメージは、近年のICT化と親和性がある。いったん入力すれば、「結論だけを急がせる効率至上主義的な言語環境」、「無反省無批判の態度を増長させるだけの画像メディア中心主義的な言語環境」[8]にはまり込んで行くことで、「学び」のイメージは、試行錯誤を時間のかかる手間とみなして排除し、より早くいま求めているものの解答を手にする作業となっていく。そこで使われることばは、科学至上主義的な、統制的あるいは規範的なことばである。これは、すべてが明快にわからなければならない世界である。果たして、教育はそのような世界のなかで展開できるのか。

　自分の心の内をあらわすことば、矛盾に満ち、また曖昧でもあることば、文字や声にはならないことば、しかし確実にその子どもの生活を語ることば

は、人間同士の対話のなかに存在し、そこで「わたし」を語ることで人間として育まれていく。このような「生活」のことば、あるいは無言のメッセージは、ICTの世界にはもっともふさわしくない。少なくとも何かを入力しなければならない。そうしなければ選択肢もあらわれない。このような学習環境においては、言語や思考は機能的であり操作的であることが重要となる。こうして、学校は、手段と技術の機構となっていく。

　しかも、情報量が多いということと知識を豊かにすることとがイコールで考えられている。マクリーニーらは、「情報にアクセスして情報を消費することで、市民も力をつけていくはずだ、という信念は、今やwwwを支えるイデオロギーの一部となっている」と指摘し、「知とは人間同士をつなぐものであって、決して情報を集めることではなかった」と、われわれをその勘違いから救い出そうとしてくれている[9]。

　しかし、「消費者」が求めている情報は、ある課題についてある程度まとまりのついた答えであり、今日ではパソコンが容易にそれに応えてくれる。これに慣れてしまうと、情報を関連させるという作業が忘れられてしまう。さまざまな情報を基にして求めるべき主たる課題に応えようとするのではなく、はじめから完成されたものを探す行為が勉強することだと思われていく。しかも、情報のすべてはネットによって得られると思い込んでしまう。まさかネットで参照可能な範囲は限られているなどとは思いもつかない。これは、今後ネット情報を充実していけば解決される、といった性質の問題ではない。問題なのは、情報をそのまま知識だと思ってしまうこと、知識はパソコン検索によって得られると思ってしまうことである。知識は自らがつくり上げるものなのであって、選択肢のなかから選んでくるようなものではない。このような「学び」は、自由に思考をめぐらせる「楽しさ」を奪い、現状肯定に着地する。

　かつてマルクーゼは、テクノロジーの進展によって、「それが何であるか」という本質への問いではなく、「いかにそうなっているのか」という現状記述的な問いだけが意味をもつようになると見抜いた。この観点は、ICT化の現状肯定的思考パターンをみごとに指摘している[10]。

　パソコンは「便利」な道具である。しかし、現在の子どもたちはそう感じて

いるだろうか。つまり、子ども時代にコピー機さえ普及していなかった世代は、キーワードを入れて即座に得られる「答え」の周辺に、それを支える膨大な情報があり、それらを相互に関連させながらひとつの結論を構築していくという作業があることを知っている。だからこそ、そのプロセスを省略してくれるネットの世界を「便利」だと感じることができる。逆に、この感覚が欠如していれば、もはやパソコン等の機器は便利な道具というよりも、思考を支配する権力と化してしまう[11]。

5 複線化への動き
(1)「個性に応じる」という論理

　情報と教育についての議論を通してわかることは、教育が商品を消費するイメージで語られることで学校体系の複線化が「自由」の名の下に、むしろ権利の保障として歓迎されていく社会状況が自然なこととして人々に受け入れられていく、ということである。
　このことは、1997年6月26日の中教審答申「21世紀を展望した我が国の教育の在り方について（第二次答申）」で次のように語られることで、一般化したのではないか。

> 　我が国においては、教育における平等を重視し、形式的な平等のみならず結果の平等までをも期待した結果、教育システムを画一的なものとして構築したり、これを硬直的に運用するという傾向を生じてしまった…、形式的な平等を求めるあまり、一人一人の能力・適性に応じた教育に必ずしも十分配慮がなされなかった…。今後は…あらゆることについて「全員一斉かつ平等」という発想を「それぞれの個性や能力に応じた内容、方法、仕組みを」という考え方に転換し、取組を進めていく必要がある。

　すでに明らかなように、これまでの日本の教育制度は、ここで言われているように「平等を重視」してはこなかったのであり、「結果の平等」を求めるどころかむしろ自己責任を強調され、しかも「形式的な平等」さえ一度も実現し

たことはなかった。すべての子どもたちが同じように学習できる環境が整えられてきただろうか。社会学等の研究が明らかにしてきたように、特定の社会階層に有利な不平等状態が「能力」や「平等」ということば、あるいは自由競争的教育観によってカムフラージュされながらずっとつづいてきたのではないのか。しかし、このような構造の分析はいっさいなされず、能力や適性に応じるという形での不平等主義の教育が、ここで宣言されたわけである。

　「能力」や「適性」という語は「個性」と言い換えられうる。その「個性」に応じる教育は、個別対応を理想的学習場面としてイメージアップさせる。しかし、個性等に応じる教育の実現は、制度自体の複線化がなければなしえないことではない。答申が言うように、「画一的」で「硬直的」に教育がなされてきたのだとすれば、そのような教育環境をつくり出してきたのは誰だったのか。教育現場の多様性を許さず、教員を管理してきたのは誰だったのか。答申が批判しているような教育をつくり出してきた責任の所在を答申は明らかにしていない。（そもそも「平等」を「画一的」とイコールのようにとらえていること自体に問題がある。）

　しかし、消費文化に慣れたわたしたちは、適性に応じた教育が、実は排他的な制度構築思想であることを見破れなかった。一人ひとりの子どもたちが大切にされる教育だと錯覚し、そのためには皆が同じ学校に通っていたのでは「応じた」ことにならないという言説にのみ込まれた。

　これ以降、日本の教育改革は、多様な学校のスタイルを提案していく手法をとることになる[12]。1998年には通学区域の弾力的運用に関しての中教審答申「今後の地方教育行政の在り方について」が出され、2000年、東京の品川区において公立小学校の選択制が始まる[13]。公立の中高一貫校、企業等による学校設置、高校はさまざまな呼称（クリエイティブスクールなど）とともに多様化し、その入試制度も複雑化してきている。

　このような複線化をともなう多様化は、適性や個性というキータームによって正当化されていくわけだが、それが将来の職業と結びつけられることで一層リアリティをもった改革として受け止められていく。それは、インターンシップや職業教育といった概念を包み込んだ形での「キャリア教育」によって人々の内に醸成されていく論理であったといえよう。学校はハローワーク

ではないのだが、実質上、高校や大学においては具体的な就職のあり方が問われてしまう。

(2) 「一貫教育」における「区切り」の問題

　適性や個性に応じる教育という言説は、その文言自体に問題は見出しにくい。したがって、それによる制度改革も人々の批判的まなざしを免れる。そして、その改革は、今日、学校のスタイルといういわば横の多様化に加えて、学校種の間の縦のつながりを変革していく性質をも含むようになった。6・3・3制の見直しがそれである。

　教育特区によって小中一貫の取り組みが多くの地域でなされている。9年間の義務教育期間における教育課程のあり方を見直そうというわけであるが、具体的に論じられていることは、「区切り」である。たとえば、9年間を4・3・2に、あるいは5・2・2に区切るなどである。しかし、単純に考えれば、せっかく「一貫」だと言っているのに、なぜ「区切る」のか。6・3・3制に関する歴史研究もなされているが、その区切り方に必然的な根拠はないようである。とすれば、いま議論されている区切り方にも、合理的根拠は見出しにくい。実際、全国の小中一貫の区切りをみると、実にさまざまである。しかし、問題は、どんな論理で区切ろうとするのか、である。

　多い議論として、「中一ギャップ」への対応がある。学級担任一人による授業から教科ごとに異なる教員による授業へと変わることによる戸惑いを少なくし、滑らかに移行させていくために、たとえば小学校の5年目から少しずつ教科担任制を導入していくという発想がある。一見すると名案に思えるかもしれないが、なぜ中学校の方法が小学校に降りて行くという形で接続していくのか。小学校の方法を中学校の一年目にも導入していくという発想にならないのは、なぜか。おそらく後者の方法による滑らかな接続案は存在していないのではないか。つまり、6・3・3制の見直しが何をねらっているかはすでに明らかである。教育課程の前倒しである。小学校での英語教育の実施（「国際化」への対応という衣がつけられている）はその最も典型的な例である。

　また、小学校への就学年齢を5歳にするという案もある。（義務教育期間は10年になる。）　2007年の学校教育法改正によって幼稚園教育（第22条）が

「義務教育及びその後の教育の基礎を培うものとして」位置づけられたことで、幼・小の接続が、やはり小学校が幼稚園に降りて行く形で進められようとしている。

(3) 「区切らない」という方法

いずれにせよ、脳科学や発達論などで区切りのあり方に科学の衣を着せようとする動きは、平等や機会均等を実現しようとする制度論としては成り立たない。なぜなら、子どもたちの個性や適性に応じようとするならば、どんな理由をつけようと「区切る」ということ自体が、必ず一定数の者をはじくことになるからである。多様である子どもたちのそれぞれに本気で応じていくためには、「区切らない」という方法しかない。個性や適性を理解し、相互交流のなかで自分や他者の存在に気づき、また教員がそれぞれの子どもに丁寧に応じていく、これらは、さまざまな子どもたちが同じ場所にいてくれなくてはできない。議論すべきは、これを制度構築原理として位置づけていくための具体的な課題である。

教育課程をつくり、学年という考え方でそれを配置し、なおかつ学習の結果を数値で測ろうとすれば、知識の習得に時間制限をつける学び方を強いることになる。ある知識内容をある学年において提示することを一律に決めておくことはありうるとしても、その内容を、提示された年度内に理解し、一定の数値として成果を残さねばならないという強制力は何に根拠を置くものなのか。おそらく根拠はなく、ただ、授業についていけない、受験に間に合わないといった現実があるのみであるが、その圧力こそが強力なのである。

かつて中高一貫教育が提唱されたとき、そのねらいは、受験勉強の圧力の弊害を認め、6年間ゆとりをもって学ぶ環境を整備するということではなかったか。先に引用した97年の中教審答申の前年に、同じく中教審はいわゆる「ゆとり教育」の大切さをうたった答申を出している。「一貫教育」という発想はここと結びつくことで6・3・3制の見直し論議に基本的視座を与えるはずであったろう。しかし、今日、能力主義や人材育成を前提とし、またスキルの習得や道徳教育といった行動・態度を重視する教育成果への期待が、「一貫」論議のなかでは盛んである。

まとめにかえて

　そもそも教育制度は、具体的で全体的な存在としての人間をそのままの形ではつつみこめない。しかし、学校教育が人の育ちにとってきわめて重要な位置にあることは事実であり、学ぶ側からみれば、自らの存在全部において学校と向き合っている。学ぶ者の視点から「持続する学び」をどう保障していくか。

　公費で支えられる学校は、人類がこれまで積み重ねてきた知識や技能といったものを次の世代に引き継いでいく役割を担っているといえる。だからこそ、公的なのであり、人類全体に対して責任を負っている。もちろん人類遺産(そのリストをつくること自体が難しいが)の継承といっても、すべての者が同じように引き継ぐとは限らない。それぞれの個性等に応じて多様となるだろう。この発想は、ある一定のところまでは全員共通に学ぶが、ある段階以降は制度的に多様になるという方法を正当化しているようにみえる。しかし、ここで「多様」なのは各人(子どもたち)の方なのであって、知識・技能を提示する側が分化する必然性はない。いろいろな学びが保障された方がよい。これを高校段階に当てはめれば、「総合高校」の姿ということになるだろう。もちろん、現実的には知識・技能の幅はあまりに広く、したがって専門分化していく方法はありうる。しかし、そこでは人類という枠のなかでの文化の継承・創造であるという点から制度原理が論じられねばならない。機会均等とは、このような観点から意義があり、特定の層に入る人々にとってのみ開かれた機会であってはならない。ところが、日本の制度においては、少なくとも、障害、国籍、そして貧困等といったいくつものハードルが設定され、人類遺産の継承者として「ふさわしくない」人々をつくり出している。

　「6・3・3制」に関する見直し論議は、少なくとも今日のそれは、平等や機会均等、そして民主主義の実現という方向に向かおうとする教育にストップをかけ、適性や個性、あるいはニーズに応ずるといった表現で、排除の論理に基づく制度構築を、人々に「自由」(実は偽物なのであるが)を感じさせながら受け入れさせ、能力主義・競争主義・管理主義的教育制度の構築をめざすものであるといえよう。

　6・3・3制を見直すということは、単線型による機会均等と信じられてき

た制度を疑い、その不平等を明らかにしていくことから始まる。同時に、さまざまな教育改革のなかで、「ゆとり」、「一貫教育」、「総合高校(総合学科高校)」等といったいくつかの芽をどういう論理でつないでいくかが重要である。その論理の糸を、不十分を承知で、本稿では辿ろうとしてきた。

注

1　渡辺豊・出倉純編『文部省著作教科書 民主主義』(著作:文部省)、径書房、1995年。
2　この義務制化について一木は次のようにまとめている。「これにより、法令上長年排除されてきた障害児の教育は公教育に包摂され、『教育を受ける権利が保障され機会均等が達成された』と文科省は積極的に評価している。しかし、一方では、これは、盲・聾・養護学校、特殊学級という、普通学級から排除された空間での公教育への包摂ととらえることができる。つまりは、特殊教育体制とは、障害児の教育を公教育に包摂しつつしかし主流から排除し、周辺あるいは底辺に位置づけたと評価できるのである。」(一木玲子「特別支援教育における包摂と排除」嶺井正也・国祐道広編『公教育における包摂と排除』八月書館、2008年、167頁。)
3　持田栄一「『教育改革』という名の『教育支配』―『養護学校の義務制化』政策の問題点」『教育文化』24号(東京学芸大学教育文化刊行会)、1978年、24頁。
4　岡村達雄「養護学校義務制度化の本質と戦後公教育批判」『障害者解放運動の現在』(全国障害者解放運動連絡会議編)、現代書館、1982年、104頁。
5　同上書、105頁。
6　梅棹忠夫『情報の文明学』中公文庫、1999年、235頁。
7　三砂ちづる訳『新訳 被抑圧者の教育学』亜紀書房、2011年、99頁。
8　東西均『荒れる生徒とことば』新風書房、1999年、181頁。
9　イアン・F・マクリーニー、ライザ・ウルヴァートン/冨永星訳『知はいかにして「再発明」されたか』日経BP社、2010年、286頁・289頁。今日の教育改革においては、ICTの活用が否定的に語られることはない。かつて、テレビゲームが子どもたちを夢中にし始めたころ、また携帯電話が普及し始めたころ、さらにはパソコンが公式文書の作成に使われ始めたころ、画面の光や電磁波等による健康被害が大きく取り上げられていた。それらが飛躍的に改善されたとは聞かない。すでに批判的観点が失われて久しい。
10　マルクーゼの『一次元的人間』(生松敬三訳、河出書房新社、1974年)、また『純粋寛容批判』(大沢真一郎訳、せりか書房、1968年)、および、城塚登他『拒絶の精神―マルクーゼの全体像』(大光社、1969年)を参照。
11　しかもその権力は、多数決によって支えられることになる。ネット検索で画面

第1章　教育制度の諸原理　51

の上部に列挙されたものを私たちは自然と選択してしまう。それを繰り返せば、ますますそのサイトは選ばれやすい位置へと昇り詰めていく。単にどの情報をみたかということがカウントされているにすぎないのだが(いわば人気投票のように)、あたかもその情報がある項目の検索にとっては必須のページであるかのごとき印象を与えてしまう。こうして、情報の重要性が多数決で決まるという状況が、それと意識されずに、浸透していくことになる。
12　これを支えたのがいわゆる「教育特区」(構造改革特別区域における教育分野での特例措置)という制度である。藤田晃之『新しいスタイルの学校』(数研出版、2006年)には2000年前後の学校制度改革の動きが整理されている。
13　選択制の問題等については、嶺井正也・中川登志男『選ばれる学校・選ばれない学校』および『学校選択と教育バウチャー』を参照されたい。(ともに八月書館より刊行)

引用参考文献
イアン・F・マクリーニー、ライザ・ウルヴァートン／冨永星訳『知はいかにして「再発明」されたか』日経BP社、2010年。
梅棹忠夫『情報の文明学』中公文庫、1999年。
全国障害者解放運動連絡会議編『障害者解放運動の現在』現代書館、1982年。
東西均『荒れる生徒とことば』新風書房、1999年。
パウロ・フレイレ／三砂ちづる訳『新訳 被抑圧者の教育学』亜紀書房、2011年。
藤田晃之『新しいスタイルの学校』数研出版、2006年。
嶺井正也・国祐道広編『公教育における包摂と排除』八月書館、2008年。
嶺井正也・中川登志男『選ばれる学校・選ばれない学校』八月書館、2005年。
嶺井正也・中川登志男『学校選択と教育バウチャー』八月書館、2007年。
渡辺豊・出倉純編『文部省著作教科書 民主主義』(著作：文部省)、径書房、1995年。

> **コラム2**

オランダ王国憲法に見る「教育の自由」の保障

澤田 裕之（国際学院埼玉短期大学）

はじめに

　一般的に国・公立学校は、平等と社会的統合の原理に基づいて、そして私学は自由と社会的多様性の原理に基づいて存続する組織とされる。本稿で着目するオランダ王国（以下、オランダ）は、初等および中等学校の約7割を私学（bijzonder onderwijs）が占めており、これは同国における教育制度の特長といえる。私学の数的優位は、教育を受ける側にとっては自らに相応しい教育の選択機会が、多岐に渡り保障されることを意味する。同時に、教育の国家統制を否定するという現れでもある。本稿では、オランダ王国憲法から同国の教育制度原理について概説する。

1. 学校闘争（schoolstrijd）と憲法第23条

　オランダが「教育の自由（vrijheid van onderwijs）」という概念を憲法上の基本権に掲げたのは1848年の改正憲法である。「教育の供与は（中略）自由である。」という表現が憲法条項へ盛り込まれ、私人等による学校設立が認められた。しかし学校の設立は認

表1　オランダ王国憲法第23条「公立教育と私立教育」

1項	教育は、政府にとって恒久的な責務の対象である。
2項	教育の供与は、法が定める所轄庁による監督および教員の適格性、職業的規範に関しての審査を侵害しない限り、自由である。
3項	公教育は、各人の宗教または信条を尊重して、法で定める。
4項	政府は、全ての自治体において、十分な公立普通初等教育を供与しなければならない。またこの規定は、法が定める規則に準じて、教育を受ける機会が与えられていると認められる限りは、これは免除される。
5項	国庫から全額もしくは一部の公費助成をうける学校教育の要件は、私立教育に関しては思想、信条の自由を考慮して法で定める。
6項	国庫から全額もしくは一部の公費助成をうける私立普通初等学校は、公立学校と同等の教育の質が保証されなければならない。このとき教育教材選択や教員の任命に関する自由は尊重される。
7項	法で定める要件を満たす私立普通初等学校は、公立学校と同一の規準にもとづいて、国庫から公費助成される。私立普通中等学校および予備高等学校に対する国庫からの公費助成については、法で定める。
8項	政府は、毎年教育の状況を議会に報告する。

出典：Grondwet voor het Koninkrijk der Nederlanden (1983), Hoofdstuk 1: Grondrechten, 23. Het openbaar en bijzonder onderwijs. 筆者訳

められつつも、宗教教育を授業カリキュラム外に置くことなどを、1857年の初等教育法（Wet op het Lager Onderwijs）で規定し、教育の世俗化政策を積極的に進めた。これに対してカトリックやカルヴァン派を中心とした宗教派勢力は宗教教育を認め、そして公立学校と同様に私立学校に対しても公費助成を措置するよう、「学校闘争」と呼ばれる政治的運動を展開した。結果として政府は、宗教派勢力の主張を全面的に受入れ、1917年に王国憲法第23条「公立教育と私立教育（Het openbaar en bijzonder onderwijs）」を制定したのである。以降、オランダでは、二度の憲法改正が行われているが、同条は修正されずに憲法の基本権に掲げられている。前頁の**表1**は、現行憲法第23条項である。

全8項で構成される第23条は、同国における教育法上の最重要な基幹的法原理として憲法に掲げられている。2項では「教育の供与は（中略）自由である」と謳い、ここに「学校設立の自由」が包含されると解釈される。6項後段は、私学の教材選択の権利や教員の任命権を保障する規定であり、7項はその私学に係る諸経費を国庫負担金で措置すること（公費助成）を謳っている。具体的な内容としては、私学の施設・設備費、教員の人件費（公立学校教員と私立学校教員と変わらずに国から直接支給される）、学校の管理・運営費・維持費などである。

2. オランダにおける「教育の自由」の遵守

オランダにおける「学校闘争」は私学の教育の自由を保障し、私学への財政支出額を公立学校と一致させるという結果を齎した。公立学校と私学に対する財政平等の原則は、別言すれば、私学が公教育（Openbaar onderwijs）に明確に位置づけられたということを意味している。

近年オランダでは、この私学の教育の自由が、学校間の人種的分離を助長させるとして政策レベルにおいて議論された。しかしそうした中においても、2006年度より全ての学校に対して、公費助成金の裁量権限を拡大させる包括的補助金支援制度（Lumpsum financiering）が施行されている。

国の教育への介入は、どの程度許容されるべきか。公費助成を措置しつつも、私学に対する教育の自由を大幅に認めるオランダの姿勢は、私学が多数存在する我が国においても大いに参考となるものといえよう。

参考文献

澤田裕之「オランダの学校に対する公費助成方式の変容―追加資金交付に係る基準に着目して―」『教育学論集』第9集、筑波大学大学院人間総合科学研究科教育基礎学専攻、2013年、pp. 1－21。

第2章

初期教育制度

第1節　子どもの権利保障から見た
　　　　初期教育制度の課題　　　　　　秋川陽一　56

第2節　幼児教育義務化論　　　　　　　藤井穂高　74

第3節　初期教育制度と保育・教育自治論　伊藤良高　89

コラム3　幼稚園、保育所と小学校との「接続期」カリキュラムは、
　　　　就学の準備か？　　　　　　　梨子千代美　107

第2章

第1節　子どもの権利保障から見た初期教育制度の課題

秋川　陽一（福山市立大学）

1　本稿の目的

「初期教育制度」が本学会の課題研究領域に新たに加えられたのは2002年であり、同年12月発行の『日本教育制度学会会報第10号』には、「初期教育制度(胎児・乳児・幼児・児童期の学習支援制度)」とだけ説明されている。以来、本学会で「初期教育(制度)」概念の検討が十分に行われてきたとは言えないが、当初から出生前の胎児期を含めた人間のライフ・ステージの初期段階(すなわち胎児期から児童期まで)の子どもの学習支援をトータルに捉える視点を重視していたといえよう。また、教育制度論の立場からは、初期教育制度は「生涯学習体系」の第一段階として、一人ひとりの生涯にわたる成長・発達に影響を及ぼすと同時に、将来の国家・社会の在り方も決定づける可能性を有するものであると位置づけられていたように思われる。

本稿では、そのような初期教育制度をめぐる諸問題について、子どもの人権保障の視点から問題提起を行い、今後の改革の方向性について提言を行う。そのために、まず、子どもの人権保障のための初期教育制度を考える場合の基本的かつ重要な視点について整理を行い、続けて、初期教育制度論の立場から子どもという存在をどのように捉えるべきか(子ども観)についても検討する。教育制度の議論では、教育をする側のおとな(おとな世代)が、教育を受ける側の子ども(子ども世代)の成長・発達を支援するために、いかなる制度を構築するか、という発想で議論されることも多いが、その場合、子どもという存在(あるいは子どもとおとなの関係)をどのように捉えるかによって構築される制度の在り方が大きく左右されると考えるからである。ここではとくに、おとなからの保護なくしては生存できない乳幼児期の子どもに限定し、2005年11月の「国連子どもの権利委員会」の「『乳幼児期における子どもの権

利の実施』に関する一般的注釈(第7号)」(以下、「CRC/C/GC/7」と表記)を踏まえつつ、初期教育制度の論議における乳幼児観の問題を考察したい。

次に、上記の子どもの人権保障の視点と乳幼児観の考察を踏まえ、初期教育制度改革の新たな方向性としての「共育のネットワーク・システム」と、それを継続可能な形で機能させるための新たな"しくみ"について「ガバナンス(governance)」の視点を取り入れる必要性について問題提起を行う。

最後に、現代日本の初期教育制度をめぐる具体的な問題・課題は山積しているが、その中から「子ども・子育て関連三法」[1]の成立(2012年8月10日)による幼保一体化・一元化[2]の問題と保育専門職制度(とくに免許・養成制度)に限定して、子どもの人権保障の観点から検討を行う。「子ども・子育て関連三法」による幼保一体化・一元化は教育・保育を受ける機会均等の問題であると同時に、一人ひとりの子どもの人権を保障する「保育の質」をめぐる問題であり、他方、保育専門職の免許・養成制度も「保育の質」を決定する重要な要素であると考えるからである。

2　初期教育制度と子どもの人権保障

(1) 初期教育制度論における子どもの人権保障の基本的視点

①総合的人権保障の視点

冒頭に述べたように初期教育制度が人間のライフ・ステージの初期段階(胎児期から児童期まで)の子どもの学習支援制度であり、それが教育制度である限り、子どもの人権のうちの学習権(＝成長・発達権)を保障する支援制度であることは言うまでもない。しかしながら、この時期の子どもは極めて未熟であり、おとなの保護がなければ生存すらできない。その保護も、生存のために単に世話をするということではなく、その子どもの心情を受容し、共感的に受け止めて関わる(それは換言すれば、子どもが人間としての尊厳を認められ、幸福追求権が保障されているといえる)、そのような愛情に満ちたものでなければ人間らしい成長・発達は望めない。たとえば、幼稚園教育において「環境を通した総合的指導」が目指されるのも、ある特定の心情、意欲、態度、能力等を育てる視点からではなく、幼児期の子どもの特性を踏まえて、園生活全体で総合的に子どもの人権保障を行うという視点に立っているからである。

その意味で、初期教育制度(改革)を論議する場合、その時期の子どもの発達特性を踏まえ、子どもの人権のうちの学習権だけでなく、生存権、幸福追求権なども含めた子どもの人権を総合的に保障する視点を重視しなければならない。

②最善の子育て環境創出の視点

胎児を対象とした教育として「胎児教育」[3]、乳幼児を対象とした教育として「(乳)幼児教育」「幼児期の教育」「(超)早期教育」「就学前教育」等、幼児期から児童期前期の教育を意味する「幼年教育」、児童期の子どもを対象とした「児童教育」など多様な用語が存在するが、これらの用語には子どもを対象として直接的に働きかける教育的営為(たとえば、知識・技能の教授やしつけ)のニュアンスが多分に含まれているように思われる。しかしながら、子どもが人間として成長・発達していくためには、それに適した環境(一人ひとりの子どもの生活の中の人的・物的環境から、より広範囲の社会的・文化的な環境まで含めて)を創出することが重要であることは言うまでもない。前述したように、初期教育が対象とする時期の子どもは、「環境を通して行う」教育こそが重要であり、それゆえに初期教育制度の論議においても、子どもの人権を保障するための最善の環境の創出を重要な視点として据えなければならない。この視点からは、たとえば、妊婦とその夫のための両親学級(マタニティ・スクール)や保護者を対象とした各種子育て相談事業、あるいは育児休暇や育児給のような子育て支援制度、あるいは保育専門職、産科医、助産師など子育てに関わる専門家の養成・研修の制度等は、子どもの成長・発達を保障する環境創出のための制度であるという点で初期教育制度であると捉えられる[4]。つまり初期教育制度は、子ども家庭福祉制度や子ども看護・医療制度などと重なりあうが、「子どもの成長・発達を支援する」環境の創出という視点(目的)を中核に据えてみた場合に、それらの制度は初期教育制度と捉えられる。

③初期教育の公共性重視の視点

子ども(とくに初期教育が対象とする胎児期～乳幼児期の子ども)を育てるということは、本来、家庭における親子関係を中心に行われる私的な営みであり、子どもの権利条約第18条に規定するように「子の養育の第一義的責任は両親にある」というのが大原則である。この考え方を消極的に解釈すると、子ど

もの成長・発達を保障する第一義的責任者である親が、その責任を遂行できない場合に限り、国・社会は必要に応じて親への援助・支援を行う（それが公的責任である）ということになろう。この考え方からは、たとえば両親の就労等によって養育ができない場合に限り、保育所保育を提供したり、家庭の中では行うことが難しい集団教育を幼稚園で提供したりすることが公的責任だということになる。しかしながら、現代日本の大きな社会変動（とりわけ情報化、国際化、少子高齢化、核家族化、地域社会の教育力の低下等）による急激な子育ち・子育て環境の変化とそれにともなう親（家庭）の養育に関わる様々な困難さの噴出などの状況を顧みると、初期教育をより積極的に公共なるものとして捉え、子どもの人権保障の社会的な営みであると捉える視点が重要になる。これは「父母その他の保護者が子育てについての第一義的責任を有するという基本的認識の下に、家庭その他の場において、子育ての意義についての理解が深められ、かつ、子育てに伴う喜びが実感されるように配慮して行われなければならない」としたうえで、国、地方公共団体、事業主及び国民の子育てに関する積極的責務を規定した「次世代育成支援対策推進法」（2003年）の理念にも合致する視点である。しかしながら、初期教育の公共性の論議には、「公共」をどのような考え方（原理）で担保するかに関わり様々な考え方がある。この点については、次項（「3　初期教育制度改革におけるネットワーク化とガバナンスの視点」）において考察する。

　④子どもの平等権保障の視点

　教育制度全般の原理であるが、初期教育制度を考える場合にも、子どもたちが不当な差別を受けないこと（平等権）を保障しなければならないという視点である。たとえば、戦後日本において確立した幼保二元制は、教育・保育を受ける機会の均等の視点からは問題視される。あるいは、経済的状況や親の都合等によって定期的な妊婦健診や乳幼児検診が受診できない（受診しない）場合、胎児・乳幼児の平等権が保障されていないということになる。

(2) 教育制度論における乳幼児観

　一般に、教育や子育てという営みは、おとなの側に視点を置き、「おとな＝子どもを教育し、育てる存在」「子ども＝教育を受け、育てられる存在」と

いう一方的・固定的な図式で観念されている。とりわけ、子どもの年齢・発達段階が低ければ低いほど、その「育てる(能動)－育てられる(受動)」という関係は自明のものとされているといえよう。

しかし、子どもの権利条約では、子ども(誕生から18歳未満のすべての子ども)は、おとなとほぼ同等・同様の権利[5]を有し、自ら学び、育ち、生きていく主体的存在であり、なおかつ家庭・地域・社会の中で他者と関係を築きつつ次世代を形成していく社会的存在として捉えられている。そのような子ども観に立ち、子どもの最善の利益(子どもの権利条約第3条)を保障するために、子どもの意見表明権について「締約国は、自己の意見を形成する能力のある児童がその児童に影響を及ぼすすべての事項について自由に自己の意見を表明する権利を確保する」(同条約第12条)と規定している。この子どもの意見表明権について、従来、児童期以降の子ども(とりわけ学校における生徒)の権利については理論的研究も実践的取り組みも数多く行われてきたが、乳幼児期の子どもの権利については、研究も実践もあまり進展してきたとは言えない(小田倉2008：188-198)。その背景には、先述したように乳幼児は未熟であり育てられるだけの受動的存在であるとされ、権利主体としての捉え方が弱かったと同時に、乳幼児は「自己の意見を形成する能力が欠如した存在であり、意見表明の行使など無理だ」と乳幼児の無能力観が強かったということがあろう。

しかしながら、乳幼児の意見表明権を要にした保育実践を深めていく試みが続けられてきたことも事実である(安部1997、鈴木・堀1999、玉置1991)。また、この乳幼児の権利の捉え方に関わる論議も深められ、それは、2005年9月の「CRC/C/GC/7」によって、子どもの権利条約の乳幼児観の再確認と乳幼児の権利(とくに「意見表明権」)をより積極的に捉える考え方に集約されるにいたった[6]。

すなわち、「CRC/C/GC/7」では、「乳幼児が本条約に規定されたすべての権利の保有者であり、乳幼児がこれらの権利の実現のために決定的に重要な時期である」(「Ⅰ はじめに」の第1項)と宣言し、「未成熟の人間を成熟した大人へと社会化する期間として乳幼児期をもっぱら見なす伝統的信念からの脱却が求められる。…乳幼児は、家族、コミュニティおよび社会において、そ

れ自身の関心、利益および意見を持つ能動的構成員として認められるべきである」(「Ⅲ　人権と乳幼児」の第5項) と、乳幼児も積極的な社会的存在であるとしたのである。

　このような乳幼児観に立ち、「CRC/C/GC/7」では、乳幼児の意見表明権について、「乳幼児は、話し言葉および書き言葉を通じてコミュニケーションができるようになるずっと以前から、選択をし、様々な方法で、自分の感情、考えおよび希望をコミュニケートしているのである」と捉え、このような特性を踏まえて乳幼児の意見表明を保障することは、「大人に、子ども中心的な姿勢を取り、乳幼児に耳を傾け、かつ、子どもの尊厳及び子ども独自の観点を尊重することを求め」、それはまた「大人に、子どもの関心、子どもの理解力、および、好ましいコミュニケーションの方法を考慮しながら、忍耐をし、かつ、想像力を働かせることを求める」(Ⅳ　乳幼児期における一般原則および権利) の第14項「乳幼児の意見と感情の尊重」) と述べたのである。

　つまり、「CRC/C/GC/7」では、乳幼児という存在を単に保護されるだけの受動的な存在ではなく、自ら生き、育つ主体的な存在であり、社会的な存在、よって社会に参加する存在であると再確認し、その意見表明権の保障を、おとなの側の乳幼児の理解、受容力、共感的な関わり方などにかかっているとしたのである。この乳幼児観は教育・子育ての実践における子どもとの関わり方を再考させると同時に、乳幼児も教育制度を創出する主体として捉えなおすことを示唆している。だが、現状では、このような乳幼児観を基盤とした初期教育制度(論)はほとんど進展しておらず、未開拓であると言わざるをえない。

3　初期教育制度改革におけるネットワーク化とガバナンスの視点
(1) 初期教育制度改革におけるネットワーク化の重要性

　以上述べてきた、子どもの人権保障の基本的視点(①総合的人権保障の視点、②最善の子育て環境創出の視点、③初期教育の公共性重視の視点、④子どもの平等権保障の視点)と、国連子どもの権利委員会の「CRC/C/GC/7」によって示唆された乳幼児観や乳幼児の権利保障の在り方を踏まえると、まずは、どのような初期教育制度のイメージを描くかということが重要になろう。

これまでの初期教育制度の中心的課題は、とくに乳幼児期の幼稚園・保育所・認定こども園などの公的な教育・保育制度であり、行政によって提供される様々な子育て支援制度であったし、それらは今後も重要な課題であることは否めない。しかしながら、「初期教育制度」の有する胎児期から児童期までの子どもの成長・発達の保障というトータルな視点や生涯学習体系の第一段階として学習者の主体性を尊重する視点を踏まえると、それはどのようにイメージできるだろうか。筆者は以前、教育基本法第11条の「幼児期の教育」の概念化について検討した際に、それを「共育のネットワーク・システム」として捉える必要性について述べたことがある(秋川2010:117-134)。ここでは、それを、子どもの人権保障の基本的視点と新たな乳幼児観を踏まえて敷衍し、初期教育制度のモデル・イメージとして以下に述べておきたい。

　まず、子ども自身の主体的に生き、育つ場として、①家庭(胎児の場合は「胎内」)、②幼稚園・保育所・認定こども園・各種の子育て支援施設等の教育・保育施設、③地域コミュニティを想定する。次に、その育つ場には、一人ひとり特性・個性が異なる子どもがおり、その周りにはさまざまな環境(人的・物的・文化的・自然的等環境)があり、それに子ども自身が主体的に関わる。とりわけ、人的環境として、家庭(保護者・兄弟等)、専門家(保育者・助産師・保健師・小児科医など)、他の子ども(友達)、さらには地域のおとな(各種の公的機関・団体も含む)との関わりがあり、そこからさまざまな支援・援助を受けている、そのような「子どもの育ち環境のモデル」を想起する。そのような環境の中で、子どもは、胎児期・乳児期・幼児期・児童期と切れ目なく成長・発達していく。さらに、保護者、専門家、地域のおとなも、相互に子どもの人権(のみならず、自らの権利の保障も)の実現のために、協働して支援・援助をしつつ、自らもその人間性を成長させていく。

　このような「共育のネットワーク・システム」は、当然のことながら、子どもが生活している身近な地域コミュニティを基盤にして形成されるが、上述した①の総合的人権保障の視点から、おとなの「責任」もそれぞれの立場によって分かち合うものとなる。つまり、家庭(保護者)の「養育責任」を核に、その「養育責任」を支援する形での幼稚園・保育所等の教育・保育施設の「保育実践責任」（子どもと保護者に対する支援・援助の責任)、地域の各種子育て支

援機関・団体・個人等の「子育て支援責任」が配置される。加えて、このシステムの全体を「コーディネートする(ネットワークの条件整備を行い、振興を図る)責任」が行政に付与される。そのような意味で、③の公共性重視の視点も担保される。とりわけ、この「共育のネットワーク・システム」に主体的に加われない(加わらない)孤立した家庭(子どもや保護者)を巻き込む(involvement)ための様々なしくみや関係づくりは、④の平等権保障の視点から行政の「コーディネートする責任」として重要である。

　ここで、公共性を担保する考え方について言及しておくと、一方で(それは、1990年代以降、いわゆる新自由主義に基づく「構造改革」によって目指されてきた教育制度改革の方向性であるが)、「市場原理」によって教育・子育てサービスが提供される市場そのものが、一つの「公共なる場」であると捉える考え方がある。その場合、「公共なる場」としての市場に要求されるのは、市場参入者が市場のルールを順守するということだけであり、行政の責任・関与は、その市場を維持するための最小限のルール(規制)の策定とルール違反に対する制裁にのみ限定される(ことが望ましい)とされる。他方、「市場原理」に対抗する考え方として、「公設」「公営」「公費」の3つの条件により公共性を担保する考え方がある。つまり、「責任ある公設の設置主体が、公費(税金)負担を原則に、質を保障する施設・設備、内容等の基準を守りながら、有資格者である専門家によって教育・保育・子育て支援の実践を行う」ことが、公共性が担保されていることだとする考え方である。この両者の批判的な検討は割愛するが(秋川・梨子・矢藤・伊藤2006：93-106)、どちらの考え方も教育・保育・子育て支援のサービス(実践)を「提供する－提供される」という一方向的な関係として捉えている。ここで提起した「共育のネットワーク・システム」とは、人間の主体性・自立性と協同性を同時に実現しようとする考え方に立ち、それは人間社会の双方向的な関係性を前提としたネットワークとして機能している、そのような場を「公共なる場」として捉える発想である。

　この「共育のネットワーク・システム」は、文字通り「皆が共に育つ」ことを想定したシステムであり、②の最善の環境を創出し続けようとする動的なシステムとして想起されるが、とくに子育ち(子どもの主体的な成長・発達)を保障することを念頭に置くと、生涯学習体系における初期教育の意義と機能を

いっそう明確化し、とくに乳幼児期の教育を児童期以降の教育につなげていく視点が重要となる。子どもは「子ども同士の関わりのなかで育つ」ことを考えれば、両者の接続(articulation)の問題として、乳幼児期と児童期の子ども同士の交流・ネットワークづくりが子育ち環境の創出という点から重要な課題になろう。

(2) 「共育のネットワーク・システム」におけるガバナンスの意義

　以上のような「共育のネットワーク・システム」は、単なる構想に留まることではなく、すでに様々な具体的な実践が試みられてきている。たとえば、カナダ(トロント)において自然発生的に地域密着型の草の根活動として生まれた「ファミリー・リソース・プログラム」は、全国的な組織化を通して国全体に根付き、「子育て支援ならばカナダ(トロント)」と呼ばれるほどになっている。このプログラムは、「ドロップイン・センター（親子のたまり場）」を地域のあちこちに作り、子育て中の親たちがそこに集い交流する活動から始まったが、孤立した子育てをしている親に、このセンターへの来訪を勧誘する「ドア・ノッキング」活動、支援を必要とする人に対して出張支援する「モバイルプログラム」、親教育プログラム、子育て支援のサポーター育成プログラム等々の様々な活動を生み出し展開してきている(武田2002、汐見2003)。あるいは、1991年に「保育共同体」として、その実践が"News Week"誌で取り上げられて以来脚光を浴びている、イタリア北部の小都市レッジョ・エミリアでの保育実践は、幼児学校を中心に保護者・専門家・市民・行政が協働して質の高い保育・教育を創造してきている(J.ヘンドリック2000)。レッジョ・エミリアの保育を一言でいうならば、「そのすべてにわたって『創造性』と『協同』と『共同体』の原理が貫徹している」(佐藤2003：173)といえる。

　他方、我が国においても、1990年代以降、全国各地で共育(子育て支援)のネットワーク化の実践・活動が活発に進められてきている(大場2003、小出1999、山本・尾木2001、大豆生田2006)。その根底には、1993年6月の第126回国会参議院本会議の「地方分権の推進に関する決議」、それを受けて1995年7月に設置された、内閣総理大臣直属の諮問機関「地方分権推進委員会」、さらに1999年7月の「地方分権一括法」と続く、「地方分権」「地方自治」

の大きな潮流があり、その中で地域住民の主体性と協働性による、新たな民主的統治のあり方が希求されるようになってきたことと連動しているといえよう。

　そのような新たな統治の在り方を示す、一つのキーワードが「ガバナンス(governance)」である。ガバナンスとは、「単一の包括的な階統制組織による中央統制の仕組みに頼るのではなく、相互に関連し合う複数の組織主体間の調整活動とネットワークの形成に重きをおいて、複合的な組織活動を制御しようとする組織的営為のこと」(今村2005：21)と定義される。従来の一元的な階統制組織を通して中央統制する「ガバメント(government)」では効果的に対応できない公共政策課題が次々と生じ、「ガバメントからガバナンスへ」の変革が主張され、また、「コミュニティ自治」の理念のもと、すでに数多くの実践が積み重ねられてきている(山本・難波・森2008、前山2009)。ガバメントが「統一的に治める」という意味で「統治」と訳されるのに対し、ガバナンスは「複数主体間の連携・協力関係」を重視するために「共治」「協治」などの訳語が用いられることもあるが、このガバナンスの「複数主体間の連携・協力」重視の考え方が、市民・住民との協働関係を生み出す。そして、ガバナンスの主たる役割として「共育のネットワーク・システム」の調整役を果たすとき、継続可能なシステムとして共育のネットワークが機能するのではなかろうか。行政の役割を統制や財源の分配ということから(もちろん、その機能をすべて無視するわけではないが)、市民・住民との協働関係づくりと「共育のネットワーク」を継続的に機能させるコーディネートの役割にシフトさせることが求められる。

　以上ここでは、コミュニティを基盤に子どもの人権保障を目指す初期教育制度の在り方として「共育のネットワーク・システム」を提起し、それを継続的に機能させるガバナンスの意義を述べたが、全国各地の「共育のネットワーク・システム」は、ある態勢で固定的に機能するのではなく、絶えず様々な要因によって変革を続けている動的なシステムと捉えた方がよい。

4 現代の「初期教育制度」改革の課題
(1)幼保一体化・一元化の改革課題
①幼保一体化・一元化の改革動向

　幼小連携、幼児教育の無償化、児童(幼児)虐待防止、子どもの貧困対策等々、現代日本の初期教育制度をめぐる問題・課題は山積している。それは、いずれも子どもの人権に関わる問題・課題であるといえるが、ここではとくに「子ども・子育て関連三法」の成立(2012年8月10日)による幼保一体化・一元化の課題に限定して考えたい。

　幼保一体化・一元化は、第2次世界大戦後、幼保二元体制が確立して以降、絶えず論議されてきた。それが子ども(乳幼児)の教育・保育を受ける機会均等の問題であると同時に、一人ひとりの子どもの人権を保障する「保育の質」に関わる問題でもあるからである。ここでは戦後日本の幼保一体化・一元化をめぐる論議や実践の詳細には触れられないが(竹内2011：98－175)、現在の幼保一体化・一元化に繋がる改革論議として、臨時教育審議会(1984年8月設置)での論議に注目したい。臨時教育審議会では、幼保一元化を目指した論議が続けられたが、結局、同審議会第3次答申(1987年4月)では、「幼稚園・保育所の目的は異なる」との認識から幼保二元体制の維持が打ち出され、「就園希望・保育ニーズに適切に対応できるよう、それぞれの制度の中で整備を進める」と、両施設の弾力的運営を進めることによって「家庭や社会の要請、変化に柔軟に対応する」という見解が示された。それ以降、「構造改革」の進む中で幼稚園と保育所の「垣根」を揺るがす様々な柔軟化策(規制緩和策)が打ち出され、幼保一体化が進んだ(秋川2004：66－76)。なかでも、2006年「就学前の子どもに関する教育、保育等の総合的な提供の推進に関する法律(認定こども園法)」の成立により、幼稚園・保育所と並ぶ「幼保一体化総合施設」として認定こども園が成立したことは、幼保一体化への大きなステップであった。しかし、この認定こども園への保育界からの批判は強く、幼稚園・保育所から認定こども園への移行も順調には進まなかった。

　この幼稚園・保育所の「幼保連携型認定こども園」への順次移行を促進しようと意図したのが、三法のうちの「改正認定こども園法」であるが、幼稚園・保育所は、移行せずそのまま残ることも許容された。つまり、今回の改革で

も幼保一元化は達成されず、幼稚園(所管：文部科学省)・保育所(所管：厚生労働省)・認定こども園(所管：内閣府)の所管区分が3つになったという点では、乳幼児期の教育・保育制度は「三元化」されたとみることができる(ただし、内閣府が文部科学省・厚生労働省との総合調整を行う)。しかし、その運営費給付をすべて「施設型給付」に一本化するとともに、消費税増税分のうち子ども・子育て支援の充実のために7,000億円の財源配分を行い、うち約4,000億円は「最優先課題である待機児童解消等のための、保育等の量を拡充するために要する費用」、約3,000億円は「職員配置基準の改善をはじめとする保育等の質の改善のための費用(処遇改善を含む)」に充てることが予定されており、さらに、今後、私立幼稚園に対する私学助成の廃止や民間保育所運営費交付金の一般財源化などが着手されるならば、「幼保連携型認定こども園」への移行(幼保一体化)が順次進み、さらに行政所管庁が「子ども家庭省(仮)」に統合されるならば、幼保一元化も現実化する可能性がある。

②子どもの人権保障のための幼保一元化に向けて

　以上のように、紆余曲折を経て、現状としては「幼保三元化」されたものの「幼保連携型認定こども園」への幼保一体化・一元化の前途が見えてきたといったところだが、1990年代以降の新自由主義による「構造改革」の推進の中で、幼保一体化・一元化を促進する規制緩和策が次々と打ち出されてきたことに対し、保育の現場からは一貫して強い反対・反発があった。その理由を端的に言えば、子どもの視点に立つ「教育・保育の機会均等」原則からではなく、経済・財政危機への対応としての「効率化重視」の観点から幼保一体化・一元化の改革が進められてきたからであるといえよう。今回成立した「子ども・子育て新システム」の構想も、そのもとを糺せば経済産業省の「経済産業構造ビジョン2010」が発端である。

　以下、「子ども・子育て関連三法」制定にいたるまでの改革構想に対する批判の論点(と最終的な結論)をいくつか列挙しておこう。①当初の構想では、民間活力導入の理念のもと、設置基準の緩和と設置認可制の指定制変更などによって、NPO法人や企業の保育業界への参入を大幅に進める規制緩和を目指していた。設置基準の緩和(例えば、保育者一人当たりの担当子ども数を増加させること)は、収容定員の急増を促進し、数字上の待機児童解消策としては

有効かもしれない。しかし、設置基準を緩和することにより、子どもの保育環境・条件をいっそう劣化させ、「保育の質」を低下させるおそれもある。また、認可制の指定制への変更で、経営不振に陥ると保育施設を閉鎖することも比較的容易となり、子どもの保育を受ける権利を奪うことにもなりかねないと批判された。その批判に対し、最終的に「幼保連携型認定こども園」については、国、地方公共団体、学校法人および社会福祉法人のみが設置できることとし、NPO法人や企業の保育業界への参入は見送られ、設置基準についても「学校としての基準(学級担任制、面積基準等)と児童福祉施設としての基準(人員配置基準、給食の実施等)を併せ持つ基準を適用し、質の高い学校教育・保育を保障する」として、新たに「幼保連携型認定こども園の設置および運営に関する基準」が制定されることになった。②当初、児童福祉法第24条の「市町村の保育の実施義務」を廃止し、市町村の責務を保育の必要度の認定や保護者へのこども手当の支給などに限定する、という構想であった。しかし、それでは子どもの保育を受ける権利の公的保障を阻害するとして批判され、最終的にこの案は廃案となり、市町村の保育の実施義務規定は現行どおり残ることになった。③従来の認定こども園の保育内容基準は、幼稚園教育要領と保育所保育指針の両方を援用する曖昧なものだとする批判もあり、これに対して「幼保連携型認定こども園」の教育・保育内容基準については、今後新たに「幼保連携型認定こども園保育要領(仮称)」を作成することとされた。④当初、保育料は、保護者の所得とは関係なく、利用すればするほど負担が増える「応益負担」を導入する考えであったが、それは「教育・保育の機会均等」原則に反し、貧しい家庭は保育を受けられない可能性があると批判されてきた。結局、この「応益負担」の考えは見送られ、現行どおり「応能負担」の原則が踏襲された。しかし、一定の要件のもとで各施設による「上乗せ徴収」が可能となっており、「教育・保育の機会均等」原則が順守されるかどうかは疑問視される。

　以上述べてきたように、今回の「子ども・子育て関連三法」による改革は、その根底に「効率化重視」の観点があり、「教育・保育の機会均等」原則や「保育の質」確保の観点からの数多くの批判が起こり、その批判に一つ一つ妥協しながら成立をみたといえる。先行き不透明な点も多いが、新たに作成され

る予定の「幼保連携型認定こども園の設置および運営に関する基準」「幼保連携型認定こども園保育要領（仮称）」の内容を子どもの人権保障の観点（冒頭掲げた、4つの初期教育制度論における子どもの人権保障の基本的視点）から検討することが、今後の重要な課題となろう。また、今回の「子ども・子育て関連三法」は、ガバメントの発想で全国を一律に統制する枠組みを作ったといえるが、もっとガバナンスの発想を活かすことが重要であろう。待機児童の問題にしても、幼稚園・保育所の設置数や両者の設置比率も全国一律ではない。幼保一体化・一元化をめぐる課題も全国各地で異なっている。それぞれの地域コミュニティ独自の課題を「共育のネットワーク」の中で変革を目指せるように、全国一律の画一的な統制的な枠組みこそ緩和すべきではなかろうか。

(2) 「保育の質」向上と保育専門職の養成

「保育の質」向上が叫ばれて久しい。日本教育制度学会の課題別セッション（初期教育）でも論議を行ったが（秋川・藤井・矢藤・伊藤2010：120-137）、「保育の質」が高いとは一体何を意味し、それを決定する要因は何かについても、さらに、「保育の質」向上に対して初期教育制度論の立場からいかにアプローチすべきかについても、いまだ明確なものはない。しかしながら、「保育の質」を決定する一つの重要な要因が、実際に保育実践を中心となって進める保育専門職の資質能力であるということは、おそらく誰もが認めることであろう。これまで保育専門職（具体的には幼稚園教員と保育士）の資格・養成・研修・評価等の制度が、時代の変化と社会からの要請に伴い何度も改正・改善されてきたことも、保育専門職の資質能力・専門性が「保育の質」を決定づけると考えられてきたからに他ならない。そこで、以下、保育専門職の養成問題、とくに上述してきた「幼保連携型認定こども園」の保育専門職として新たに置かれることになった「保育教諭」の養成について課題提起を行いたい。

「保育教諭」は、現時点では「幼保連携型認定こども園」の新たな職種であるが、そのための新たな資格・養成制度は設けず、従前の保育士資格と幼稚園教諭免許の併有が要件とされる。また、現在の幼稚園・保育所の職員で、片方の資格・免許のみ有する者には、比較的容易に両資格・免許が取得可能となるような特別な措置を講じることになった。現状として、幼稚園・保育所

からの「幼保連携型認定こども園」への移行を目指すことからすれば、両資格・免許の併有化が現実的な方策かもしれないが、短時間の教育を受ける子どもと長時間の保育を受ける子どもが同じ場所にいるのが「幼保連携型認定こども園」であり、保育所(保育)と幼稚園(教育)が単純に合体したものではない。これまでの保育所と幼稚園の間にも、教育・保育の目的・内容・方法等に関する考え方について、少なからず伝統的・文化的差異がある。それを一体化し、子どもたちの保育を受ける権利を平等に保障する実践を行うことは、保育士と幼稚園教員それぞれのもつ専門性とは別の専門性が必要になるのではないかとも考えられる。いまだ「保育教諭」の職務内容や専門性の議論は活発だとはいえないが、今後、この議論を深め、その職務や専門性にふさわしい免許・養成制度が樹立されなければならない。

　また、これは保育士・幼稚園教員養成制度の改正のたびにみられたことだが、大学等保育者養成機関の養成科目基準について、従来、時代の変化や社会からの要請に応えるように、次々と新たな内容(科目)が追加されてきた。その新たな内容の追加が保育専門職の専門性の内容を充実させ、専門性のレベルの引き上げに繋がるという考えがあったように思われるが、これからの保育専門職の養成を検討する場合、従来からのこの発想自体を見直す必要があるのではなかろうか。従来からの発想は、いわば保育実践にとっての「外部環境」である時代や社会からの要請によって新たな資質能力を加算する考えだが、保育専門職の職務内容の範囲が不明瞭なまま養成制度上の修得すべき内容は拡大する一方となる。今後は、養成課程において、子どもの人権保障のために保育専門職にはいかなる資質能力が必要か、という根本的な発想から再検討し、養成課程と就職後の実践や研修を通じて、保育専門職が自主的・自律的に力量を伸ばしていくことができる基盤づくりを行うという発想をとることが重要ではなかろうか。それは、いわば、保育専門職の自律性・主体性を尊重した積分的な発想による養成制度の考え方である。

　その意味で、とくに「CRC/C/GC/7」の乳幼児観を踏まえ、保育専門職としてのキャリアを通して、自らの乳幼児観を絶えず省察しつつ、自らの保育実践の確立を目指していくことが求められる。そのような実践には、当然、より高いレベルの乳幼児理解、受容、共感の能力を磨き、その重要性を社会

第 2 章　初期教育制度　71

に発信していく、「アドボケイター（権利擁護推進者）」としての役割が強化されることも含まれるであろう。

注

1　「子ども・子育て関連三法」とは、「子ども・子育て支援法」「改正認定こども園法」「関係法整備法」の3法を指す。2009年9月の民主党への政権交代以降、「構造改革」の流れに沿う幼保一体化・一元化をいっそう進めようとする「子ども・子育て新システム」の論議が始まり、2010年6月には「子ども・子育て新システム検討会議」から「子ども・子育て新システムの基本制度案要綱」が発表され、保育界に大きな改革論議を巻き起こした。この要綱に対する反対意見も多い中、2012年3月30日、政府は「消費税関連法案」とともに「子ども・子育て関連三法案」（「子ども・子育て支援法案」「総合こども園法案」「関係法整備法案」）を上程したが、「社会保障と税の一体改革」の方針の下、政局が混迷を極め、結局、同年6月15日の「社会保障・税一体改革に関する確認書（いわゆる民主・自民・公明の「3党合意」）」により、「総合こども園法案」は廃案とし、代わりに「改正認定こども園法案」（議員立法）が、また、他の2法案も議員修正された上で国会に再提出され、この改正・修正三法案が、同年8月10日に可決・成立した。その後、同年12月16日の衆議院総選挙により自民党が政権を奪還したが、今後、「3党合意」が順守され、予定通りに消費税増税が実施されるならば、この「子ども・子育て関連三法」が施行される可能性が高い。

2　幼保一体化とは、行政所管の統一はともかく、「カリキュラム・職員・施設等の共通化・連携による幼保の実践・運営上の一体化」を図ることを意味し、幼保一元化とは「行政上の所管まで統合した幼保の制度的な一元化」を指す。なお、かつて日教組の教育制度検討委員会が「保育一元化」という概念を提起したことがある（梅根悟編『日本の教育改革を求めて』勁草書房、1974、p.187）。これは、幼稚園・保育所という施設や行政所管の一体化・一元化という発想ではなく、乳幼児の生存と発達保障の立場から「保育」という観点で一本化するという考え方に立つものである（堀尾輝久2007、pp.82-84参照）。筆者も子どもの権利保障の観点に立つ「保育一元化」へ向かうことが重要だと考えるが、ここでは近年の改革論議の通例に従い、「幼保一体化・一元化」と表記することにした。

3　妊娠中に胎児に音楽を聴かせたり、絵本の読み聞かせをしたりする具体的な行為を、近年、「胎教」と呼ぶことが多いが、かつて「胎教」とは、健やかな子どもを授かりたいと願い、妊婦が情緒の安定した状態でいることであり、具体的には主に周囲の人々に善行を施す行為を意味した。ここでは、その混同を避けるため、胎児を対象とする教育を「胎児教育」と呼ぶ。

4　桑原敏明は、早幼児期における発達・学習支援制度として、①受胎から満1歳

までの育児休業保障制度、②「胎児学級」（仮称）「乳児学級」（仮称）の設置義務と母親すべてにその活動への参加を義務付ける制度、③上記の母親すべてに支給される「育児給」制度の構築を提言している〔桑原敏明「早幼児期における発達・学習支援制度の構築を」『教育改革への提言集』（日本教育制度学会編）東信堂、2002、p.p.43－58参照〕。

5　「おとなとほぼ同等・同様の権利」とは、婚姻権や飲酒・喫煙の自由など、子どもの成長・発達上支障があると公認された諸権利については、制限あるいは禁止されるということを意味する。なお、堀尾は「人間としておとなと同様にもつ子どもの人権」と「子どもの（固有の）権利」を区別し、さらに子どもの権利を「親・子関係における子どもの権利」「大人とは違った存在としての子どもの権利」「古い世代に対する新しい世代の権利」と観点別に区分する見方を示しているが、本稿においてはそれらを区別せずに「子どもの人権」と総称している（堀尾輝久2007、pp.129-134参照）。

6　「『乳幼児期における子どもの権利の実施』に関する一般的注釈（第7号）」の日本語訳は、堀尾上掲書の巻末資料（pp.202-208）に掲載されている世取山洋介訳（仮）を使用した。

引用参考文献

秋川陽一2004：「幼児教育のデザイン」『21世紀の教育改革デザイン』（清水一彦編）【教員養成セミナー 4月号別冊『教育改革04年』所収】時事通信社、pp.66-76。

秋川陽一・梨子千代美・矢藤誠慈郎・伊藤良高2006：「課題別セッション：初期教育制度　幼児教育の公的責任を考える」『教育制度学研究』第13号（日本教育制度学会編）pp.93-106。

秋川陽一2010：「『幼児期の教育』概念の検討と『保育者』養成の課題」『児童教育学を創る（福山市立大学開学記念論文集編集委員会編）pp.117-134。

秋川陽一・藤井穂高・矢藤誠慈郎・伊藤良高2010：「課題別セッション：初期教育制度　幼児期の教育の『質向上』問題〜その教育制度論的課題の探求〜」『教育制度学研究』第17号（日本教育制度学会編）pp.120-137。

安部富士男1997：「子どもの権利条約と保育」『我が国における保育の課題と展望』（日本保育学会編）世界文化社、pp.322-331。

今村都南雄2005：「ガバナンス」『地方自治の現代用語（第2次改定版）』（阿部齊・澤井勝他編）学陽書房、p.21。

大場幸夫2003：『育つ・ひろがる子育て支援』トロル出版部。

大豆生田啓友2006：『支え合い、育ち合いの子育て支援』関東学院大学出版部。

小田倉泉2008：「乳幼児の『意見表明』と『最善の利益』保障に関する研究」『保育学研究』第46巻第2号（日本保育学会編）、pp.188-198。

小出まみ1999：『地域から生まれる支え合いの子育て』ひとなる書房。
佐藤学2003：『教師たちの挑戦』小学館、p.173。
汐見稔幸2003：『世界に学ぼう！子育て支援』フレーベル館。
鈴木祥蔵・堀正嗣1999：『人権保育カリキュラム』明石書店。
武田信子2002：『社会で子どもを育てる―子育て支援都市トロントの発想』平凡社（新書）。
竹内通夫2011：『戦後幼児教育問題史』風媒社、pp.98-175。
玉置哲淳1991：『人権保育とはなにか？』解放出版社。
J.ヘンドリック2000：『レッジョ・エミリア保育実践入門』（石垣恵美子・玉置哲淳監訳）北大路書房。
堀尾輝久2007：『子育て・教育の基本を考える―子どもの最善の利益を軸に』童心社。
前山総一郎2009：『コミュニティ自治の理論と実践』東京法令出版。
山本隆・難波利光・森裕亮2008：『ローカルガバナンスと現代行財政』ミネルヴァ書房。
山本真美・尾木まり2001：『地方自治体の保育への取り組み』フレーベル館。

第2章

第2節 幼児教育義務化論

藤井 穂高（筑波大学）

はじめに

　わが国の教育基本法は、「幼児期の教育」が「生涯にわたる人格形成の基礎を培う重要なものである」と明記している（11条）。同法の逐条解説書によると、この条文は「幼児期の教育が、生涯にわたる人格の形成の基礎を培う普遍的かつ重要な役割を担っていること端的に示すものである」（教育基本法研究会　2007:144）。では、幼児教育が、人格形成の「基礎」を培う「普遍的」な役割を担うものであるならば、なぜ義務教育にしないのか[1]。本論の出発点になるのはこの素朴な問いである。

　教育基本法における幼児教育の重要性の明記が、単なるリップサービスではないとするならば、一人ひとりの幼児にその機会を実質的に保障すべく制度的な措置が講じられるはずではないのか。わが国では、現在でも、「未就園」児が存在する。文部科学省の研究会の資料によると、その数は4歳児で5.2％、5歳児で2.4％であると推計されている（今後の幼児教育の振興方策に関する研究会　2009:47）。こうした幼児の存在は看過されてよいのだろうか。

　近年、OECDの政策動向は、PISA調査に代表されるように、わが国にも少なからぬ影響を及ぼしているが、幼児教育の領域においては、すべての幼児が力強いスタートを切れるよう十分な投資を行うよう各国に求めている（OECD　2006:5）。その際の根拠は、「あるライフステージでの学習が次のライフステージでの学習を生む」という原理である。ノーベル賞受賞者のヘックマンらの理論によりながら、乳幼児期は人的資本へのまたとない投資機会であり、その反面、学校中退者や基礎技能の乏しい大人に向けたリメディアル教育は、はるかに多額の費用がかかるものの、その有効性は限られているとしている（OECD　2011:45）。OECDの対日経済審査報告書の中でも、教

育の成果を改善するための優先事項の最初に、「幼児教育・保育により多く投資すること」が挙げられている (OECD 2011:138)。ただし、OECDが求めているものは「より多く投資すること」であり、義務化ではない。

幼児教育の義務化は、幼児に、あるいはその家族に、ある種の強制を課すという面では否定的な印象を与えることも否めない。しかし、すべての幼児に教育の機会を普遍的に保障する仕組みが構想される必要があるならば、義務化はその究極の形態である。

そこで本論では、最初に、わが国の幼児教育義務化の議論を振り返り、その論点を明らかにする。次に、幼児教育の義務化法案が国会に提出された国 (フランス) と、近年実際に義務化が行われた国 (スイス) を取り上げ、義務化の条件、意義、内容等を検討したい。

1 わが国の幼児教育義務化論の論点

戦後の教育史をひもとくと、わが国においても幼児教育の義務化について議論がなされてきたことがわかる。1970年代までの議論については、竹内 (1981) の著作が丁寧に跡づけているので、ここでは同書に学びつつ、本論なりに3つの柱により整理しておきたい。

(1) 幼児教育義務化の基本構想の類型

まず、幼児教育の義務化をどのような大枠で描くか、いわば「基本構想」が論点となる。竹内によると、戦後の幼児教育義務化論は、学制改革を意図したもの、教育行政上の改革を意図したもの、教育内容上の改革の3種に大別されるが (竹内 1981:279-280)、本論では次の3つの類型にまとめてみたい。

第1は、義務教育である小学校の就学年齢を下げるという意味での義務化論である。いわゆる「5歳児就学論」などがその典型である。5歳児就学の提案については、1960年代後半に、戦後の6・3・3制の見直し論議の一環としていくつかみられる。たとえば、1966年には、当時の中村文部大臣が小・中を6・4制に改めるととともに、幼稚園の義務化には困難が伴うため、就学年齢を5歳に引き下げることを提案し (竹内 1981:296-297)、経済同友会の意見書「高次福祉社会のための高等教育制度」(1969年) では、6・3・3・4

制を改造して、5・4・4・α制とし、併せて就学年齢を1年引き下げる提言を行っている(竹内　1981:306-309)。こうした案は、当然ながらわが国の幼児教育界、特にその多数を占める私立幼稚園の理解を得られるものではなく、日の目を見ることはなかった。

　第2は、幼稚園に関する義務化を進めるという意味での義務化論である。幼稚園義務化論については、日本教育会保育部会の「幼児保育刷新方策」(1946年)を例として取り上げたい。同方策は、3歳以下の幼児を保育所、4歳以上の幼児を幼稚園に収容し、幼保一元化を図るとともに、幼稚園の保育を義務制にするよう提案している。その説明によると、幼稚園の義務制は、保育の平等の前提条件である。あくまでも家庭保育の優位性を認めた上で、あらゆる幼児に対して保育を受ける機会を提供することにより、家庭ではできない、かつ、この時期に必要な教育を提供するとしている。(竹内　1981:282-283)また、中教審1971年答申、いわゆる46答申では、次に述べる幼年学校構想とは別に、幼稚園教育の積極的な普及充実のために、幼稚園に入園を希望するすべての5歳児を就園させることを第1次の目標として、市町村に対して必要な収容力を持つ幼稚園を設置する義務を課すとともに、これに対する国及び都道府県の財政支援を強化することを提言している(竹内　1981:351)。この場合の義務化は市町村による設置に関するものである。

　第3は、「幼年学校」構想など、幼稚園と小学校低学年を1つの学校種に統合し、その一環で義務化を図るという意味での義務化論である。たとえば、上記の中教審1971年答申は、幼児教育から高等教育までの制度改革を提起し大論争を巻き起こしたが、そのうちの一つに、「幼年学校」構想がある。これは、4、5歳児から小学校の低学年の児童までを同じ教育機関で一貫した教育を行うことによって、幼児期の教育の効果を高めることを企図したものであり、幼児園と小学校の教育的連続性、幼児期のいわゆる早熟化に対応する就学の始期の再検討、早期教育による才能開発の可能性の検討なども含めて先導的試行に着手する必要を述べている(竹内　1981:349-350)

　幼年学校構想については、日本社会党教育文化政策委員会の「学制改革の基本構想試案」(1966年)も興味深い。同試案では、現行幼稚園(または保育所)

の2ヵ年を現行小学校第1、第2学年と合体して、就学義務制の4年制幼年学校とする案が示されていた。先の46答申では義務制が伴っておらず、この点ではこちらの案の方が注目される。この構想は、満6歳を就学年齢とする現行小学校制度を前提とする限り、「六三制の最大の欠陥である幼児教育軽視の体質を変革することができない」という問題認識から出発しており、分化した教科教育を前提とする「普通教育期」に先行する、未分化な全人教育を前提とする「幼児教育期」に合致した幼年学校を提案するというものであった(竹内　1981:299-305)。

(2) 義務化の対象と内容

　次に、もう少し細かく、誰に対して何を義務化するのかという論点も考えられる。たとえば、日本私立幼稚園連合会の「幼児教育制度のあり方について(試案)」(1966年)によると(竹内　1981:320-321)、幼稚園教育の義務化には、5つの要件、すなわち、①満3歳からの幼児の保護者に対してその幼児を就学させる義務、②市町村にこれらすべての幼児を就学させるに必要な幼稚園を設置する義務、③国公立における授業料の無償化とその費用の公費負担、④経済的理由で就学困難と認められる幼児の保護者に対して必要な援助をする義務、⑤教職員の給与等の国及び都道府県による負担、がある。

　この試案が出された当時は、学齢年齢の引き下げが取り沙汰されていた時期であり、同案では5つの要件のうち「一つを欠いても、現行法制下での義務教育化とはいえないのである」とした上で、現行法制下では5要件のすべてを備えた幼児園教育の義務化は困難であるとの結論に至っている。

　確かに、現行の義務教育諸学校に関する義務の内容はその通りであるとして、この5点がすべて揃わないと義務化にならないとの判断には検討の余地がある。

(3) 義務化の条件

　さらに、わが国の場合、義務化の内容の検討以前に、そのための条件をどうするのかが、重要な論点とならざるを得ない。

　たとえば、上野辰美(1968)は「幼児教育義務化の諸課題」と題する論文に

おいて、本来の「義務化の諸課題」、すなわち、義務化の意義や必要性、義務の対象、内容といった「義務」の内実に係る諸課題ではなく、義務化のための「前提条件」を考察している。すなわち、幼稚園と小学校の関係・関連、幼稚園と保育所の教育的一元化、公立幼稚園と私立幼稚園の調整と無償化、幼稚園の設置の地域間格差などの課題がそれである。

こうしたわが国の保育制度の特徴は、ある種の多様性を示しており、それ自体は評価することもできるが、「義務化」とはなじまない、と映ってしまうことになる。

(4) 近年の政策動向

幼児教育義務化に関する近年の政策動向を見ると、2005年の中教審答申「新しい時代の義務教育を創造する」では、「学校教育制度全体の在り方との関係など慎重に検討すべき点がある」とされ、2007年の中教審答申「教育基本法の改正を受けて緊急に必要とされる教育制度の改正について」では、「学校教育制度全体の在り方も踏まえ、長期的な視点で検討する必要がある」と先送りされる傾向にある。

現時点では、文部科学省の「今後の幼児教育の振興方策に関する研究会」の中間報告(2009年)において、「義務教育化」が論じられている。その部分を取り出すと、次の通りである。

「○ 幼児教育の無償化に当たっては、憲法に規定される義務教育無償の原則との関係から、幼稚園を始めとする施設における教育の義務教育化(全ての保護者に一律に子の就学義務を課すること)の是非も論点の一つである。

○ 確かに、幼児教育の教育的・社会経済的効果が明らかになってきていることや、家庭や地域社会の教育力が低下してきている現状を鑑みると、施設における幼児教育を全ての幼児に提供することも一つの手段としては考えられる。

○ しかしながら、現状においては、保護者が幼児を施設に通わせずに教育を行うことを一律に否定して、施設での教育を制度として義務付けることについては、国民的な合意が得られているとは言い難い。

○ また、諸外国において幼児教育(小学校就学前教育)を無償化している場

合においても、一般に義務教育化はされていない。

○ このような状況を踏まえれば、まずは、全ての子どもが幼児教育を享受する機会を実質的に保障するため、無償化により基本的な費用負担なく質の高い幼児教育を享受することができる環境を整えるべきであり、幼児教育の義務教育化については、無償化後の幼児教育の普及状況や今後の国民的な議論を踏まえて検討していくべきである。」

ここでは、義務教育化は「保護者が幼児を施設に通わせずに教育を行うことを一律に否定して、施設での教育を制度として義務付ける」と理解されているが、義務化の中身はそれだけであろうか。以下では、一般に義務教育化はされていないとされる諸外国から、義務化の法案が議会に提出されている国(フランス)と実際に義務化が行われた国(スイス)を取り上げて、その中身を検討したい。

2 フランスの保育学校の就学保障と義務化法案
(1) 保育学校の就学保障とその社会的意義

フランスについては一定の研究上の蓄積があるので[2]、わが国との条件の違いを踏まえたうえで、義務化法案を検討したい。

①初等教育としての伝統

フランスの幼児教育機関である保育学校(école maternelle)の制度的基盤は、第3共和政期の1880年代にはすでに確立している。この時期は近代公教育原則により初等教育が制度化される時代であるが、その一環として、保育学校は小学校と同じ「初等教育」としての位置づけを得る。これと並行して、無償化が実現し、法的設置義務ではないものの、市町村に「契約設置義務」すなわち、国と市町村が契約を結び、国から教員給与の援助を受ける一方で、市町村がその設置と維持の経費を負担する仕組みも整えられている。保育学校は、もともと幼保一元的性格を有しているが、初等教育の枠内で発展してきたという歴史的経緯は、今日の制度を理解する上でも不可欠である。

②高い就学率

保育学校の就学率は3～5歳のいずれも100％に達しており、1990年代以降は2歳児の就学といういわば臨界の課題にも取り組んでいる。また保育

学校の99％は公立である。

③保育学校の就学保障

フランス教育法典は、第1章「教育を受ける権利」において次のように幼児が保育学校において教育を受ける機会を保障している（第L.113-1条）。

「幼児学級又は保育学校は、農村部において都市部と同様に、義務教育の年齢に達していない子どもに開かれる。

すべての子どもは、家庭が申請を行うならば、3歳で、住所に可能な限り近い保育学校又は幼児学級に受け入れられることができるべきである。

2歳の子どもの受け入れは、都市部、農村部若しくは山間部又は海外地域圏のいずれにおいても、社会的に不利な環境におかれる保育学校又は幼児学級において、優先して拡大される。」

保育学校の就学保障を初めて定めたのは1975年の「教育に関する法律」（通称「アビ法」）である。当時のアビ教育相は、その趣旨について、学校や大学での成功が子どもの属する社会階層や文化的環境によって異なることは統計の示すところであり、「教育の機会均等は教育制度の本質的目的である」とした上で、社会的公正のために出生の環境と結びつく文化的ハンディキャップを学校教育により補償すること、しかもそのためには、現行の6歳の義務教育年齢よりもっと早くから教育を保障することが重要であると説明している。

続いて1989年の新教育基本法（通称「ジョスパン法」）の制定により、先に見た現行法がほぼ完成する。同法案の趣旨説明書では、3歳からの、社会的に不利な環境にある場合は2歳からの保育学校への就学の保障の必要性は次のように説明される。

「保育学校は子どもの就学の基礎的段階を構成する。子どものその後の学業成功、特に小学校における学業成功に対して、この早期の就学が好結果をもたらすということは、今日では異論なく認められている。保育学校は知識の習得に最も恵まれない子どもたちのために、明白な役割を果たす。これら恵まれない環境にある子どもたちを2歳の段階から、そしてすべての子どもたちを3歳の段階から保育学校に受け入れることは、教育政策の目標であり、そのために必要な努力が、その目標の達成のためになされなければならない。」

こうした社会的意義は、保育学校の目的規定にも次のように明確に示されている。「幼児学級及び保育学校において行う教育は、読み書きの早期学習を必修とせず、子どもの人格の目覚めを促進する。この教育は、学習困難を予防し、ハンディキャップを早期に知り、不平等を補償することをめざす。」（教育法典第L.321-2条）。わが国の幼稚園の目的（学校教育法22条）が幼児の発達に特化していることとは対照的であるといえる。

(2) 義務化法案の論理構成
　フランスでは2012年5月にオランド社会党政権が誕生したが、その前後から保育学校への就学保障の強化を求める法案が社会党議員団からたびたび提出されている[3]。ここでは、「3歳からの就学義務の確立をねらいとする法案」（2011年4月15日付）を素材として、すでに3歳児からの100％の就学を実現しているフランスにおいて、なぜ同法案が提出されたのかという観点から、義務化の論理構成を見ておきたい。
　同法案の趣旨説明によると、最近の国際調査はフランスにとって厳しい内容であり、社会的不平等よりも学校内での不平等の方が大きいことを示している。こうした文脈の中で保育学校は、より幼い子どもを、特に過疎地や都市部困難地域において受け入れることにより、社会的不平等の縮減において主要な役割を演じることができる。
　3歳からほぼ100％の子どもが保育学校に就学しているといっても、子どもたちが実際に通学しているかどうかは別である。しかも、サルコジ前政権では、3歳未満の幼児の受け入れを後退させ、有料で保育者の質も低い「まがいもの」を保育学校の代わりに普及させようとした。
　義務教育でない限り、こうした脅威に今後も保育学校がさらされる危険性はぬぐいきれず、国が法律によりその存続を保障する必要がある。
　同法案は、こうした論理により、義務化を求めるものであった。同法案は未成立に終わったが、その趣旨はこれまでのフランスの改革動向の延長線上にあることは明らかである。

3 スイスの幼児学校の義務化と柔軟化

スイスは2007年に幼児教育の義務化を4歳児からの就学義務という形で実現した[4]。スイスについてはわが国の先行研究がほとんどないものの[5]、紙幅の関係から、ここでは義務化の内容と条件、義務化の論理とその実態について、端的に見ていくことにしたい。

(1) 義務化の内容とその条件

スイスは連邦国家であり、教育については各州の権限と責任に属するが、1970年に「学校の調整に関する協約」が締結されて以降、義務教育については各州間の「協調」（harmonisation）が図られている。その協約の1つに、「義務教育学校への入学年齢は6月30日現在で満6歳とする」という規定がある。この協約がスイス州公教育長会議において2007年に改定された。それが6月14日付の「義務教育の協調に関する州際合意」（HarmoS協約）である。この改定は2つの大きな柱、「教育制度の協調」と「目標の協調」から構成されており、次のような一連の取り組みの中に幼児教育の義務化が位置づけられている。

まず、教育制度の協調では、①「幼児学校[6]の義務化」として、幼児学校に2年間通うことを義務とする。ただし、これまでと同様に就学の時期を早めたり遅らせたりすることは保護者の権利として認められる。②義務教育は幼児学校も含む11年間とする。このうち幼児学校は2年間、小学校は6年間、中等教育学校は3年間とする。

次に、目標の協調では、①一人ひとりの子どもが義務教育の課程で習得すべき「基礎教育の領域」を全国レベルで初めて規定した。②言語教育では、第2国語と外国語の2教科について、いずれかを小学校第3学年から、もう1つを第5学年から開始する。③言語圏ごとの学習計画の策定では、全国共通目標を踏まえた学習計画、教育方法、評価方法を策定する、④「全国教育スタンダード」を作成する。その対象は第2学年、第6学年、第9学年終了時の学校での言語、外国語、数学、自然科学の4領域とする。

この他に、スイスの教育制度全体の情報収集のためのモニタリングと、小学校での1日の時間割のブロック化も同協約に盛り込まれている。

幼児教育の義務化はこうした義務教育の全般にわたる改革の一環として、導入されたものである。同協約の「逐条解説書」によると、学校制度上の主要な改革は義務教育学校への就学年齢の引き下げとともに、その開始の「柔軟化」にある。そしてこの柔軟化については、「単に就学年齢を下げるという問題ではなく、この最初の学校教育段階を個別の支援という精神で柔軟化し、点としての出来事ではなく一つのプロセスとして理解されることが重要である」と説明している（CDIP 2011 : 17 et 19）。すなわち、幼児一人ひとりの支援という観点に基づく義務化の中での柔軟化が企図されているのである。
　次に、義務化の条件として、特にそれまでの各州における幼児教育にかかる法規定について確認しておく。
　HarmoS協約が合意されたのは2007年であるが、スイス州公教育長会議の2006年報告書（Evelyne Wannack et al. 2006）によると、26州のうち、ほとんどの州において1～2年（イタリア語圏のティチーノ州のみ3年）の就学（就園）保障義務があり、8州では1～2年の就園義務が課されている。つまり、州際合意の以前から各州では就学保障に向けた取り組みが行われていたのである。
　たとえば、ベルン州の場合、1983年幼稚園法により「すべての子どもは義務教育開始前の1年間、幼稚園に通う権利を有する」（4条）として、「幼稚園に通う権利」が法律に明記されている。あるいは、ヴォー州では、学校法で「市町村は、幼児学校の対象年齢の子どもを受け入れるために必要が学級を開設する義務を負う。」として、市町村の設置義務を定めている。
　さらに、8州では、幼児教育義務化の規定もすでに設けられていた。この8州はいずれもドイツ語圏にあり、したがって対象は幼稚園（Kindergarten）である。いくつか具体的に見ておくと、「小学校入学の前年度における幼稚園への通園は義務とする。」（バーゼルラント準州教育法）、「就学義務は幼稚園の2年目から始まり10年間継続する」（ニトヴァルデン準州の国民学校法）、「子どもと青少年は法律の枠内において権利と義務を有」し「1年間公立又は私立の幼稚園に通うこと」（ルツェルン州の国民学校教育法）、「州内に実際に居住するすべての子どもは幼稚園及び学校の義務を有」し、「就学義務の前に、2年目の幼稚園の通園は義務とする」（シャフハウゼン州の学校法）などの規定がそれ

に当たる。

(2) 義務化の論理とその実態

スイスでは、1990年代から幼児教育の制度上の位置づけについて政策上の議論が行われていたが、なかでも1997年の報告書「スイスにおける4歳から8歳の教育」が重要である（Projet CODICRE 2001）。

ここでは主に同報告書により、義務化の論理構成を見ておきたい（CDIP 1997）。

まず、前提となるのは、「教育制度の発展に影響を及ぼす重大な社会変化と教育上の新しい知識」であり、下記の点が義務化の背景として挙げられている。

- 社会変化：家族構成の変化（一人親家庭、一人っ子、親との関係が破綻している子ども）、女性の役割の変化、働く母親の増加、社会の多様化、社会的格差の拡大。
- 教育政策上の問題：他国に比べて義務教育学校に就学する年齢の遅さ、公教育制度における幼児学校の位置づけのための闘い。
- 教育上の問題：発達の違い（ますます多くの子どもが就学年齢の前または後に入ってくる）、学級内の多様性（発達、社会的出自、言語、性、態度など）、幼児学校と小学校の教育上の連続性の保障。

そして、こうした課題に対して、4歳から8歳の子どもたちを対象とする「基礎期」（cycle élémentaire）はこうした多様な問題への解決策を示しうるとして、その有効性を次の7点にわたって説明している。

① 教育上の連続性：公教育の最初の4年間の過程で、子どもたちは同じ期の中で安定した関係を築くことができる。

② 柔軟な移行：小学校への入学の機会は年2回と複数化するとともに、「基礎期」への通学の期間も一人ひとりの子どもの個別の必要に応じたものとする。

③ 個別化：子供たちは自分のリズムで、自分なりの学習方法や関心に応じて学ぶことができる。

④ 社会化：多様な年齢の子どもたちの集団により社会的能力の学習の多様

な可能性を提供する。

⑤統合：特別なニーズをもつ子どもたちに対しては特別な教育方法による統合的な支援を行うことにより、幼児学校での落第を避ける。

⑥早期からの支援：特別なニーズのある子どもたちが早くから教育制度に入ることにより、的を絞った支援を受けることができる。

⑦関係施設と学校間の継続的連携：「基礎期」と子どもたちが通う様々な施設との協働関係を構築することができる。

つまり、幼児期の一人ひとりのニーズに応じた柔軟な教育が行えるように配慮している。「義務化」と「柔軟化」が表裏一体である点を再度確認しておきたい。

その後、スイス州公教育長会議では、こうした「基礎期」の取り組みを発展させることが確認され、先に見たHarmoS協約に盛り込まれることとなったのである。

わが国のこれまでの議論では、その基本構想の類型として3種あると先に整理したが、スイスの事例は「幼年学校」型に基づくものであるといえる。

さて、州際合意の場合、その合意を実施に移すためには、各州の議会の承認を得る必要がある。このため各州で一斉に義務化が実現するわけではない。そこで最後に現状を確認しておきたい。2010年6月17日付CDIP事務局通信によると（CDIP 2010）、26州のうち、1年間の幼児学校就学義務を設けているのは4州、2年間の義務は5州、2年間の就学保障義務を設けそのうち1年間は就学義務としているところが6州である。一方、1年間の就学保障義務を設けるに留まっているのは4州、2年間の就学保障義務を課しているのは5州、イタリア語圏のティチーノ州のみ3年間の就学保障義務を課している。また、ヴァレー州のみ市町村による幼児学校の提供は任意となっている（ただし、就学率は100％近い）。

おわりに

幼児教育の義務化という教育制度の課題は、特にわが国の現状から見た場合、到達不能の課題と映るかもしれない。しかし、その道のりが険しいということと、目指すべき理念を示すことは分けて考えるべきであり、現実対応

に終始しがちな今日こそ、理念を検討する必要があるということもできる。

　本論で取り上げたフランスからは、「初等教育としての保育」の伝統、公立中心、高い就学率といった点ではわが国と条件が大きく異なるものの、30年にわたり、幼児教育の機会を保障するため、就学保障規定を設けてきたこと、その際の論理が不平等の補償に代表される社会的意義に基づくものであること、その点を保育学校の目的として明確に定めていること、さらに義務化の法案でも以上の点を踏まえて、国が責任を持ってその就学を保障すべきことが強調されていたことなどからは、学ぶべきものが多い。

　さらに、幼児教育義務化を行ったスイスからは、まず、「義務化」の硬直的なイメージとは対照的に、そのねらいが4歳から8歳までの期間において、幼児期の一人ひとりのニーズに応じた柔軟な教育を行うためにこそ義務化が図られたことに着目すべきである。しかも、義務化の前に、少なからぬ州では、幼児の幼稚園教育を受ける権利が学校法に定められ、市町村による就学保障義務も明記されていた。先に引いた文部科学省の研究会の理解では、幼児教育の義務化は「保護者が幼児を施設に通わせずに教育を行うことを一律に否定して、施設での教育を制度として義務付ける」ことを意味しているようであるが、義務化を達成したスイスでの取り組みはより柔軟なものである。繰り返しになるが、幼児教育を受ける権利を明記したり、その就学を保障したりすることは、親の就学義務とは別のことであり、国及び地方公共団体がその責任において行うことができるものである。

注
1　教育基本法に定める「幼児期の教育」は、「家庭や幼稚園等における教育のみならず、地域社会において幅広く行われる教育も含めた」（教育基本法研究会2007:142）ものであるが、本論では、最も枠づけられている公認の機関（幼稚園及び保育所）が幼児教育の担い手として最も適切であるとの判断から、こうした機関に限定して考察するものである。
2　保育学校の制度化については藤井（1997）、保育学校の効果については赤星（2012）、就学保障については藤井（2008）をそれぞれ参照願いたい。
3　管見の限りでは、少なくとも参考文献一覧に掲げた4種類の法案において、幼児教育義務化が提案されている。
4　Eurydiceの資料「ヨーロッパ2012／13の義務教育」によると、34か国中、4

歳から義務教育が始まるのは、ルクセンブルク、イギリスの北アイルランド、そしてスイスの3か国のみである。
5　スイスの幼児教育史については中島博編(1983)、本論でも取り上げた1997年の報告書については二見(1998)を参照。
6　「幼児学校」(école enfantine)の名称はフランス語圏のものである。ドイツ語圏では「幼稚園」(kindergarten)、イタリア語圏では「幼児学校」(scuola dell'infanzia)であるが、ここでは便宜上「幼児学校」で統一する。

引用参考文献
池田祥子・友松諦道編著『保育制度改革構想』栄光教育文化研究所、1997年。
泉千勢・一見真理子・汐見稔幸編著『世界の幼児教育・保育改革と学力』明石書店、2008年。
上野辰美「幼児教育義務化の諸課題」日本教育学会『教育学研究』35-3、1968年。
OECD編著『世界の教育改革2　OECD教育政策分析』明石書店、2006年。
OECD編著『OECD保育白書』明石書店、2011年。
OECD編著『OECD対日経済審査報告書2011年版』明石書店、2011年。
大宮勇雄『保育の質を高める』ひとなる書房、2006年。
教育基本法研究会編著『逐条解説改正教育基本法』第一法規、2007年。
今後の幼児教育の振興方策に関する研究会「幼児教育の無償化について(中間報告)」2009年。
竹内通夫『現代幼児教育論史』風媒社、1981年。
Compulsory Education in Europe 2012/13, Eurydice-Facts and Figures. (http://eacea. ec.europa.eu/education/eurydice/documents/facts_and_figures/compulsory_education_EN.pdf)
(フランス関係)
赤星まゆみ「フランス　3歳以上すべての子どもの学校」、泉千勢・一見真理子・汐見稔幸編前掲書所収、2008年。
赤星まゆみ「乳幼児教育」フランス教育学会編『フランス教育の伝統と革新』大学教育出版、2009年。
赤星まゆみ「フランスの保育学校めぐる最近の論争点―早期就学の効果―」日本保育学会『保育学研究』50-2、2012年。
藤井穂高『フランス保育制度史研究』東信堂、1997年。
藤井穂高「フランスにおける保育学校の就学保障規定」日本保育学会『保育学研究』46-2、2008年。
Proposition de loi visant à instaurer la scolarité obligatoire à trois ans, Sénat, n° 447, 2011.

Rapport fait au nom de la commission des affaires culturelles et de l'éducation sur la proposition de loi visant à lutter contre le décrochage scolaire, Assemblée Nationale, n° 3458, 2011.

Proposition de loi visant à garantir et développer une école maternelle favorisant la réussite de toutes et tous, Sénat, n° 559, 2012.

Proposition de loi visant à garantir un droit à la scolarisation des enfants dans les écoles maternelles dès l'âge de deux ans, Assemblée Nationale, n° 384, 2012.

(スイス関係)

中島博編『世界の幼児教育4　北欧・スイス』日本らいぶらり、1983年。

二見素雅子「スイスの幼児教育改革　「4－8歳の子どもの教育」を中心に」『聖和大学論集』26、1998年。

CDIP, Formation et éducation des enfants de quatre à huit ans en Suisse Etude prospective, 1997.

CDIP, Premières recommandations relatives à la formation et à l'éducation des enfants de quatre à huit ans en Suisse, 2000.

Projet CODICRE《Développement coordonné du cycle élémentaire》: rapport intermédiaire à l'intention de la CDIP, 2001.

Evelyne Wannack et al. Un début plus précoce de la scolarité en Suisse, CDIP, 2006.

CDIP, Accord intercantonal sur l'harmonisation de la scolarité obligatoire (condordat HarmoS) Consultation 2006 Synthèse des réponses, 2007.

CDIP, Mise en oeuvre de l'accord intercantonal sur l'harmonisation de la scolarité obligatoire (condordat HarmoS) au niveau de la coordination intercantonale.

CDIP, Feuille d'information, 17.06.2010, Ecole enfantine obligatoire, 2010.

CDIP, L'accord intercantonal du 14 juin 2007 sur l'harmonisation de la scolarité obligatoire (Concordat HarmoS) Commentaire, Genèse et perspectives, Instruments, 2011.

第2章

第3節　初期教育制度と保育・教育自治論

伊藤　良高（熊本学園大学）

はじめに

　1990年代半ば以降、経済の構造改革を基調とする行政改革並びにそれに符合した社会福祉改革及び教育改革の一環として、初期教育（保育・幼児教育。または、総称として保育）制度においても、国レベルで様々な改革案が提起され、その実現に向けた政策の策定・実施など多様な動きが展開されている。最近の動きでいえば、2012年8月10日に制定公布された「子ども・子育て関連3法」もまた、こうした流れのなかに位置するものとなっている。「子ども・子育て関連3法」とは、「子ども・子育て支援法」（以下、「支援法」と略）、「就学前の子どもに関する教育、保育等の総合的な提供の推進に関する法律の一部を改正する法律」（以下、「認定こども園法一部改正法」と略）及び「子ども・子育て支援法及び就学前の子どもに関する教育、保育等の総合的な提供の推進に関する法律の一部を改正する法律の施行に伴う関係法律の整備等に関する法律」（以下、「関係整備法」と略）という3つの法律を総称したものであるが、政府の説明資料によれば、「幼児期の学校教育・保育、地域の子ども・子育て支援を総合的に推進」することを趣旨として、①認定こども園制度の改善（幼保連携型認定こども園の改善）、②認定こども園、幼稚園、保育所を通じた共通の給付（「施設型給付」）及び小規模保育等への給付（「地域型保育給付」）の創設、③地域の子ども・子育て支援の充実（利用者支援、地域子育て支援拠点等）を図っていこうとするものであることが示されている（内閣府・文部科学省・厚生労働省2012）。

　本節は、上述の初期教育をめぐる現代的状況を踏まえつつ、子どもの「保育を受ける権利」の保障（または、子どもの最善の利益の実現）という視点から、初期教育制度における保育・教育自治の原理とその展開過程について考究す

ることを目的とするものである。内容的には以下のようになろう。まず初めに、1990年代以降の初期教育制度改革の動向とその特徴、問題点及び保育・教育施設をめぐる論点について検討する。次に、保育・教育施設における保育・教育自治の内容と課題について考察する。そして最後に、保育・教育自治から見た保育・教育施設論、特に制度・経営改革のあるべき構想について提起しておきたい。

1 初期教育制度改革の展開と保育・教育施設
(1) 初期教育制度改革の動向とその特徴、問題点

近年、特に2000年代後半以降、国レベルでは、初期教育制度をめぐる諸改革が持続的かつ包括的に展開されている。その端緒となったものは、1990年代前半からの厚生省／厚生労働省による保育所制度改革案及び1990年代中頃以降の文部省／文部科学省による幼稚園制度改革案、並びにそれらと直接的または間接的に結びついて提起された他の省庁、政府関係会議等による多様な幼稚園制度・保育所制度の一体化改革案である。まず、保育所制度改革について見れば、1993年4月に出された厚生省・これからの保育所懇談会の提言「今後の保育所のあり方について」では、保育所における保育サービスと施設運営についての質的な転換が提起された。また、同・保育問題検討会の報告書(1994年1月)においても同様の指摘がなされた。こうした議論を反映して、1997年6月には児童福祉法が改正され、保護者が希望する保育所を選択できるように保育所制度が改められた。以後、待機児童解消策として、短時間保母(現・保育士)の導入や調理の業務委託の容認、入所定員の弾力化、保育所の設置主体制限の撤廃などの施策が展開された。また、2000年6月の社会福祉事業法(現・社会福祉法)改正を契機に、利用者保護の見地に立った苦情解決制度の整備や第三者評価事業の積極的な活用が図られた。さらに、2008年3月、厚生労働省「保育所における質の向上のためのアクションプログラム」が策定され、国・地方公共団体(以下、地方自治体と略)において、保育の質の向上のための保育所の取組みを支援することが課題とされた。近年では、市町村の保育実施義務解除や利用者と保育所との直接契約制を提起した厚生労働省「第1次報告－次世代育成のための新た

な制度体系の設計に向けて－」(2009年2月)を皮切りに、一連の保育所制度改革案が提起されている。

　幼稚園制度改革については、1990年代中頃以降、幼児教育(または幼児期の教育)の重要性が指摘され、様々なプランが提起されている。1997年11月に出された文部省の報告「時代の変化に対応した今後の幼稚園教育の在り方について」は、「多様なニーズに対応した幼稚園運営の弾力化」を打ち出した。また、2001年2月、文部科学省は、「幼児教育の充実に向けて－幼児教育振興プログラム(仮称)の策定に向けて－」と題する報告をまとめ、翌3月には「幼児教育振興プログラム」を策定した。さらに、2005年1月、同省は「子どもを取り巻く環境の変化を踏まえた今後の幼児教育の在り方について(答申)」を発表し、今後の幼児教育の取組みの方向性や具体的施策を提起した。これを受けて、2006年10月、「幼児教育振興アクションプログラム」が策定された。近年では、幼稚園が「親と子の育ちの場」としての役割を担い、保育所と同様、保護者や地域住民に対する子育て支援機能を充実させることが求められている。さらに、2007年6月の学校教育法一部改正により、学校(幼稚園)評価の実施とその結果の公表を通じて、教育水準向上への努力義務が定められている。

　また、1990年代後半以降における幼稚園制度・保育所制度の「一体化」(または一元化)改革の動向のなかで、2006年6月には、「就学前の子どもに関する教育、保育等の総合的な提供の推進に関する法律」(以下、認定こども園法と略)が制定され、同年10月に、総合施設として「認定こども園」がスタートした。同施設は、幼稚園及び保育所等における小学校就学前の子どもに対する教育及び保育並びに保護者に対する子育て支援の総合的な提供を推進することをめざすものであるが、少子化の進行や保育ニーズの多様化、地方自治体の厳しい財政事情等を背景に、認定こども園に転換する幼稚園・保育所等保育施設が漸増している。最近では、「子育てサービスのための包括的・一元的な制度の構築」をスローガンとして、内閣府の管轄の下、「子ども・子育て新システム」についての議論が展開されるなかで、「こども園(仮称)」「総合こども園(仮称)」構想が提案され、前述の「子ども・子育て関連3法」に基づく子ども・子育て支援制度(以下、子ども・子育て支援新制度と略)が提起され

ている。

　こうした初期教育制度改革の特徴と問題点とはいかなるものであろうか。別の機会に詳述したように(伊藤2011ａ)、上述の一連の改革動向は基本的に、時期をほぼ同じくして展開された「社会福祉基礎構造改革」及び「教育行財政改革」とリンクする形で推進されたものであったということができる。すなわち、端的にいえば、前者は介護保険制度や障害者自立支援(現・総合支援)制度の創設に見られるように、「措置から契約へ」(公的措置福祉制度から契約福祉制度)の流れを生み出し「戦後社会福祉の骨格を大きく組み替えるもの」(古川2000：5)となったし、また後者は、義務教育費国庫負担制度の改廃や教育委員会制度の改革指針(廃止論・任意設置論)などに見られるように、「教育行政の独自性・特殊性・専門性を前提としない改革姿勢が表明され、教育行政内部の権限を再編成する」(荒井2013：44)ものであった。それぞれの一翼を担って実施されたこの期の政策は、「民営化」と「規制緩和(または規制改革)」をキーワードに既存の初期教育制度を「改革」し、社会保障費・教育費の公的支出の増大を抑制しつつ、初期教育の「商品化」と「市場化」を志向する新自由主義をその特徴とするものであった。それらは、国・地方自治体の公的責任性の曖昧化と縮減・後退をもたらし、初期教育制度全体を新たな多元的システムに切り換え、公的制度はできる限り縮小して様々な制度を準備し、全体として民間活力方式を拡大・強化しようとするものとなっている。しかしながら、「保育・教育私事論」(保育・教育は保護者の責任)を基調とする競争原理の導入と民間保育・教育サービス依存化のシステムは、子どもと保護者の当事者ニーズに応えられるものでは決してないといわざるを得ない。

(2) 保育・教育施設をめぐる論点

　上記の点を、保育・教育施設の領域に即して敷衍するならば、次のようになる。保育・教育施設とは一般に、子どもの「保育を受ける権利」の保障に向けて、子どもの心身ともに健やかな成長(生命・生存・生活と発達の保障)を図ることを目的として、独自の意思を持って一体的な保育・教育活動を展開する組織体であると定義づけられるが、現行制度上、主たるものとして保育所、幼稚園、認定こども園を挙げることができる。それぞれの制度目的は、保育

所においては、「日日保護者の委託を受けて、保育に欠けるその乳児又は幼児を保育すること」(児童福祉法第39条。ただし、同条は、「関係整備法」に基づく児童福祉法一部改正により、同法施行後は「保育を必要とする乳児・幼児を日々保護者の下から通わせて保育を行うこと」に改正)、また、幼稚園においては、「義務教育及びその後の教育の基礎を培うものとして、幼児を保育し、幼児の健やかな成長のために適当な環境を与えて、その心身の発達を助長する」(学校教育法第22条)、並びに、認定こども園においては「小学校就学前の子どもに対する教育及び保育並びに保護者に対する子育て支援の総合的な提供を推進する…」、もって、「地域において子どもが健やかに育成される環境の整備に資する」(認定こども園法第1条)などと定められている。このように、保育所・幼稚園・認定こども園は、子どもを保育・教育し、子どもの健やかな成長を促進することをめざす施設であることが記されている。

　また、認定こども園法の上記規定にも見られるように、近年、保育・教育施設にあっては、保護者の子育てに対する支援(以下、子育て支援と略)が制度としての課題としても求められている。すなわち、保育所においては、保育士の業務として、「児童の保護者に対する保育に関する指導」(児童福祉法第18条の4)が明記されるとともに、保育所の役割として、「当該保育所が主として利用される地域の住民に対してその行う保育に関し情報の提供を行い、並びにその行う保育に支障がない限りにおいて、乳児、幼児等の保育に関する相談に応じ、及び助言を行うよう努めなければならない」(同第48条の3)と規定されている。幼稚園においても同様に、「幼稚園においては、…幼児期の教育に関する各般の問題につき、保護者及び地域住民その他の関係者からの相談に応じ、必要な情報の提供及び助言を行うなど、家庭及び地域における幼児期の教育の支援に努めるものとする」(学校教育法第24条)と規定されている。このように、今日、保育所・幼稚園・認定こども園(一部、「地方裁量型」と呼ばれる認可外施設を含む)といった保育・教育施設にあっては、子どもの保育のみならず、子育て支援の中核を担う社会的な施設として位置づけられている。

　かかる状況において、1990年代以降の初期教育制度改革の渦中にある教育・保育施設をめぐる論点として、以下の3点を挙げることができるであろう。

第1点は、子どもの保育・教育及び子育て支援を中核的に担う保育・教育施設として、それぞれの専門性を踏まえながら、量的・質的な拡充、改善、充実に努めていくことが求められるということである。まず、量的側面については、都市部を中心とした「待機児童」問題や人口減少地域における「過疎地保育」問題に象徴されるように、社会福祉法人・学校法人といった施設経営者はもとより、地域の実情に応じた国・自治体による保育・教育施設(特に保育所)の大幅な増設または整備、充実が必要不可欠である。この間のリーディング施策は、規制緩和・改革を通じた入所定員の弾力化や設置主体の多様化、施設・設備基準の簡素化などであるが、こうした方策ではなく、「児童福祉施設の設備及び運営に関する基準」「幼稚園設置基準」の抜本的改善を前提とした施設の十全な整備確立が図られなければならない。また、質的側面においては、保育・教育施設が組織として、保育・教育及び保護者支援の質について定期的、継続的に検討し課題を把握し、改善のために具体的に取り組めるような体制を構築していくことが求められる。「他の同僚とチームで対応する力」(チーム力)の向上に焦点をあてた組織づくりと人材育成が課題となっている。

　第2点は、保育・教育施設経営は、子ども支援・子育て支援(以下、子ども・子育て支援と略)という観点から、「自治」と「参加」に基づく営みとして、当事者としての子ども・保護者をはじめ、保育者、地域住民など保育に係るすべての人々との協働的な関係を構築していくことが求められるということである。それは、近年、「保育・教育自治」と呼ばれ、注目されている取組みの1つであるが(詳細は後述)、初期教育制度を取り巻く環境の変化のなかで、保育所を中心に、保育・教育施設経営の理念やあり方が大きく問われている。保育・教育に係る公的支出が削減される動きに対し、なかには経営効率を重視し、人件費等の大幅圧縮など民間企業並みの経営をめざすところも現れている。「協働」(または協力・共同)を理論的・実践的キーワードとして、保育・教育施設経営において、いかに、子ども・保護者主体(または本位)なるものを志向し創造していくかが課題となっている。

　第3点は、第1点をベースとしたうえで、地方・地域ごと、とりわけ、「生活圏」を基本とした子ども・子育て支援システムを構築していくことが大切

であるということである。今日の多様化した保育・教育ニーズに応え、複雑化した保育・教育問題に対応していくためには、一定地域を単位とするネットワークで解決していく方途がより望ましい。それは、近年、「地方保育・教育経営」（あるいは単に地方保育経営）として、その必要性・重要性が認識されつつあるが、例えば、かつて全国私立保育園連盟が提言した「保育圏（保育エリア）」は、通園可能な地域的広がりとしての保育圏のなかで、保育所間・他種保育施設との連携システムを構想しており、興味深い（全国私立保育園連盟1993：29）。国による公的財政支出の下、自治の財政的裏づけの保障が図られながら、基礎的な地方自治体である市町村レベルにおいて、地域計画としての総合的・包括的な子ども・子育て支援計画の策定が課題となっている。

2　保育・教育施設における保育・教育自治論
(1) 保育・教育施設と保育・教育自治

1990年代前半以降、教育学・教育行政学の領域で、新たな概念として「教育自治」が提唱されている。同概念は、鈴木英一・榊達雄を代表とする名古屋大学教育学部教育行政及び制度研究室の研究者グループを中心となって、戦後教育改革期からの「教育自治」「学校自治」論をさらに発展させたものであるが、そのメンバーの1人である大橋基博は、同概念について、以下のように整理、叙述している。すなわち、「国民の教育を受ける権利、教育の機会均等の保障という人権思想を、国・地方公共団体の役割、子ども・青年をはじめとする国民の教育への権利と親・住民、教職員、教育行政職員の教育責務の分業と協業の関係から再構築しようとするもの」（大橋1992：27）であり、その特徴は、第1に、学校自治の構成要素としての「教育自治」ではなく、教育の住民自治、学校など教育機関の自治、国・地方を通ずる教育行政の公共的規制（民主的規制）を統合する概念として提起されていること、第2に、法規範論・解釈論としてのみならず、21世紀を展望した教育と教育行政の改革論として展開されていることにある。そして、それは、「地域からの教育政策づくり、教育に関わる手続きおよび内容の民主主義を担うもの」（同上）としてとらえられる。このように、教育自治とは、家庭・学校・地域・地方自治体・国それぞれの役割を重視し、すべての子ども・青年の人権を大切に

する教育と教育行政を実現していく指標であり、また、新しい制度創出の指標であるばかりでなく、すぐれて教育実践的な指標である、と位置づけられている。

　上記のうち、教育の住民自治とそれを土台とする学校自治(学校をはじめとする教育機関の自治、学校教職員の自治)について、鈴木英一はこう記している。すなわち、前者について、「地域が子どもの成長発達にとって基本的な役割を果たすという認識に立脚し、父母・地域住民、教職員・教育行政職員が共同して生活の場である地域の崩壊を阻止し、そこでの教育を発展させるとともに、家庭の教育力や学校の教育力を補完し、より強固なものとする考え(地域の教育力)を土台とし、学校や地域の教育行政にたいする要求権・参加権など父母・地域住民の教育権の行使によって成り立つ」(鈴木1992：27)というものであり、一般には教育の住民自治ともよばれ、教育の地方自治原則の基底をなすものである。また、後者について、「学校の教育自治(学校自治)を意味するが、その中核には子ども・青年の学習権と生徒自治が存在し、次いで、それを保障する教師の教育権が存在する」、「学校自治は、開かれた自治であり、閉鎖的・排他的・独善的な自治ではなく、子ども・生徒や父母・地域住民の要求権・参加権などの教育権が保障されなければならず、これらと対立するものではない」(同上書：7)というものである。子ども・青年・父母・地域住民によって自治的に形成された教育意思と、教育行政及び学校教育への当事者参加を積極的に位置づけようとしている点に特徴がある。

　こうした理論を保育・幼児教育の領域に応用・展開させたものが「保育・教育自治」(以下、保育自治と略)である。上記研究者グループの１人である伊藤良高は、1990年代半ば頃から、初期教育制度をめぐる改革動向のなかで、「教育自治」概念を保育・幼児教育の領域にも援用して、そこから、様々な保育・幼児教育問題を究明していくことの必要性・重要性を提起している。伊藤は、その著『保育制度改革と保育施設経営－保育所経営の理論と実践に関する研究－』(風間書房、2011年)のなかで、「ここでいう「保育自治」とは、近年、子どもの最善の利益の実現をめざして、保護者、保育者、地域住民(関連ＮＰＯ法人等を含む)、行政機関による子育ち・子育ての協働(協力・共同)性を志向するキーワードとして、教育行政学で提唱されている「教育自治」概念を保育

領域に援用したものである」(伊藤2011 a：ⅱ)、「保育界においては、すでに戦前からの長い間、保護者・地域住民とともに保育を創造する「共同保育」の思想と実践が積み重ねられてきているが、それに「自治」という側面から光を当て、継承しつつ、さらに発展させていく必要がある」(同上)と述べ、その定義と基本的なスタンスについて説明している。保育・教育施設、なかでも保育所にあっては、児童福祉学、ソーシャルワーク論の領域からも、「特に、セツルメント保育所においては保育所の利用者と提供者という関係に留まらず、社会改良を共に目指す同士として、保育者と保護者が水平の関係のもと互いに支え合っていたのである」(土田2012：40)などと指摘されているように、子どもと保護者の幸福の実現に向けて様々な矛盾や困難のなか、また不十分でありながらも、トータルな子ども・子育て支援にあたってきたという歴史的事実がある。「保育自治」は、こうした保育・教育実践及び保育・教育施設経営における保育関係者の先駆的・先取的な「協働」の取組みに注目したものとなっている。

　ところで、伊藤の提唱する「保育自治」概念は、前述した「地域保育経営」としての「保育経営」概念とセットとして打ち出されている点にユニークさがある。すなわち、「保育経営」というワードを合わせて使うことによって、子ども・子育て支援の営みを、保育・教育施設を含めて地域社会として全体的に関連づけ、総合・統合されたものを志向することによって、子どもと保護者の幸福(ウェルビーイング)実現をめざした社会公共的なシステムを構築することが企図されている。子ども・子育て支援を社会問題としてとらえ、「社会全体で子どもと子育てを支援する」という基本理念の下、子ども・子育て支援に係る諸機関及び諸行政の協働と包括(または包摂)をめざすものとなっている。上記の概念とスタンスから、子どもと保護者を当事者主体とした民主的主義的な保育・教育実践及び保育・教育施設経営並びに保育・幼児教育行政が実現すべき課題として析出されることになる。

(2) 保育・教育自治論をめぐる課題

　では、保育・教育自治論をめぐる課題とは何であろうか。この点について、日本教育学会編『保育学研究』(第79巻第1号、2012年3月)における伊藤前掲

書に対する塩野谷斉による「書評」及び日本教育制度学会編『教育制度学研究』（第19号、2012年11月）における「課題別セッション・Ⅲ　保育制度改革と保育施設経営」（企画・秋川陽一・藤井穂高。報告：伊藤良高・荒川麻里・木戸啓子）が検討すべきいくつかの論点や問題の所在を提示しており、参考になる。それぞれ長くなるが、重要であるので引用しておきたい。

　まず、前者は、次のように指摘している。すなわち、「一方、当初評者がわずかに気になった点として、保育者の専門性への理解が保護者や地域住民や行政機関にも十分に認識されていると言えない現状において、「保育自治」がかえって「子どもの最善の利益」を保障しない経営体制を惹起しないかということであった。例えば、「保育の基本原理を踏まえず、また、十分な時間をかけずに提起されている新しい保育制度改革案」（280頁）が出される背景には、政策側が保育の営みの意義と重要性を十分に理解していない事実があり、また、保護者から保育者への具体的な保育内容要求にも、ときとして子どもの発達保障に資さない場合があるからである」（塩野谷2012：104）、従って、「評者は、保育者の専門性がさらに認められなければならず、それを踏まえた「保育自治」「保育経営」でなければならないと考える」（同上）と。また、後者は、「親と子の権利の衝突に関心を持つ筆者の立場から、今後の保育制度研究に期待しつつ、自身でも取り組みたい課題を一点だけ挙げておきたい。すでに確認したように、本書は「自治」をキーワードとしている。この概念を説明するにあたり、上述の文献①（注：鈴木英一・川口彰義・近藤正春編『教育と教育行政－教育自治の創造をめざして－』勁草書房、1992年をさす。引用者注）を引用し、「自治の担い手は教職員のみに限定するのではなく、教育に関する当事者、すなわち、親をはじめとする住民、教育を受ける子ども・生徒に広げて考えるべき」（鈴木他編、前掲書、35頁）であると指摘されている（68頁）。この引用部において自治の担い手は、①教職員、②親（をはじめとする住民）、③子ども・生徒の順となる。順序の問題は置くとして、本書では①と②の共同による自治が主張されるが、③の子どもの参加についてはほとんど言及されていない。それは、「初期教育」の領域の特徴に由来すると捉えることもできるが、年齢や発達段階と子どもの参加の問題は、これまで十分に論じられてきたとは言えないだろう」（荒川2013：123-124）、また、「保育界で象徴的に

示されるように、規制改革の潮流の中で、「行政」が後退する半面、「経営」が全面に出てきている。「行政」が強かった時代には、その対抗原理として「自治」の意義も明確であった。その「行政」が後退しつつある今日、「経営」と「自治」はどのような理論的な関係になるのか。たとえば、株式会社立の保育施設には「経営」は必要であるが、それは「自治」と呼ばないのが普通であろう。「経営」を掣肘するのが「自治」なのか。そうであるならば、「自治」が成り立つための条件とはなにか。そうした条件の指針を示すことこそ、教育制度論が担うべき課題であるように思われる」（藤井2012：132）と述べている。前者、後者の指摘はともに正鵠を射ており、「保育自治」の理念と構造をより明確にするため、今後考究すべきことがらであると思われる。以下では、上記に示された論点に即しながら、課題を整理しておきたい。

　1つは、「保育自治」における保育者の専門（職）性の確立とその展開過程について明らかにしていくということである。保育者の専門（職）性については、先行研究によれば、専門職化の典型的指標として、養成教育システムや倫理規定、資格、市場独占において一定程度確立してきているものの、現職教育システムや社会的威信、報酬、職歴パターンについては未確立なままにある（北野2009：84-85）。そのため、塩野谷が説くように、「保育者の専門性の確立と「保育自治」は、同時的に保障されるべきものとしてある」（塩野谷2012：104）といってよい。これまで伊藤良高らにより、保育所長や主任保育士の専門（職）性への具体的な研究が蓄積されつつあるが、保育実践及び保育施設経営における保育士・幼稚園教諭の専門（職）性についての考察が深められていくことが望まれる。特に、当事者としての子ども・保護者の保育要求（要望・苦情）との係わりのあり方についての解明は、他の教育職同様、今後の課題である。

　2つは、「保育自治」における子どもの「参加」の確立とその実現過程について明らかにしていくということである。周知のように、国連・子ども（児童）の権利に関する条約の採択（1989年）、特に「意見表明権」（第12条）の法定化を契機として、現代公教育において、子どもの「教育参加」「学校参加」が重要なキーワードとなってきている。それは、川口彰義が指摘するように、「参加はそれ自体が目的であるというよりは、教育意思の実現方途として、公教

育の当事者とりわけ学校教育にあっては子どもと親が自らの教育意思を表明し、その(自己)実現過程に関与する権利を有することを意味している」(川口2000：11)と考えられる。これまで保育現場にあっては、子ども家庭福祉学、障害学が提唱する「子どもの権利擁護(アドボカシー)」を踏まえながら、子どもとともに創る保育実践に努めてきているが(伊藤2011ｂ)、保育施設経営においてはまだまだ検討、改善すべき点が少なくない。とりわけ、後者における理論的・実践的解明が今後の課題である。

　３つは、現代保育制度改革下における「保育自治」の確立とそのあり方について明らかにしていくということである。すでに見たように、新自由主義・市場主義を特徴とする保育制度改革が進行するなかにあって、保育所にあっては、2000年以降、営利を目的とする株式会社立保育所の設置・運営が可能となり、その動きと歩調を合わせるかのように、保育現場において、利潤追求・コスト削減を志向する「効率主義的経営」が急速な勢いで広がっている。もともと保育所界では、「保育所運営」という言葉が使用されてきたが、それが事実上死語化するなかで、上記「経営」論が、本来あるべき保育施設経営への問い(換言すれば、保育施設経営論の探究)を不問にしたまま、幅を効かせつつあるのが実情である。「保育自治」の創造とまではいえないにしても、株式会社立保育所も含めて、保育施設経営における保育者・地域住民等の参加はきわめて重要なテーマとなっている。また、私立園における法人経営(具体的には、理事会・評議員会運営)の民主主義化も大きな課題である。

3　保育・教育自治から見た保育・教育施設－制度・経営改革の構想
(1)　「子ども・子育て関連３法」と初期教育制度・経営

　前述のごとく、「支援法」、「認定こども園法一部改正法」及び「関係整備法」で構成される「子ども・子育て関連３法」は、初期教育制度の設置・運営・利用に係る規制緩和・改革を軸とする新自由主義・市場主義政策をさらに推進しようとするものであるといってよい。ここで「子ども・子育て関連３法」について、関連する主な内容を列記すれば、次のようになる。すなわち、①基礎自治体(市町村)が子ども・子育て支援の実施主体となる、②認定こども園、幼稚園、保育所を通じた共通の給付(「施設型給付」)及び小規模保育事業等へ

の給付(「地域型保育給付」)を創設し、都道府県の認可を受け市町村の確認を得たこれらの施設・事業について財政支援を行う(ただし、市町村が児童福祉法第24条に則って保育の実施義務を引き続き担うことに基づく措置として、私立保育所については、現行通り、市町村が保育所に委託費を支払い、利用者負担の徴収も市町村が行うものとする)、③市町村が客観的基準に基づき、保育の必要性(保育必要量)を認定する仕組みとする、④施設型給付については、保護者に対する個人給付を基礎とし、確実に学校教育・保育に要する費用に充てるため、法定代理受領の仕組みとする、⑤幼保連携型認定こども園について、単一の施設として認可・指導監督等を一本化したうえで、学校及び児童福祉施設としての法的位置づけを持たせる、などである。こうした制度設計について、子どもの権利保障・発達保障の観点から批判する声や意見が数多く出されているが、例えば、全国保育団体連絡会は、①市町村責任による保育所保育と、その他施設との直接契約制度が併存する、②支給認定により保育時間に上限設定—必要な保育が受けられなくなる、③保育施設、事業の多元化により保育基準、保育条件に格差が持ち込まれる、④保護者の保育料負担が増える、⑤保育と教育(幼児教育)が区分され、保育は時間預かりの託児に、⑥保育所施設整備費補助金が廃止される、⑦企業参入が促進され、公費が保育のために使われなくなる、⑧公立施設の民営化、統廃合が促進される(全国保育団体連絡会2012)の8つの問題点を掲げている。また、伊藤周平は、「子ども・子育て関連3法」の中心をなす「支援法」について、「保育所保育を基本とする、現在の保育制度が解体されることは間違いない」(伊藤2012:82)と指摘している。

では、「子ども・子育て関連3法」に基づく子ども・子育て支援新制度(以下、新制度と略)は、従前までの保育所・幼稚園・認定こども園等保育・教育施設の経営にいかなる影響を及ぼしていくのであろうか。以下では、3点指摘しておきたい。

第1点は、新制度にあっては、保護者に対する個人給付と保護者が自ら選択し施設と契約する直接契約制を基本的な仕組みとすることで、これまでは施設に対する国・自治体からの負担金・補助金交付(施設補助方式)と自治体責任による入所・利用の仕組みをとってきた保育所制度にとりわけ大きな変容をもたらすものであるということである。「関係整備法」に基づく改正児童

福祉法において、「市町村は、この法律及び子ども・子育て支援法の定めるところにより、保護者の労働又は疾病その他の事由により、その監護すべき乳児、幼児その他の児童について保育を必要とする場合において、次項に定めるところによるほか、当該児童を保育所(…略…)において保育しなければならない」(第24条第1項)と規定され、市町村の保育義務は残されたものの、「保育の実施」という言葉が「保育の利用」に変更されるなど、その範囲・内容や公的責任性が従前に比べ大幅に縮小・後退したものとなっている。それは、個々の保育所経営はもとより、地域保育経営にとってもかつてないダメージを与えることになるといっても過言ではない。

　第2点は、新制度にあっては、子ども・子育て支援の実施主体は基礎自治体(市町村)とされ、市町村は、国から包括的に交付される「子ども・子育て交付金」及び市町村財源(地方分)と合わせ、地域のニーズに基づいて計画(市町村子ども・子育て支援事業計画)を策定し給付・事業を実施していくことになるが、地方自治体の取り組み姿勢や財政力の違いなどにより、地方自治体間格差がさらに拡大していくことが危惧されるということである。それは、すでに認定こども園の設置・実施経緯等が例証しているところであるが、近年における「地域主権改革一括法」(2011年4月〈第1次〉、8月〈第2次〉、2013年6月〈第3次〉。正式名称は、ともに「地域の自主性及び自立性を高めるための改革の推進を図るための関係法律の整備に関する法律」)に基づく「児童福祉施設の設備及び運営に関する基準」(保育所関連部分)の「地方条例化」の動きとも絡んで、子ども・子育て支援におけるナショナルミニマムの引き下げ・解体につながり、地域によって、子どもと保護者の幸福(ウェルビーイング)の実現に理不尽な格差が生じることが懸念される。

　第3点は、新制度にあっては、認定こども園や幼稚園、保育所(当分の間、私立保育所は除く)は、基本的に、特定教育・保育施設として支給される「施設型給付」と、利用者(保護者)が認定された保育必要量を超えて保育を利用した場合に支払う自己負担金とで経営していくことになり、これまでより不安定化することが予想されるということである。特に保育所経営にあってはその傾向が一層顕著となる。すなわち、現行の保育所運営費(委託費)は廃止となり、保育所を利用する子どもの数と、保護者の就労等に応じての利用時

間数に対応して支払われることになるため、短時間利用の認定を受けた子どもが多い施設は確実に減収となり、ゆとりのない非常に窮屈な財政状況のなかで施設経営がせまられる。また、保育所施設整備補助金も廃止されることから、将来の施設の改修等を考慮するとすれば、人件費を圧縮しようとする大きな力学が働くであろうことは容易に想像がつく。そうなれば、「保育労働者の非正規化、労働条件の悪化は避けられない」(同上書：117)のである。

(2) 保育・教育自治から見た当面するいくつかの課題

では、保育自治から見た保育・教育施設経営論、特に制度・経営改革のあるべき構想について、2つ、提起しておきたい。

1つは、保育制度改革において、その基本的な制度設計は、子ども・子育て支援の観点から、「教育と福祉の統一(以下、教育福祉と略)」もしくは「子ども家庭福祉」をキーワードに、総合的かつ統一的にとらえていく必要があるということである。すでに述べたように、近年における保育制度改革の動向は、「子ども・子育て支援対策の再編成」ないし「幼保一体化を含む包括的・一元的な制度の構築」といった政策ワードを錦の旗として、実際的には、1990年代半ば以降の社会福祉基礎構造改革に付随した形で展開されてきたそれと軌を同じくするものであった。すなわち、公費を抑制し保育を市場化するために、一部(幼稚園、幼保連携型認定こども園、幼稚園型認定こども園)を除き、企業参入を容認した多様な事業主体による多元的な保育サービスシステムを構築することを企図するものとなっている。また、「質の高い幼児期の学校教育、保育の総合的な提供」をスローガンに、従前までの「幼児教育」を「(幼児期の)学校教育」という新ワードに置き換えるとともに、それを教育の質向上策との係わりから、コア概念と位置づけたうえで、幼稚園・保育所における「保育」を、前者は「(学校)教育」、後者は「保育」というように分離し区別しようとするものとなっている(支援法第7条第2項・第3項、認定こども園法一部改正法第2条第7項〜第10項、等)。保育施設経営という観点から見れば、特定教育・保育施設または特定地域型保育事業者と呼ばれる多種多様な施設・事業者が併存・競合するなかで、従前にはなかった、より競争的で対立的な経営環境が広がっていくことが予想される。望ましい保育施設経営と

はこのような姿では決してあり得ず、「地方自治」「住民自治」「地域性」を根幹に、教育福祉・子ども家庭福祉に係る総合的な行政のあり方が志向されるなかで、「公費負担主義」を原則とした条件整備に向けた枠組みが模索されていかなければならない。

　２つは、保育施設経営とは、子ども・子育て支援という観点から、「自治」と「参加」に基づく営みとして、当事者としての子ども・保護者をはじめ、保育者、地域住民など保育に係るすべての人々との協働性を重視していくことが大切であるということである。これまで述べてきたように、保育界にあっては、不十分ながらも、保育者・保護者・地域住民がそれぞれの役割を重視しながら、協力共同して保育を創造し発展させていくという思想と実践が積み重ねられてきている。それは、宍戸健夫が指摘するように、「保育施設は地域の子育てセンターであり、子どもたちに健康と遊びと文化を保障し、親の就労を扶けると同時に、子育ての相談に応じたり、親同士が親睦を深めたり、保育者も親から学びながら、共に連携して、子どもたちのすこやかな成長を保障しようという場であった」（宍戸1994：253）のである。最近では、地域に密着した、あるいは、地域により一層開かれた保育施設像が模索されるなかで、施設経営（私立園にあっては、法人経営も含む）における当事者参加（または、参画）の問題が注目されつつある。その展開は、1990年代半ば頃からの「社会福祉基礎構造改革」のなかで提唱され、その後、高齢者福祉、障害者福祉の領域を中心に広がった「サービスの利用者と提供者の対等な関係の確立」（すなわち、保護者はサービスの利用者、保育者・保育施設はその提供者であり、そこから両者の関係を構築する）というとらえ方とはまったく異なるものである。新制度にあっては、営利を追求する施設・事業者を中心に、さらに保護者を「消費者」と見なす考え方（消費者主権論）が流布、伝播されていくことが予想される。「保護者を消費者として扱う保育の市場化」か、それとも「保護者を当事者（自治）主体として位置づける保育の人権保障化」かが問われている、といえよう。

おわりに

　中嶋哲彦は、「学校教育という営みは、学校に勤務するさまざまな職種の

職員がそれぞれの職務を果たすことによって生み出される総合力によって成り立つものだ。その総合力は、当事者自身が意識的に追求しなければつくり出せないことはいうまでもない。また、児童生徒自身の意見表明や、保護者や地域住民との交流があってこそ、学校が応答すべき教育・学習要求と向き合うことができる。その意味で、児童生徒、保護者、地域住民、学校職員が向き合える場をつくり出せるか否かは、学校教育の正否を左右する鍵の一つだろう」（中嶋2010:25）と述べている。ここでの指摘は、本節で考究した「保育自治」についても、基本的にあてはまるものである。すなわち、「保育自治」においてもまた、その制度化と実践化の過程において、子ども・保護者をはじめ、すべての保育関係者の民主主義的な価値に基づく経験を地道に積み重ねていくことでしか、その展望は開けないであろう。初期教育制度における保育自治の取組みと深まりが求められる。

引用参考文献

荒井英治郎2013：「教育政策の動向と課題」『教育と教師のフロンティア』（伊藤良高・中谷彪編）晃洋書房。

荒川麻里2012：「保育制度改革と保育施設経営：教育制度研究の立場から」（課題別セッション・Ⅲ　保育制度改革と保育施設経営）『教育制度学研究』Vol.19。

伊藤周平2012：『子ども・子育て支援法と社会保障・税一体改革』山吹書店。

伊藤良高2011ａ：『保育制度改革と保育施設経営―保育所経営の理論と実践に関する研究―』風間書房。

伊藤良高2011ｂ：「保育ソーシャルワークと保育実践」『保育ソーシャルワークのフロンティア』（伊藤良高・永野典詞・中谷彪編）晃洋書房。

大橋基博1992：「公教育制度原理の現代的意義と教育自治」『教育と教育行政―教育自治の創造をめざして―』（鈴木英一・川口彰義・近藤正春編）勁草書房。

川口彰義2000：「教育立法の動向と学校自治」『日本教育法学会年報』Vol.29。

北野幸子2009：「保育専門職の資質・専門性向上と資格・養成・研修問題」『幼児教育のフロンティア』（伊藤良高・中谷彪・北野幸子編）晃洋書房。

宍戸健夫1994：『保育の森―子育ての歴史を訪ねて―』あゆみ出版。

塩野谷斉2012：「書評　伊藤良高著『保育制度改革と保育施設経営　保育所経営の理論と実践に関する研究』」『教育学研究』Vol.79 (1)。

鈴木英一1992：「教育行政研究の課題―今なぜ「教育自治」なのか」『教育と教育行政―教育自治の創造をめざして―』（鈴木英一・川口彰義・近藤正春編）勁草書房。

全国私立保育園連盟1993：「保育制度に関する提言」。

全国保育団体連絡会2012：「見解／子ども・子育て（新システム）関連法では子どもの権利は守れない―子ども・子育て関連法など社会保障・税一体改革関連法の成立と今後の課題―」。
土田美世子2012：『保育ソーシャルワーク支援論』明石書店。
内閣府・文部科学省・厚生労働省2012：「子ども・子育て関連3法について」。
中嶋哲彦2010：「民主主義の経験に基づく要求と運動の組織化―犬山市教育改革における民主主義の諸課題―」『教育』Vol.773。
藤井穂高2012：「〈討論とまとめ〉保育施設の「経営」と「自治」」（課題別セッション・Ⅲ　保育制度改革と保育施設経営）『教育制度学研究』Vol.19。
古川孝順2000：『子どもの権利と情報公開』ミネルヴァ書房。

第2章 初期教育制度 107

コラム3

幼稚園、保育所と小学校との「接続期」カリキュラムは、就学の準備か？

梨子 千代美（彰栄保育福祉専門学校）

　小学校入学の数か月前、新1年生となる児童の保護者を集めて説明会が行われる。説明会では、保護者へのお願いとして、「入学までに身につけてほしいこと」等といったテーマで教師から話がある。例えば、人の話をよく聞くことができるように、ひらがなで名前が読めるように、和式トイレを一人で使えるように等である。なかでも、子どもたちが和式トイレを使えないことが問題視され、現在では和式トイレの使い方を取り上げているテレビ番組もある。

　1997(平成9)年の伊藤輝子らの調査報告（『保育学研究』第35巻第2号）では、幼稚園や保育所（以下、幼保）から小学校に移行する際、保護者、子どもが不安や戸惑いを感じていることが明らかとなっている。また、2006(平成18)年にはOECDが『Starting Strong II』を刊行し、幼児が入学時に直面する移行期の課題に注意を向けるべきだと示唆した。子どもや保護者が入学に不安や戸惑いを感じるのは、環境の変化に加え、幼保と小学校とで学習スタイルに大きな制度上の相違があるからだ。さらに、幼保生活のねらいを達成し、わが子の成長を喜んでいた保護者は、「○○できるように」と説明会で急に大きな課題を突き付けられ、自らの子ども観を大きく転換せざるを得ない状況に直面するからだろう。筆者も、わが子の就学前に「わが子ができていないのは何だろうか」と不本意ながら確認した経験がある。しかし、この出来事を私的な経験として片づけることはできなかった。幼保と小学校との関係を考える重要な視点を示唆していたからだ。入学までに「○○できるようにしておく」の根底には、小学校教育にそれ以前の保育を近づけるという考え方が存在しているのだ。

　保育では、子どもが何に興味・関心をもっているか、子どもが主体的に活動するためには、保育者はどのような環境を構成したらよいか、保育者は子どもたちにどのような働きかけを行ったらよいかという点に心を砕く。子どもの評価についても、「できる、できない」ではなく、結果としてできなくとも、プロセスに目を向け、子どもの変容を保育者が見取ろうと努力する。子どもに寄り添い、子どもの経験や気持ちを共有し、子どもの今を共に生きることを保育では大事にしてきたのだ。このことは、小学校以降の教育と大きく異なる点だろう。

　わが国では、これまで、幼保と小学校教育との関係をどのようにするのかについて、幾度となく議論されてきた。明治期に幼稚園が小学校の一種として学校体系の中に位置づけられ、その後、戦前は幼稚園と小学校の関わりについて法制上取り上げられることはなかったものの、戦後の教育改革で幼稚園を学校制度の中に位置づけ、教育内

容面、教師の相互理解・協力等の運営的側面での改善を図ってきた。幼保と小学校教育との関係性を巡る歴史的な変遷の中で、議論の中心となったのは、幼保と小学校教育との関わりに考慮しつつ、保育の独自性をどう担保するかであった。幼稚園教育要領が1956(昭和31)年に刊行され保育内容6領域が示されるが、小学校の教育内容との一貫性が強調されたため、保育現場では小学校の教科の様に扱う誤解が生じた。その状況を打開するため、1964(昭和39)年の改定で、幼稚園教育の独自性をより明確にしたが、保育現場には伝わらなかった。1989(平成元)年の改定で、保育内容を5領域に変更し、再度、小学校の教科との違いを明確にした。保育内容の歴史的変遷をみれば、どれだけ保育の独自性を守ろうとしてきたのか理解できるだろう。保育は小学校の準備であるという考え方を簡単に受け入れることはできないのだ。

　一方で、幼保から小学校への円滑な移行が困難な子どもたちの現実をどのように克服するのかを考えることも必要だ。2008(平成20)年改訂の幼稚園教育要領、保育所保育指針では、幼保と小学校との連携が強調され、「幼児期の教育と小学校教育の円滑な接続の在り方について(報告)」(2010年)で幼児期と児童期の教育双方が接続を意識する期間を「接続期」ととらえる考え方が示された。一方がもう一方に合わせるのではなく、幼保と小学校両者に共通する期間をどの様な哲学の下で、カリキュラムを構成し、子どもたちの学びにつなげるのかを決定する作業が必要になった。小学校教師と保育者との議論なしにはできないことだ。酒井朗氏は「この作業は、保育において何を大切にしなければならないか、授業とはどのように構成されるべきかといった事柄について、保育者と小学校教師が抱いてきた基本的な信念を一旦『括弧（　）』にいれて、そのなかで本当に大切なことは何か、どこをどうつなげて行くべきかを省察することを要請する」(『幼保小連携の原理と実践』2011,p.111)のだと興味深い言及をしている。既に、接続期のカリキュラムを構成し、実践している自治体もあるが、カリキュラムを構成すための哲学を保育者と小学校教師はどのように共有し、カリキュラムを作ったのかが問われるだろう。

参考文献

OECD編、星三和子、首藤美香子、大和洋子、一見真理子訳『OECD保育白書　人生の始まりこそ強く：乳幼児期の教育とケア(ECEC)の国際比較』明石書店、2011年

第3章

義務教育制度

第1節　義務教育諸学校の評価制度構築上の課題
　　　　　　　　　　　　　　　　　　　窪田眞二　110

第2節　義務教育段階における学校間連携・
　　　　接続の課題と展望
　　　　　　　　　　　　　　　　　　　南部初世　126

第3節　周辺的成果からみた学校運営協議会の
　　　　意義と課題
　　　　　　　　　　　　　　　　　　　佐藤晴雄　145

コラム4　学級規模縮小法案成立の一要因　　星野真澄　163

第3章

第1節　義務教育諸学校の評価制度構築上の課題

窪田　眞二（筑波大学）

はじめに

　ここでは、義務教育段階の学校評価制度のあり方について、課題を整理するとともに、今後の制度設計に関わって考慮されるべき事柄について提言することとしたい。いうまでもなく学校評価制度は義務教育段階の学校に限定した制度ではないが、公立学校がそのほとんどを占める義務教育段階の学校は、国立大学附属学校や私立学校とは異なり、学校として独自のミッションを定義しにくいこともあり、ともすると一律に制度設計されがちである。そのことへの懸念もあっての主題とした。

　その際に、手がかりとして学校評価をめぐる義務教育主体間の関係に目を向ける。その理由は、学校の自己点検・評価の規定が小学校と中学校の設置基準に初めて登場した2002年以来、それまでの教育施策において当たり前のように行われてきた国の主導による制度構築の作業がほとんど行われず、文部科学省は、地方や各学校の手探りの工夫や取り組みが蓄積されていくのを待つといったスタンスをとり続けてきているからである。中央はできるだけお節介を焼かないが、時に地方や学校の「お手並み拝見」モードが看取されることもあったようである[1]。

学校教育法第42条
　文部科学大臣の定めるところにより当該小学校の教育活動その他の学校運営の状況について評価を行い、その結果に基づき学校運営の改善を図るため必要な措置を講ずることにより、その教育水準の向上に努めなければならない。

　設置基準制定のわずか5年後に学校教育法改正で法律の規定となった。設

置基準では、学校の自己点検と自己評価についての規定であったが、改正された学校教育法では「評価」とのみ規定されている。

　評価の方法と義務の性格について、設置基準では方法としては自己点検・評価が、義務の性格としては実施と公表についての努力義務が規定されていたが、学校教育法施行規則では、①自己評価の実施義務、②学校関係者評価の努力義務と併せて、③評価を実施した場合の設置者への報告義務、によって構成されることとなった。しかし、これ以上の具体的な制度設計は学校設置者にゆだねられた。学校評価で何をどのように評価し、それによってどのような義務教育を保障しようとするかは、学校評価に取り組み、それによって義務教育の質を向上させようとしている主体(基本的には各学校の教職員集団)に任されている状況は、より鮮明になってはいても、学校設置者や国の役割が問い直されるような「評価」の仕組みにはなり得ていない。

1　なぜ、小学校・中学校の設置基準で学校評価が規定されたか？

　学校教育法第3条により、学校を設置する者は「文部科学大臣の定める設置、編制その他に関する設置基準に従い、これを設置しなければならない」とされてきたにもかかわらず、2002年3月まで小学校と中学校の設置基準は定められてこなかった。これは、一般には小学校と中学校が公立でそのほとんどを占められており、また義務標準法のように、公立小学校と中学校の設置に関わる基準に相当する事柄が、別途いくつかの法律で定められてきており、あらためて設置基準を設ける必要がなかったためであると言われている。私立学校については、都道府県ごとに審査基準(しかも非常にクリアすべき壁の高い基準)が設けられ、それに従って私立学校の設置認可が行われてきた。しかし、考えてみれば、それらの審査基準は設置基準があってこそのものであったはずであり、親基準のない審査基準があり得たことの方が不思議である。

　規制改革の流れを受けて小・中学校でも競争的な環境の中で活性化を図ろうという趣旨から、設置基準が定められたのである。設置基準の策定には、行政の在り方についての規制改革の趣旨が「事前規制型から事後チェック型の行政へ」という考え方を含んでいることから、事業の公共性を事後チェッ

ク(評価)して事業担当者の適否を判断するという意味で学校評価制度の構築が求められたことが背景としてある。そのため、小学校と中学校で設置基準には学校の自己点検・評価、さらには評価結果の公表に関する努力義務規定が加わり、同時にその規定は他校種の設置基準にも追加されることとなった。

　位置づけとしては、私立学校の設置を各都道府県の非常に厳しい審査基準によるのではなく、設置基準によることとしてより容易にし、13県あった私立小学校数0の県を減らし、公立学校を少しでも競争的な環境に置こうという意図が設置基準策定の主な要因であり、学校評価の努力義務化は補完的な位置づけであったと思われる[2]。

　しかし、規制改革の動向と「評価」の意義からすれば、学校評価制度を導入することについては、必然的に伴わなければならない要素がある。いうまでもなく、「評価」は公共事業としての教育の事業成果に対して行われることが想定されるのであるが、学校評価には学校教育の公共事業としての在り方を事業成果からチェックするという側面がきわめて弱いと言わざるを得ない。規制改革によって特例化されたり、規制の緩和措置を受けた事業に対して、公共性が保たれているか否かのチェックが、規制緩和策における公共性担保装置としてのシステムのいわば宿命として伴わなければならないが、公立学校主体の義務教育学校については、規制緩和によって公共性が失われる可能性があるということのリアリティは薄い。規制緩和に関係なく、義務教育の質向上のためにどのような目標を立てて取り組んだか、そしてどのような成果がもたらされたかを示すことが学校評価ということになる。巷間指摘される学校評価に対する教職員の「やらされている」感には、そうした公共性を云々する事態が想定されないという危機感のなさが大きく関わっていると思われる。

　確かに、2003年以降の経済財政運営と構造改革に関する基本方針(「骨太の方針2003」)には、「義務教育の質向上を図るため、学校評価や学校選択の自由の拡大及び教員の意欲と能力に応じた処遇等が必要である。」というように、学校評価は、学校選択と教員評価とのセットで競争的環境の整備の一環に位置づけられ、教育改革の中で「当事者に責任をとらせる」仕組みとして考えられている。さらに校長による学校運営に対してそれを評価し、事業パ

フォーマンスの成果に基づいて学校が選択されるようにし、競争的な環境の中で学校の活性化を図る、そういったシナリオが明らかにある。規制改革・民間開放推進会議による2004年11月の「文部科学省の義務教育改革に関する緊急提言」でも、規制緩和で各学校への権限委譲が行われて学校長等の権限が強化されたことについて、「学校長等への権限委譲等のためには、成果について当事者に厳重な責任をとらせる仕組みが伴わなければならないと考える。」としている。

　しかし、2005年の中教審初等中等教育分科会地方教育行政部会の「地方分権時代における教育委員会のあり方について」(部会まとめ)(2005年1月)をみると、たとえば、学校評価と学校選択について、「単純に比較され序列化されないような多面的な評価」を求めており、学校評価の重要性は、①自律的・継続的改善、②保護者・地域住民への説明責任、③情報共有と学校運営参画の3点にあると指摘されているように、規制改革からの要請にはダイレクトには対応していない。中間まとめの路線は、明らかに学校評価制度を競争原理の一翼を担う装置としてはとらえておらず、その意味では、学校評価制度には公共事業としての教育の事業成果に対する公共性担保装置という要素の位置づけが欠けていると言わざるを得ない。

　なぜそうなのかを考えると、アカウンタビリティという意味では、行政監査は既に制度として行われており、学校が税金の無駄遣いをしないようチェックをするという仕組みはすでにある。そうした監査的要素を取り除いてしまうと、実は学校評価で何を評価対象とすべきなのかが一義的に明らかなものとはなっていないからであると思われる。

　筆者は、このように規制緩和のラインに位置づく「評価」としての学校評価制度が、公共性担保装置として働いていないということそれ自体について、それが問題であるとは考えない。結論の一部を先に示すならば、2005年中教審中間まとめにも示されているように、学校評価は、保護者・地域・学校の三者が情報を共有し、学校運営に共同参画することを目的とすべきであるとする、いわば学校と地域との連携構築のツールとしての位置づけが前面に出されていることは大変に重要であり、日本の学校評価制度で世界に発信すべきであるのは、この点をおいてほかにないと考える。

2 学校評価の制度はどのように作られていったか？

　学校設置基準での学校の自己点検・評価の努力義務化は、制度としては十分に練られた上でのスタートとは言いがたいものがある。たとえば、外部評価、第三者評価など評価制度として想定される他の評価方法については、全く共通認識が作られていなかった。そのため、設置基準策定後の最初の年から悉皆で学校評価実施状況の調査が文部科学省によって行われたが、調査項目の中に自己評価と並んで外部評価の実施状況も調査しているものの、外部評価の定義が行われていなかったため、保護者対象のアンケートを行っただけでも外部評価を実施したととらえたケースがかなりあると推測され（その後の調査研究協力者会議でもそう推測されていた）、小学校では外部評価実施率が50％を超えるという驚くべき数字が示された。外部評価の実施者に児童生徒と回答した割合が30％という数字もあった。外部評価とは何を評価することか、誰が評価するかということについて、回答者（各学校）の判断に任されていたのである。

　学校評価の目的についての共通認識もなかった。それは、たとえば、この調査で「学校評価の成果」を尋ねる項目があり、「次年度の取組の参考」「改善点の明確化」「全職員の共通理解の推進」との回答が多いとまとめられていたことにも現れている[3]。そもそも学校評価は改善点を明確化して次年度どのような取組を年度目標の達成に向けた方策とするかを明らかにするために行われるもの（つまりこれらは目的）であり、そのために全職員の共通理解を図ることは不可欠の前提であることからすれば、それらは明らかに「学校評価の成果」ではなく、学校評価が成果を上げるための前提というべきであろう。これらの数値が8割を超えていても、それをもって成果が上がっているというのはどうみてもおかしい。

　こうした状況を好意的に理解しようとするならば、学校評価は各学校での主体的な取組の積み重ねによって制度として構築されるものだから、あらかじめ国が用語の定義も含めて枠をはめることはしないということなのかもしれない。だとすれば、中途半端な努力義務という形で学校に評価の取り組みと制度構築が義務づけられても、学校には何が求められていたのかが不明なまま、評価という事実だけが残ればよかったと受け取られたとしてもそれを

非難することは誰にもできない。すでに、制度の形骸化の端緒をそこにみることができる。

　もちろん、設置基準策定後、時をおかずして学校評価の制度設計に積極的に取り組んだ自治体や学校があったことは事実であり、むしろそうした自治体や学校からは、試行錯誤の中でいろいろな工夫やアイデアによって地に足のついた学校評価制度を作ろうという時に、たとえば自己評価項目にしても外部評価の主体や方法にしても、文部科学省サイドで定めて（あるいはガイドラインを策定して）枠付けすることはしないでほしいという声も聞かれた。

　学校評価制度において、文部科学省は何をすべきなのか、都道府県・市町村の教育委員会は、そして各学校は何をすべきなのか、すべては手探りの状態で制度がスタートした。

　その後、義務教育費国庫負担のあり方について、集中審議することを使命として発足した中央教育審議会義務教育特別部会において、学校評価のあり方も取り上げられ、「各学校での実施内容のばらつき」「評価結果の公表が進まないこと」などが指摘され、大綱的なガイドラインの策定、自己評価の実施と公表の義務化、外部評価の充実などが答申（2005年10月）に含まれることとなった。ただ、ガイドラインそのものについては、すでにその年の6月に「骨太の方針2005」の中で「義務教育について、学校の外部評価の実施と結果の公表のためのガイドラインを平成17年度中に策定する」とされていたので特別部会で新規に提案されたものではない。

　そうした経緯もあって、最初の学校評価ガイドラインは、「義務教育諸学校における学校評価ガイドライン」として策定された。ガイドラインでは、「自己評価については、予め目標及び指標を設定した上で、評価を行うこと、外部評価については、保護者や地域住民等によって構成される外部評価委員会を置くこと、自己評価及び外部評価の結果については、文書にまとめた上でホームページ等で公表すること、など」が示されている[4]。時期的にだけ見れば、ガイドラインは全国各地での学校評価制度構築に向けた試行錯誤期間をおいて策定されたと見るべきだろう。

　冒頭に示したように、学校評価制度については各学校や自治体レベルでの取組の蓄積によって制度がボトムアップ式に構築されていくものという想

定だったと思われるが、学校選択制度についても取り組まれた、いわゆる「好事例集」の編纂は、県市別には比較的早くから取り組まれたものはあるが、全国レベルでは学校第三者評価のあり方について研究委託を受けた野村総合研究所が作成した2010年3月のものが最初である[5]。一応これを国のリードした取組みとするならば、そうした「好」事例の紹介が文部科学省の仕事となるのかもしれないが、上記のガイドラインにも含まれるこれらの仕事の危うさについて、触れておく必要があろう。

たとえば、ガイドラインには「評価の項目、指標の例」として、参考例が「①教育課程・学習指導」から始まって「⑩施設・設備」まで示されている。①では、「指導目標、指導計画、授業時数などの教育課程の編成・実施の状況、児童生徒の観点別学習状況の評価及び評定の結果、学力調査等の結果、運動や体力に関する調査の結果」といった具合で観点が示されている。

おそらく、こうした観点で具体的な指標としては数値などを示しながら設定してほしいという趣旨であったのだろうが、筆者が関わっている自治体の自己評価シートのほとんどで、評価指標と言えば上記の観点がそのまま記されている。運動や体力に関する調査の結果を用いるのであれば、その調査結果の何を目安にして達成目標として設定するかが示されなければ指標とはいえないはずである。しかし、ガイドラインで「運動や体力に関する調査の結果」とあるので、そのままの表記で評価指標としている。明らかにミスリードというべきだろう。

つまりは、ガイドラインが「参考」になっておらず、その通りにやればよいという受け止め方が未だに残っていることを如実に示しているのであり、もう少し主体的に評価のなんたるかを考える土壌が形成されなければ、各学校が主体となった学校評価の制度設計には期待が持てないと言わざるを得ない。学校の行政機関への依存体質を吹っ切る仕組みとして学校評価が動き始めるのではないかという筆者の期待が、この一事で吹き飛んでしまったという印象がある。

3 学校評価ガイドラインはどのような役割を果たしているか？

2006年3月に策定された「義務教育諸学校における学校評価ガイドライ

ン」及び2008年に改訂された「学校評価ガイドライン」では学校評価の構造として、以下に示すような3つの目的が示された。

2013年3月には専修学校のための学校評価ガイドラインが策定された。

「学校評価ガイドライン」 学校評価の目的
① 各学校が、自らの教育活動その他の学校運営について、目指すべき目標を設定し、その達成状況や達成に向けた取組の適切さ等について評価することにより、学校として組織的・継続的な改善を図ること。
② 各学校が、自己評価及び保護者など学校関係者等による評価の実施とその結果の公表・説明により、適切に説明責任を果たすとともに、保護者、地域住民等から理解と参画を得て、学校・家庭・地域の連携協力による学校づくりを進めること。
③ 各学校の設置者等が、学校評価の結果に応じて、学校に対する支援や条件整備等の改善措置を講じることにより、一定水準の教育の質を保証し、その向上を図ること。

専修学校における学校評価ガイドライン：2つの目的
① 各学校が、実践的な職業教育等を目的とした自らの教育活動その他の学校運営について、社会のニーズを踏まえた目指すべき目標を設定し、その達成状況や達成に向けた取組の適切さ等について評価・公表することにより、学校として組織的・継続的な改善を図ること。
② 各学校において、生徒・卒業生、関係業界、専修学校団体・関係団体、中学校・高等学校等（専修学校と接続する学校の関係者）、保護者・地域住民、所轄庁など学校関係者等により構成された学校関係者評価委員会等が、自己評価の結果に基づいて行う学校関係者評価の実施とその結果の公表・説明により、適切に説明責任を果たすとともに、学校関係者等から理解と参画を得て、地域におけるステークホルダーと専修学校との連携協力による特色ある専修学校づくりを進めること。

専修学校における学校評価ガイドラインのベースとなっているのが2006年策定（以後2回改訂）の「学校評価ガイドライン」であることは間違いないが、これと専修学校の学校評価ガイドラインが大きく異なるのは、評価の目的と

して、先発のガイドラインでは3つの目的としているところが、専修学校では2つの目的になったことである。

　一つ足りない部分は、専修学校の方では、「国、都道府県等が、学校評価の結果や取組状況を踏まえて、専修学校に対する支援や条件整備等の改善措置を講じることにより、一定水準の実践的な職業教育の質を保証し、その向上を図ることが期待される。」として追記されているのである。

　これは、専修学校のほとんどが私立もしくは他の法人立で、国や都道府県等の公共団体が設置する専修学校は少ないためであると思われるが、それでも、設置者による改善への取り組みを「期待される」レベルでとらえてよいとしたことが、他の学校段階に対する影響を想定しなければならない。ちなみに、学校運営の改善のあり方等に関する調査研究協力者会議の学校評価のあり方に関するワーキンググループ報告（2012年3月）では、専修学校の学校評価ガイドラインでも3つの目的が想定されており、「期待される」とされた項目は、いわば降格された形になっている。

　「学校評価ガイドライン（2008年改訂）」では、学校評価の3つの方法（自己・外部・第三者）の中で、従来明確に定義されていなかった外部評価を学校関係者による評価として定義づけたことがその特徴である。この改訂では、学校関係者評価を通じて、「学校評価を学校・家庭・地域間のコミュニケーション・ツールとして活用することにより、保護者・地域住民の学校運営への参画を促進し、共通理解に立ち家庭や地域に支えられる開かれた学校づくりを進めていくこと」が求められた。

　学校設置者が学校評価の制度設計をする際に、中心的な位置にあるのが「ガイドライン」であることは疑いがなく、それ自体は間違っていない。学校教育法施行規則では具体的にどのように学校評価の制度を設計するかは示されていないが、留意すべきはこのガイドラインと毎年実施されている学校評価等実施状況調査は、一定の方向性を制度設計を行う教育委員会に示しているとみることができることである。たとえば「教育委員会における学校評価に関する取組」として設定されている選択肢の中に「都道府県教育委員会に対する人事に関する内申等に際して評価結果を活用」あるいは「学校運営の改善や支援のための評価結果を人事管理・研修に活用」などが挙げられており、学

校評価を教員評価や人事考課に結びつけることが想定されているといったメッセージを読み取ることができる。規制改革の中で学校を競争的な環境に置いて事後チェックを行う仕組みとして位置づけられようとした経緯からすれば、学校評価を通じた教員管理の方策に位置づけられた制度設計がなされることに留意する必要がある。

　3つの方法の3番目に当たる第三者評価のあり方についての事項を盛り込んだのが2010年改訂の「学校評価ガイドライン」である。この改訂の前に以下に示すように2009年12月の学校教育法施行規則改正によって、学校関係者評価が努力義務となったが、第三者評価は法令上の義務とはされていない。

　ここで、学校第三者評価の役割について若干言及することとする。

　学校の第三者評価のガイドラインの策定等に関する調査研究協力者会議の議論を検討すると、学校の第三者評価には学校改善の方向性等を提示することを基本とすべきであるとしているものの、実施体制は多様性が重視されており、例えば、①学校関係者評価の評価者に学校運営に関する外部の専門家を加えた評価体制、②一定地域内の複数の学校の教職員によるピアレビュー、③学校運営に関する外部の専門家による評価チームによる評価が想定されている。

　規制改革の流れからすれば、上記の事後チェックの仕組みとして監査的な役割が第三者評価に求められることは避けられないと思われるが、例の③を除いてそうした役割を果たすことは困難といわざるを得ない。また、①のような体制で学校改善の方向性を提示することを期待するのは難しい。

　この会議では上記のように第三者評価の評価者に学校改善の方向性等を提示することを基本とすべきであるとしているが、そもそも学校評価以外の分野で第三者評価が行われている福祉分野などを見ても、その事業の改善方策を提示することまで第三者評価の評価者に求めることはない。学校評価においても、学校の自律性を育むことを念頭に置くならば、第三者評価での指摘に基づいて、各学校が改善策を主体的に練り、そこに教育委員会が指導助言者として機能を発揮する場面が現れるというように考えていくべき筋合いのものではないか。

第三者評価制度については、2009年度末まで3年間行われた文部科学省による学校第三者評価試行事業において、第三者評価を試行する際の評価項目及び指標のモデルが示された。筆者は埼玉県で県主体による市町村立学校第三者評価試行が取り組まれた際に、第三者評価者として参加した。2010年度にはその前年度までの網羅主義的な評価項目ではなく、評価対象の学校が120項目の評価項目から、その学校の重点課題に相当する項目を選択し（あるいは独自に項目を作成し）、その項目について第三者評価を受けるという形態に変更されたが、その際に筆者が危惧したのが、学校側の対応として、学校による自己評価に基づいて重点課題が示され、それに最も近い内容の評価項目が選択されればよいが、まず評価項目ありきの選択がなされないだろうかということであった。120の評価項目を見ると、文部科学省として、学校のあるべき姿のイメージがそこに染み込んでいることは明白であり、その中から評価項目を選べば無難な評価シートができあがるのである。

　ガイドラインのメッセージ性について触れたが、好事例の紹介もまた同様のメッセージとして学校に受け止められることが危惧される。学校評価の取組について各学校の主体性を尊重していることは間違いないだろうが、ガイドライン、好事例、試行といった形で学校評価のあり方についてのメッセージが送られ続けていること、そしてそれらを受け取る側にそれによる思考停止が起こってしまうことが懸念される。

4　義務教育諸学校にとって学校評価は必要か？

　2008年7月に閣議決定された第1期教育振興基本計画では、学校評価について、次頁の表のような位置づけが見られた。

　ここでは、学校運営の改善と発展、保護者・地域住民との連携協力の促進といった従来からの学校評価の位置づけが確認でき、さらに自己評価を全学校で実施すること、学校関係者評価をできるだけ全学校で実施することが目指された。

　第2期の教育振興基本計画についての中教審答申（2013年4月25日）では、基本施策7として「各学校段階における継続的な検証改善サイクルの確立」と、基本施策23として「現場重視の学校運営・地方教育行政の改革」の中で位置

第1期教育振興基本計画
　基本的方向2　個性を尊重しつつ能力を伸ばし、個人として、社会の一員として生きる基盤を育てる
　　④教育委員会の機能を強化するとともに，学校の組織運営体制を確立する
　教育活動等の成果の検証とその客観性・透明性の確保を通じて学校運営の改善と発展を目指すとともに、適切に説明責任を果たし、保護者・地域住民等との連携協力の促進を図るため、学校評価システムの充実に向けて取り組む。具体的には、教職員による自己評価をすべての学校において実施するとともに、保護者等による学校関係者評価について、できる限りすべての学校において実施されることを目指し、各学校・教育委員会の取組を促す。また、それらの評価結果の公表などの積極的な情報公開を促すとともに、評価結果について設置者に報告し、その結果に基づき教員及び各教科の授業改善をはじめとする学校運営の改善を図るよう各学校・教育委員会の取組を促す。教育活動に関する児童生徒・保護者による評価を行う際には、匿名性の担保に配慮するよう促す。専門的・客観的な視点からの第三者評価について更に検討を深め、その仕組みの確立に向けて取り組む。

第2期教育振興基本計画
　基本施策7　各学校段階における継続的な検証改善サイクルの確立
　全ての児童生徒を対象とする全国学力・学習状況調査の結果等に基づく教育施策や教育指導の充実・改善を行う継続的な検証改善サイクルを義務教育段階において確立する。
　【主な取組】
　7-1　継続的な検証改善サイクルの確立に向けた取組の充実等
　各学校における学習指導や教育課程全体の改善を図るため、学習評価の充実等の取組を促進するとともに、教育活動その他の学校運営の改善を図るため、実効性ある学校関係者評価の実施の促進等，学校評価の取組の充実を図る。
　基本施策23　現場重視の学校運営・地方教育行政の改革
　　　学校評価の推進とその結果に基づく学校運営の改善など、学校の組織運営体制の確立に向けた積極的な取組を推進する。

づけられている。

「実効性ある」学校評価（とりわけ学校関係者評価）という問題意識に基づいた文部科学省の取組として、学校運営の改善の在り方等に関する調査研究協力者会議の学校評価の在り方に関するワーキンググループ報告「地域とともにある学校づくりと実効性の高い学校評価の推進について」（平成24年3月12日）がある。（ちなみに、この報告も義務教育学校を念頭に置いている。）

報告では、たとえば、教育委員会の取組について、「評価結果を予算配分に活用している教育委員会は、都道府県教育委員会よりも市区町村教育委員会の割合が高い」としている。数値的には、自己評価については都道府県・指定都市では7.8％、市町村では13.5％ということであり、必ずしも多いわけではない。具体的な中身はわからないが、「その他、評価結果・分析結果

設置者等の学校評価に関する支援について
- ○設置者の学校教育に関する方針が不明確であるため、各学校が学校評価における目標や課題を系統化・重点化しにくいところがある。
- ○各学校から設置者へどのように評価結果を報告するかを明確に示していないことがある。また、評価結果が設置者等による支援（財政面・人事面）や、指導主事等の学校訪問の際の指導助言に十分に結びついていないところがある。
- ○教育委員会内で、学校評価、予算措置、教職員人事の各担当間の連携や、都道府県や市区町村、首長部局や地域団体との連携が不十分であったりするため、予算措置や地域連携の改善についての有効な支援が実施できていないところがある。
- ○各学校において学校評価の取組の中心となる教職員や、学校関係者評価委員を対象とした研修等が形式的になっていたり不十分なところがある。
- ○評価結果をはじめ学校情報の積極的な公表が、保護者や地域住民等の学校に対する理解を深め、地域とともにある学校づくりを推進することにつながることについて、設置者の理解が十分でないため、学校の管理職に十分に理解されていないところがある。

に基づく学校の改善・支援」が自己評価について都道府県でも56.3%、市町村では60.1%を示している。この数字は、2006年度間の学校評価実施状況調査では市町村でも12.3%に過ぎなかったものであり、短期間の間に市町村レベルでの学校評価結果の活用に工夫が見られたことが推察される。

しかし、教育委員会による、学校評価結果の活用については、前頁に示すように、多くの課題が指摘されている。

冒頭に示したように、規制改革の文脈においては、公共性を担保するための仕組みとしては弱い位置づけでスタートした学校評価ではあったが、評価結果に基づく教育委員会による改善への支援が実質を伴ってくれば、無駄がなくエビデンスに基づいた教育関係費の使用が可能となり、目指すべき行政改革に一歩近づくであろうことは想定される。

義務教育諸学校においても学校評価は必要だという信念を筆者は持っているが、現時点で学校改善にとってのその必要性とメリットを説得力を持って各学校に伝えることは容易ではない。

5 提言

以上のいくつかの検討事項を踏まえて、形骸化の危険性に常にさらされていると思われる学校評価制度の方向性について、以下のような提言を試みたい。

まず第一に、日本の学校評価は、学校と家庭・地域との連携構築のツールとしての学校評価という位置づけを最大限に強め、世界に発信できる仕組みとして成長させるべきだということである。学校評価先進国ともいうべき国々では、そうした位置づけはあまり重視されていない。学力向上に象徴される学校のパフォーマンスを客観的指標で評価するということで制度設計されていることが多く、長いスパンで考えたときに、学校がそれを取り巻く地域や社会の中であり得べき教育を提供し続けるためには、上記の位置づけは不可欠だと考える。

第二に、学校評価結果に基づく予算措置などの資源配分が実質的な意味を持つようにすることである。学校評価結果として学校の教職員が改善課題として取り組もうとする取組をファシリテートすることが教育委員会の役割と

して認知されたときに、学校評価は意味のある制度となる。

　第三に、学校第三者評価制度について、学校の自律性を育むための評価制度を構築しようとするのであれば、改善策の提案を第三者評価の基本とするという考え方は避けるべきである。もし、それを基本とするのであれば、教育委員会の指導助言機能の見直しについて根本的な議論が第一に必要である。第三者評価の実施体制は、地域によって、また、第三者評価にどのような役割を持たせるかによっても異なるが、ピア・レビュー型の第三者評価制度は、学校関係者評価制度の一部に専門家を組み込むシステムとは大きく性格が異なるものとなるので、それぞれ自己評価や学校関係者評価で何をどのように評価するのかということとの関連をどのように設定するかを含めて制度設計の仕方も大きく変わってくることを指摘しておく必要がある。どのような実施体制をとるにしても、制度設計の要件として、評価者の資質向上のための制度や資格付与制度が同時に整備される必要がある。PDCAサイクルに精通し、常に学校に寄り添って学校の改善に協力できる専門家によって、学校の自律性を育み、その責任において学校改善に取り組めるような仕組みが、学校第三者評価制度とは別に都道府県もしくは市町村レベルで構築される必要がある。

　第四に、学校評価の実施を毎年度すべての学校に求めることは制度の形骸化の最大の要因であると思われる。「やらされている」感は、その仕事の成果として教育委員会からの支援が得られたなどの何か「変わった」という実感が伴った時に払拭されていく。評価とそれに基づく設置者による改善が求められる場合に、学校の申し出により実施することがそこでは重要ではないか。第1期教育振興基本計画で、自己評価をすべての学校で実施するとあるが、評価のスパンについては、その重点課題の性格によって柔軟に評価時期が設定されるべきであり、一律の評価時期の設定はまさに形骸化をもたらすものととらえるべきである。イギリスの教員評価制度では、職階を次のステップに進みたいと申し出た教員が評価を申請するといった仕組みになっていると聞くが、次のステージに進みたい学校の申し出による学校評価という制度が考えられてもよいのではないか。

注

1　小学校設置基準では次のように規定されていた。
　　第2条　小学校は、その教育水準の向上を図り、当該小学校の目的を実現するため、当該小学校の教育活動その他の学校運営の状況について自ら点検及び評価を行い、その結果を公表するよう努めるものとする。
　　2　前項の点検及び評価を行うに当たっては、同項の趣旨に即し適切な項目を設定して行うものとする。
　　これらの規定は、中学校設置基準では「小学校」を「中学校」に置き換えて準用されていた。なお、幼稚園、高等学校、専修学校等の他校種の設置基準にも同様の規定が追加された。いずれにおいても、2007年の学校教育法改正により、設置基準の規定が学校教育法に組み込まれたため、現在は設置基準からは削除されている。
2　設置基準制定前の審査基準では、小学校で校舎は2240㎡以上、運動場は5150㎡以上と一律に規定されていた例や敷地面積を8000㎡以上としていた例もあった。
3　http://www.mext.go.jp/b_menu/shingi/chukyo/chukyo1/003/gijiroku/04080201/006/001.pdf
4　http://warp.da.ndl.go.jp/info:ndljp/pid/286184/www.mext.go.jp/b_menu/houdou/18/03/06032817.htm
5　その後は文部科学省初等中等教育局の学校運営支援担当が継続的に事例紹介をしている。

参考文献

高妻紳二郎2010「学校評価をめぐる政策動向―『イギリス型』モデルの修正」『教育行政学研究』第30号、西日本教育行政学会。
福本みちよ2006「ニュージーランドにおける学校教育の改革動向―学校評価システムを中心に」『オセアニア教育研究』第12号、オセアニア教育学会。
三浦智子2011「学校評価の実施にかかる教育委員会の役割と課題」『国立教育政策研究所紀要』第140集。
福島尚子2011「中央政府における学校評価政策の展開と制度構想の特徴」『日本教育政策学会年報』第18号。

第3章

第2節　義務教育段階における学校間連携・接続の課題と展望

南部　初世（名古屋大学）

はじめに

　2000年代以降、全国でいわゆる「小中一貫教育学校」が導入されてきている。これには、①施設一体型一貫校、②施設分離型一貫校、③緩やかな連携教育があり、自治体や地域、学校レベルで多様な取組みが展開されている。しかしながら、これらは制度上の位置づけを与えられたものではなく、研究開発学校制度や教育課程特例校制度等、教育課程基準の特例の活用や、現行制度の範囲内で、各市町村の創意工夫により取り組まれているものである。文部科学省が2010年に都道府県及び市町村教育委員会を対象に実施した調査によると、同一施設内に小学校と中学校を設置している学校は279あり、これは全小学校の1.3％、全中学校の2.8％に相当する[1]。また、小中連携推進のための方針や計画の策定、異校種間における教員の乗り入れ授業実施等、何らかの小中連携・一貫教育の取組みを行っている[2]市町村は72.4％に上っている。

　中央教育審議会初等中等教育分科会「学校段階間の連携・接続等に関する作業部会」は、2012年7月13日に「小中連携、一貫教育に関する主な意見等の整理」を提出した。それは、小・中学校間の連携・接続に関する現状、課題認識／小中連携、一貫教育の推進について／義務教育学校制度(仮称)創設の是非について／まとめの4章から構成されており、6・3制が導入された戦後当初と比較して、児童生徒の身体的発達が2～3年早まっていること、中学校という新しい環境での学習・生活への移行において、いわゆる「中1ギャップ」問題が顕在化していることから、小中間の「円滑な」接続のあり方について審議したものである。しかしながら、それはあくまでも「主な意見等の整理」であり、新たな制度改革提案をなすものではなかった。

第3章　義務教育制度　127

　それはなぜなのか。まずは、こうした議論の背景を押さえた上で、この報告書の概要を提示し、次に、本作業部会における審議の重要な柱であった「地域との連携」について、学校づくりを地域づくりの根幹ととらえ、小中連携・一貫教育に早くから取り組んできた稚内市の事例を紹介する。以上により、義務教育段階における学校間連携・接続の論点を整理し、その課題と展望を提示する。

1　小中連携・一貫教育における論点
(1)「小中連携、一貫教育に関する主な意見等の整理」の概要
①検討開始の背景

　学校段階間の連携・接続をめぐっては、中央教育審議会答申「新しい時代の義務教育を創造する」(2005年10月26日)において言及されており、義務教育段階における学校種間の連携・接続の在り方には大きな課題があり、意識調査でも中学校1年の他、小学校の4〜5年時に発達上の段差があることから、研究開発学校や構造改革特別区域等の取組の成果を踏まえつつも、「設置者の判断で9年制の義務教育学校を設置することの可能性やカリキュラム区分の弾力化など、学校種間の連携・接続を改善するための仕組みについて種々の観点に配慮しつつ十分に検討する必要がある」ことを指摘している。

　教育再生会議・第三次報告(2007年12月25日)では、明確な意図をもって「6-3-3-4制」の弾力化を提言する。この第三次報告では7つの柱が設定されているが、第一の柱が「学力の向上に徹底的に取り組む〜未来を切り拓く学力の育成〜」であり、「6-3-3-4制」の弾力化は、その第二重点項目として位置づけられている。これは、「○子供の発達に合った教育のため、小中一貫教育を推進し、制度化を検討する／○年齢主義(履修主義)を見直し、飛び級を検討する／○大学への飛び入学、高大連携を促進する」という具体的方策から構成されており、つづく各論では、小中一貫校と他の学校との間でスムーズに転校、進学ができるよう配慮することが挙げられており、明らかに特例的な選ばれた学校をうみだそうとする意図がうかがえる。

　また、第1期教育振興基本計画(2008年7月1日閣議決定)では、「確かな学力」を確立するための総合的な学力向上策の一つとして、各学校段階間の円滑な

連携・接続等のための取組みについて検討することが提示されている。これは第2期教育振興基本計画(2013年6月14日閣議決定)に引き継がれ、「各学校段階間の円滑な連携・接続を推進するとともに、6・3・3・4制の在り方について幅広く検討を進め、これにより、子どもの成長に応じた柔軟な教育システム等を構築する」ことが挙げられている。

②概要

本意見等の整理では、まず第1章において、小・中学校間の連携・接続に関する現状及び課題を提示するとともに、「小中連携」と「小中一貫教育」の定義づけを行っている。前者は「小・中学校が互いに情報交換、交流することを通じ、小学校教育から中学校教育への円滑な接続を目指す様々な教育」と、後者は「小中連携のうち、小・中学校が9年間を通じた教育課程を編成し、それに基づき行う系統的な教育」と整理している。

本報告書の中核をなす第2章「小中連携、一貫教育の推進について」では、まず、目的と効果について述べられており、現在行われている小中連携、一貫教育の取組みの実態は非常に多様であるものの、その基本的な目的は、小・中学校教職員が義務教育9年間の教育活動を理解することで、9年間の系統性を確保し、教育基本法、学校教育法に新たに規定された、義務教育の目的、目標に掲げる資質、能力、態度等をよりよく養えるようにしていくことであるとする。効果については、既述の2010年調査において、中学生の不登校出現率の減少、市町村又は都道府県独自の学習到達度調査、全国学力・学習状況調査における平均正答率の上昇、児童生徒の規範意識の向上、異年齢集団での活動による自尊感情の高まり、教職員の児童生徒理解や指導方法改善意欲の高まり等の意識面の変化といった結果が得られているとしながらも、その効果検証の在り方、評価指標についてさらなる検討が必要であるとする。

「2．教育課程」では、小・中学校の教育課程の系統性確保のため教職員が互いの教育課程を理解することが必要であるとし、その区分については、小学校6年生と中学校1年生を同一区分とすることが多いとしながらも、今後も多様な取組みが進められ、その成果が蓄積されることへの期待が述べられるにとどまっている。また、義務教育の質の保証の観点に留意しつつ、学習指導要領の範囲を超えた教育課程を設置者の判断で実施することを可能とす

べきかについては、賛否両論を併記した上で、可能であるとし、制度化に当たっては、義務教育における全国的な教育の機会均等や教育水準を担保する必要があること、小・中学校段階では転入学する児童生徒が一定数いること、小学校から中学校への進学に当たっては継続性を確保する必要があること、公立小・中学校においては就学校が指定されることにより入学に当たっての選択性が十分にはないこと等を勘案して、具体的な特例の内容を検討する必要があるとしている。

「3．指導方法」では、小・中学校教職員間で指導の在り方についてよく相談し、認識を共有するとともに、乗り入れ指導の導入とそのための小・中学校教職員合同研修の実施を推奨し、また、複数学年での合同授業や活動の実施も提案している。

「4．推進体制」は、4つのレベルで論じられており、(1)校内体制では、小中連携の主担当や小中一貫教育の教育課程編成の主担当を校務分掌として位置づけること、小・中学校間の連絡調整機能をコーディネーターとして小・中学校の校務分掌として位置づけることを例示している。(2)学校間の連携・協力体制では、小・中学校教職員が互いに授業を見合ったり、合同研修を実施したりすることにより9年間の教育課程及び指導方法を理解することが第一歩であり、それに加え、適切な情報交換・交流が重要であるとする。また、スクールカウンセラーや学校支援ボランティア等多様な関係者の関わりを期待し、校長兼務、両校長の連携強化のメリット・デメリットを挙げ、校務の効率化等により、教職員の過度な負担を解消することが必要であるとする。さらに、(3)市町村教育委員会の関与と(4)都道府県教育委員会の関与について整理している。

「5．地域との連携等」では、(1)『地域とともにある学校』づくりとの関係として、小中連携、一貫教育は地域連携と併せて取り組むことで大きな効果が期待され、その際、学校運営協議会制度や学校支援地域本部等の仕組みの導入も考えられること、「学園」等の呼称を設けることは、地域の協力を得る観点から効果的であること、小・中学校の統合に併せて小中一貫教育を導入する場合には、各地域の歴史、自負、誇りへの配慮とともに、統合後の小・中学校における教育理念や教育課程の充実への配慮が必要であることを提示

している。また、(2)通学区域等では、連携する小・中学校ごとに教育課程の在り方を共通化することによる９年間の系統的な教育活動の展開が考えられること、市町村教育委員会は児童生徒の通学手段に配慮しながら通学区域の設定の仕方について工夫することが期待されることを示している。

最後に、「６．教員人事、教員免許」「７．校地・校舎等」において、実務的な課題が整理されている。

③義務教育学校制度(仮称)をめぐる議論

2005年の中教審答申等で言及されてきた義務教育学校制度(仮称)については、諸外国の義務教育制度を参照しつつ、(1)義務教育学校制度(仮称)を創設する意義と必要性、(2)創設のメリット・デメリット、(3)既存の小・中学校制度との関係、(4)中高一貫教育制度との関係について審議を行った。(3)に関しては、義務教育学校制度(仮称)を既存の小・中学校制度と併存させる場合の検討すべき論点として、①学校制度の複線化の問題、②市町村の小・中学校設置義務の問題、③(ｱ)市町村の就学指定の問題、(ｲ)選択制にした場合の入学者決定の問題、④学習指導要領の問題、⑤教員免許の問題、⑥教職員定数の問題、⑦校地・校舎の問題を挙げている。賛否両論を併記した上で、「地域の実情に応じた教育の実現や、義務教育９年間を一体的に捉え児童生徒の学力向上等を図っていく観点から、義務教育学校制度(仮称)の創設に賛成する意見もある一方で、義務教育学校制度(仮称)を創設した場合の、人間関係の固定化による再チャレンジの機会の喪失や、学びの拠点である学校の数の減少、初等教育段階からの複線化等への懸念が示された」と述べ、作業部会としては、義務教育学校制度(仮称)の創設には慎重な検討が必要であるとの結論を下した。その理由としては、義務教育学校制度創設に期待されていることはいずれも、現行制度において対応可能であり、現行制度で十分対応できていない点についても、今後改善が図られるものと考えられるからとしている。

(2)作業部会における地域との連携を重視した小中一貫教育の事例

小学校と中学校の連携・接続のあり方は、作業部会第７回会議(2011年10月14日)から論議され、実質的な審議が開始された第８回(2011年11月8日)

には、「地域とともにある学校」づくりとの関係性がテーマとしてとりあげられた。そこでは三鷹市と呉市に対するヒアリングが行われ、コミュニティ・スクールのような「地域とともにある学校」づくりを促進するための仕組みとしてとらえた場合、小中連携、一貫教育を推進する際に配慮すべき事項は何かが論議された。

①三鷹市における取組み

　三鷹市における小中一貫教育は、教育課程基準の特例を申請しない制度内での取組みであり、「連携型」であること、そして「地域との協働の取組」を特徴としている。市内全校がコミュニティ・スクールに指定されており、それを基盤にしながら小中一貫教育を進めている。児童・生徒一人ひとりの個性や能力を伸ばし、小・中学校を断絶させず、継続的に個に対応できる教育システムの構築を目指し、コミュニティ・スクールを基盤として、無理なく次のステップに移行できるよう、義務教育9年間の一貫したカリキュラムでの指導、児童・生徒の交流や教員の交流を行っている。貝ノ瀬滋委員(三鷹市教育委員会教育長)は、その理念について「すべての子どもたちの学びと育ちのために、この地域ぐるみで先生方が、小学校・中学校の先生が連携・協働して、一緒にこの9年間という、このスパンで子どもを指導していきましょう。そして、まちぐるみでそれを支えていきましょうということ」[3]と説明する。また、コミュニティ・スクールを基盤とすることについては「単に地域と学校に信頼関係があって、そして協力関係も支援も十分にあり、その中で学校が運営されて、というようなことを超えて、もっと強固な形で、仕組みとして、地域との連携、信頼関係を仕組みとして学校運営協議会を設置して、その上で、市民の皆さんや保護者の皆さんと納得づくで、小中一貫教育を進めている」と述べる。

②呉市における取組み

　呉市では、2000年から小中一貫教育の研究に着手し、2007年から市内28の全中学校で取組みを開始したが、その契機となったのは中1ギャップの問題であった。少子化の影響もあり、年齢の違う子どもと関わる機会が減り、自尊感情が十分に育っていないと認識し、実験的に小学生と中学生を関わらせたところ、子どもたちの変化が見られ、取組みを広げていった。

その特徴は、学習指導要領に則っていること、全市的に展開していること、義務教育9年間を発達段階に応じて4・3・2に区分していること、各中学校区の特色を生かした取組みを進めていることである。校舎の立地条件によって、一体型と分離型が存在するが、学校経営上の差はなく、教育目標、研究主題の共有化を図り、中学校区としての学校経営を行っている。また、小中一貫教育を進めるに当たって、家庭や地域との連携は欠かせないとの認識を持ち、各中学校区において一貫教育を行っている学校の教育活動を伝えるとともに、地域に開かれた学校づくりのため、学校評価や学力調査、研究公開等で検証し、改善を図りつつ取組みを進めている。

　小中一貫教育推進の主な取組みの一つは、小中学校の管理職を対象としたブロック別学校経営研修会であり、これは、校長のリーダーシップ向上を図り、中学校区の学校経営について協議する役割を担っている。また、小中一貫教育推進コーディネーター（定数内で各校1名）を配置しており、中学校区内の学校間、中学校区と校区外をつないでいる。さらに、市費により中学校に小中一貫教育推進加配講師を配置し、小学校への計画的な乗り入れ授業を実施している。

　こうした取組みに対し、保護者・教職員の7割以上がその教育的効果を実感しており、実際に学力が向上するとともに、生徒指導上の諸問題に対しても一定の成果が表れている。

2　地域との連携を基盤にした小中連携・一貫教育の事例分析
(1)稚内市における子育て運動の展開

　今日のように全国的に小中連携・一貫教育が政策課題化される以前から、稚内市では小中交流・連携の取組みを行っており、それは、作業部会において紹介された三鷹市や呉市の事例との共通点を有しつつも、よりダイレクトに地域づくりに関わるもので、地域との連携を基盤とした実践と言える。

　稚内市は、日本最北端に位置する面積760.89km²、人口37,638人、世帯数18,682（2012年12月末現在）の市であり、人口は、1964年をピークに減少と増加を繰り返しつつ漸減している。2013年度現在、小学校13校、中学校9校であるが、うち4校が小中併置校である。小・中学校の児童・生徒

数は、減少の一途をたどり、2013年5月1日現在2779人で、1960年代に比較すると半減しており、この間学校統廃合が進められてきた。

　こうした地域においても子どもは、大都市圏の子どもと同様の問題状況を抱えており、それはいじめや暴力、不登校、学級崩壊等の病理現象として現れている。こうした状況にありながらも、稚内市では、地域との連携によって問題に対処しようとしてきた実践の蓄積があり、その基軸が「子育て運動」[4]であった。

　その発端は、1978年に結成された「非行問題懇談会」である。70年代後半、全国的に子どもの問題行動が顕著となり、稚内市においてもそのような状況が憂慮され、市教育委員会をはじめ子ども育成連絡協議会等の19団体によって同懇談会が作られた。翌年の子どもの日には「共同アピール」が発表され、町内会を単位とした懇談会活動や市レベルの集会が行われ、1981年には「学校、家庭、地域への子育て提言」が発表される。他方、1980年から全教職員による市レベルでの実践交流会が始められており、1983年の第4回実践交流会では、生徒指導についての学校間交流が行われ、子育て運動に果たす学校、教師の役割についての認識が深められることとなった。

　しかしながら、結果的に学校・地域の教育力を高めることにはならず、子育ての終わった地域の人々の参加が弱かったこと、子育て運動の事務局を担う団体とその役割が不明確であったこと、非行問題懇談会に参加した団体と子育て連絡会の活動における連携が十分ではなかったこと等が課題として認識され、1984年に新たな方針として「子育て方針再提言」が出されるとともに、新たな組織体制が作られ、子育て運動の再構築が図られた。

①子育て運動の組織機構と事業の概要

　子育て運動を推進する組織は、市レベルの「子育て推進協議会」、中学校区単位の「地区別子育て連絡協議会」、町内会もしくは小学校区単位の「子育て連絡会」である。

　子育て推進協議会は、「全市的視野で子育て運動を推進するため、活動の交流・連絡調整に係ることを協議し、活動の援助・激励を行う」ものであり、具体的には、情報提供・宣伝活動、連絡協議会や連絡会の活動の交流の場の設定と世話、市レベルでの企画立案を行う。市長が会長を務め、市教委、市

連合PTA、市校長会、市教頭会、北海道教職員組合稚内支会を中核団体とする事務局が置かれ、29団体[5]が賛同団体として名を連ねている。

地区別子育て連絡協議会は、「中核的基礎組織」であり、各連絡会の活動の交流・連絡調整と援助を行う。北地区、南地区、東地区、潮見が丘地区(以上、中学校区単位)、宗谷地区、宗谷線地区、天北線の各地区において、幼稚園、小学校、中学校、高等学校の校長、PTA会長、町内会長、子ども育成会(部)[6]長といった「世話役」が中心となって、事務局や体制づくりを行い、中学校に事務局が置かれている。

子育て連絡会は、「連絡協議会を構成する活動の単位組織」であり、地域に根づいている各種行事の掘り起こし、学校や各団体が実施する活動への参加と協力を行う。地域の子育て行事に取り組んできた子ども育成会(部)を中心として、学校、PTA、町内会等を結ぶ形で組織されている[7]。

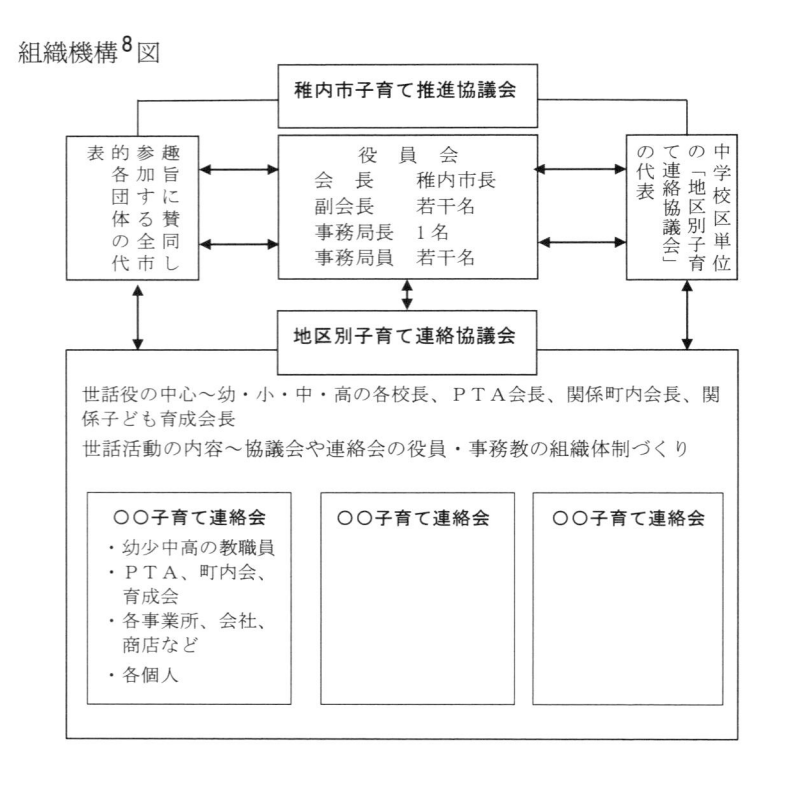

組織機構[8]図

```
                    ┌─────────────────────────┐
                    │   稚内市子育て推進協議会   │
                    └─────────────────────────┘
┌──────────┐      ┌─────────────────┐      ┌──────────┐
│趣旨に賛同し │      │     役  員  会    │      │中学校区単位│
│参加する全市 │◄────►│  会 長   稚内市長  │◄────►│の「地区別子│
│的各団体の代 │      │  副会長  若干名    │      │育て連絡協議│
│表          │      │  事務局長 1名     │      │会」の代表  │
│            │      │  事務局員 若干名   │      │            │
└──────────┘      └─────────────────┘      └──────────┘
                              ▲
                              ▼
                    ┌─────────────────────────┐
                    │    地区別子育て連絡協議会   │
                    └─────────────────────────┘
┌─────────────────────────────────────────────────┐
│世話役の中心～幼・小・中・高の各校長、PTA会長、関係町内会長、関│
│係子ども育成会長                                          │
│世話活動の内容～協議会や連絡会の役員・事務教の組織体制づくり    │
│  ┌──────────┐  ┌──────────┐  ┌──────────┐  │
│  │○○子育て連絡会│  │○○子育て連絡会│  │○○子育て連絡会│  │
│  │・幼少中高の教職員│  │            │  │            │  │
│  │・PTA、町内会、│  │            │  │            │  │
│  │  育成会       │  │            │  │            │  │
│  │・各事業所、会社、│  │            │  │            │  │
│  │  商店など     │  │            │  │            │  │
│  │・各個人       │  │            │  │            │  │
│  └──────────┘  └──────────┘  └──────────┘  │
└─────────────────────────────────────────────────┘
```

②組織の間の関係と学校の位置づけ

「推進協議会」、「連絡協議会」、「連絡会」の関係は上下関係ではなく、推進協議会は、呼びかけ、提唱を行う組織ととらえられている[9]。連絡協議会は、中学校区を単位とした「一定の課題を共有する人のレベル」での組織として、つまり、同じ中学に通う子どもの抱えている日常的な課題に応えるという点を共有しつつ、「町内会あるいは連絡会それぞれが、どのような形で独自に取り組んでゆくかについて、調整をしながら進めてゆく機関」である[10]。中核的基礎組織としての子育て連絡協議会が中学校区を単位として構成され、その事務局が中学校に置かれていることから、こうした子育て運動組織において学校には、「拠点」としての重要な位置づけが与えられていることがわかる。

また、子育て連絡会レベルにおいても、その中核となっている町内会子ども育成会(部)の活動を豊かにするためには、「教師が接着剤の役割、充実感を広げる役割をもたねばならない」[11]ととらえられている。つまり、町内会子ども育成会(部)は、町内の活性化と町内の子どもの健やかな成長のための独自の活動計画、そして固有の目的をもっており、それを主体としつつも、学校の教師には「接着剤」としての役割が期待されている。

他方、こうした一連の子育て運動の進展により見えてきた新たな課題の一つが、学校間連携であり、「全市の小・中学校の連絡・提携を含めた学校間交流を一層進めること」[12]の重要性が指摘されている。稚内市における学校間連携の基盤に子育て運動があるということにとどまらず、子育て運動のさらなる展開のための方策の一つとして、1980年代末には既に学校間連携が位置づけられていた。

(2) 小中連携・一貫教育の前史としての学校間連携

①事例地域・学校の概要

ここでは稚内市において最も早く学校間連携に着手され、その後小中連携・一貫教育の先導役を担うことになる東地区を事例としてとりあげる。東地区は、住民の転出・入が多い地域であり、地区ＰＴＡ、各小中学校のＰＴＡ、町内会の育成会が組織されてはいるものの、それぞれの組織の担い手の固定

化という問題を抱えており、「子育て連絡協議会もなかなかうまくいかなかった」が、「学校が主体的に、みんなの様子を見ながら動いていった」[13]。この地区は、稚内東中学校(2013年現在生徒数231、11(特別支援2含)学級)、稚内東小学校(児童数454、22(特別支援4含)学級)、声問小学校(児童数23、4学級)という1中学校2小学校から構成されている。

②学校間連携の実際

東地区における学校間連携[14]は、授業後の話し合いや研修の交流、スポーツ交流のレベルでは、すでに1991～92年頃から取り組まれてきた。いじめや不登校、生徒指導上の問題行動が深刻化し、学校全体の荒れが表面化する中で、「小中一貫した生徒指導と教科指導」の必要性が問われ始め、1996～97年から急速に3校交流の組織・運営が充実し、現実的な実践が頻繁に話し合われるようになった。

連携の具体的活動は、東地区小中交流会と児童・生徒交流であった。1996～97年から開始された現実的課題を究明するための交流は、次の3段階を踏まえてきている。第1段階：各校の子どもの課題を本音で話し合い、共通の課題を明確化する。／第2段階：それを解決するために、ⓐ具体的な生徒指導や日常生活指導の実践交流、ⓑ授業についてこられない児童生徒について「わかる授業」の構築、ⓒ「不登校」「いじめ」の実態交流、などを中心に交流を行う。／第3段階：授業づくりや教科指導面の充実を図るために、ⓐ小中合同の教科部会の設置、ⓑ分散会での教師配置の考慮、ⓒ共通のテーマ「討議の柱」の設置により学校の枠を越えた教育活動のあり方を研究主題とする。

こうした段階を経る中で、1997～98年には3校交流の組織・運営が明確に確立され、小中合わせた9年間を見通して取り組めるものを基本に据えて統一された方針や研究主題・討議の柱を設定して、より実践に即した教育活動が展開されるようになり、1999～2000年には、その地域に根ざす子どもたちにどんな力をつけるのかを考慮して、小中一貫の教育課程に向けて何をすべきか、生徒指導上の実践交流と改善策、各教科での教材教具の小中間交流、小中連携に関わる指導上の課題等を研究主題の中核として交流を行い、新たに教育課程を編成した。

また、1996年に東小学校と声問小学校の6年生が合同炊事遠足を実施したのをきっかけとして、同じ中学校に入学する子どもの交流を意図した小学校間交流が開始された。この交流を機に、小学校と中学校を結びつける活動が展開されたが、それは「校外班」活動を利用したものであった。校外班とは、児童・生徒の校外生活の充実と安全、地域での異年齢集団や大人との活動体験、子ども集団づくりとリーダー育成や、地域育成部と学校校外班の連携を目標として、各校で形成されている児童・生徒の集団である。こうした校外班を小・中学校で一致させ、地域の祭りのみこしにともに参加する、中学校の合唱コンクールに両小学校の児童を招待する、中学生が新一年生を迎えるプロジェクトを企画し、中学校生活の紹介をする等の取組みがなされた。

(3) 政策課題としての小中連携・一貫教育への対応[15]

その後稚内市では、文部科学省「学力向上フロンティア事業」の指定を受け、潮見が丘小学校と潮見が丘中学校において2002年度から3年間小中連携教育の研究が行われ[16]、続いて2004～05年度には、北海道教育委員会の指定を受けて天北小中学校において「小中一貫教育実践研究事業」が、2005～07年度には、文部科学省「学力向上拠点形成事業」の指定を受け、東地区において小中一貫教育実現に向けた研究が行われてきた。

こうした実践研究の蓄積を基盤として、2008年度から稚内市教育委員会は「小中一貫教育実践研究事業」に着手することとなり、稚内市教育推進計画における学校教育の重点には、市内すべての小中学校が「『交流から連携へ、連携から一貫へ』の歩みを開始する」ことが挙げられた。指定を受けたのは東地区であったが、取組みを全市的なものとしていくための推進母体として「稚内市小中一貫推進協議会」が設立され、その事務局は市教育委員会が担っている。市教育委員会は、中学校教員が小学校で授業を実施するための兼務発令や小中学校共同による「夢広がる学校づくり推進事業」などの支援を行う。

①東地区小中一貫教育推進計画

「東地区小中一貫教育推進計画」において、その目的は次のように記されている。「学習状況の実態と児童生徒の発達段階に合った教育活動の連続性を図り、9年間の学びと育ちを保障する。具体的には①学校が、基礎基本の確

実な定着と、豊かな心の育成を柱にした特色ある教育を、小中学校間の共通性・系統性を重視し効果的に進める。ⓑ教職員が、小中学校間の連携から一貫に関する実践的な研究を通じて児童・生徒理解を深め、授業と生徒指導の資質向上を図る。ⓒ小中の『教師力』『研究力』『学校力』を高める」。目指す子ども像として、「優しさとたくましさを兼ね備えた子ども」を設定し、「小中で『つむぐ』確かな学力」とのテーマの下、実践研究を進めていった。このテーマには、「9年間の子どもの学び・育ち」という"縦の糸"と「小学校間の交流・連携」という"横の糸"を太くしなやかに紡ぐという意味が込められている。

　研究・実践の母体は、「東地区小中一貫教育実践研究推進委員会」であり、そこで具体的な方針づくりが行われ、各連携部会が主体となって研究が進められた。推進委員会は、それぞれ3校の管理職、教務部、研究部、生徒指導部から構成される管理職連携部会、教務に関わる連携部会、研究に関わる連携部会、生徒指導に関わる連携部会で組織された。

　3つの具体的な方策が設定され、それは、「方策1：小中一貫教育を目指す教育課程の工夫・改善」、「方策2：小中連携による学習指導・学習活動の推進」、「方策3：学校間・地域との創意ある連携と評価の工夫」であった。

　方策1に関しては、3校合同教科部会により、より良い自己理解と他者との人間関係構築及び望ましい職業観・勤労観の育成が目指され、9年間の育ちを見通せるカリキュラムづくりが行われた。小学校2校は複式校と単式校であるため、それを配慮しつつ、各学年のつながりが見通せるカリキュラムをつくる努力が重ねられた。

　方策2に関しては、まず、「基礎・基本の定着を目指す教科連携」の柱の下で、小中教員だけでなく、小小教員が連携したＴＴや、小中相互乗り入れを可能にするための時間割の調整等、東地区の実態や特性を生かした乗り入れ授業が展開され、少人数指導学習及び習熟度別学習や教科担任制の導入により、目指す子ども像に合わせた多様な学習指導体制づくりが行われた。さらに、「9年間を見通した教育活動」の柱の下で、小小、小中の交流による人間関係づくりと児童・生徒の活躍の場づくりが目指され、小小間の合同学習、中学生による出身小学校での授業補助、小学校6年生の部活動体験、運動会

等各行事における交流、児童会・生徒会代表会議等が実施された。また、3校指導部の連携により、生活リズム改善の観点から、家庭学習の継続と充実、朝学習、朝読書等の一貫指導が行われた。

　方策3に関しては、まず、「学校間・地域・PTAとの連携を生かした進路指導や児童生徒の健全育成、地域ぐるみの安全安心体制の整備」の柱の下で、子育て連絡協議会主催行事・町内会・育成部活動等地域活動への児童・生徒の積極的参加が促進され、学校施設の地域への開放と児童・生徒交流、教育ボランティアの募集や地域人材活用等、地域・家庭を巻き込んだ教育活動の実施や、インターネットホームページによる情報発信、地域セーフティネット会議の開催と安心・安全指導の共通化に取り組まれた。また、「小中一貫教育を目指す実践や研究の積極的公開と保護者・地域や教育関係者による評価の工夫」という柱の下で、小中交流会を地域公開研究会として実施し、授業及び小中連携の成果と課題を保護者・地域に積極的に公開するとともに、小中合同評議員会が目指され、小中合同外部評価委員会が設置された。

②実践研究の成果

　2年間の実践研究は、3校合同分掌部長会議が中心となって進められ、そこでは、各分掌から出された方策の具体化が協議された。事業としては、以前から行われていた3校交流会、教職員交流会の他、PTA役員交流会、研究者を招いての学習会や東京都三鷹市及び和光学園、広島県府中市への視察及び視察研修事後交流会、報告会が行われた。また各年度末には報告会が実施され、進捗状況と成果が確認された。

　初年度末に発行された中間報告書においては、1年間の最大の成果として「小中連携・一貫に対する教職員の意識変化」が挙げられ、次年度以降、各連携部会による計画の具体化が必要であるとされ、2年目には3校合同分掌部長会議が定例化された。初年度末には、各取組みについて、進捗状況が確認されている。

　既述の方策1については、中学校教員に対して小学校においてつけるべき力についてのニーズ調査が実施され、その結果は各教科部会で分析・共有された。また、方策2については、3校合同の授業づくりにおいて、授業を見る視点が変わってきていること、1時間の内容だけでなく、小学校段階の上

に成り立つ授業という視点が形成されてきていることが成果として挙げられ、小学校教科担任制では、学習意欲が実際に高まったことが児童アンケートによって実証されている。また、児童・生徒の交流(小小・小中)においても、児童生徒、教員ともに９年間の学びを見通した交流学習の成果を実感している。以上２方策に関して提示されている課題は、大半が具体的・実務的課題であり、その多くが今後の運用によって工夫・改善が可能なものであった。

　それに対し、方策３に関しては、さらなる取組みの必要性が意識されている。子育て運動との連携においては、親子ふれあいサマーフェスティバルや子育て交流の集いといったこれまで継続されてきた行事の地域への定着を再確認することとなったが、子どもをとりまく環境がいっそう困難になってきていることから、2008年12月に民生児童委員と情報交換を行う場として、「子育て支援ネットワーク会議」を設置し、地域のネットワークだけでなく、保護者同士を支え合うネットワークづくりに着手した。こうしたネットワークをさらに活用できるように学校の体制を整えることも意識されている。

　２年間の実践研究を終えて、持続可能な交流・連携・一貫教育のために必要な環境整備として、コーディネート教員の配置、移動手段等、小小・小中交流を可能にする手立て、３校職員室のネットワーク化が挙げられ、小中一貫教育を進化させるＰＤＣＡサイクルを確立するために、一貫教育の計画・実施・評価・改善の年間計画作成、児童・生徒の実態を把握する各種調査の実施、実践を振り返る指標となる観点の確立が挙げられている。

③現在の小中一貫教育

　東地区では現在も引き続き、小中一貫教育の取組みが行われており、それは、小中一貫教育推進委員会(事務局は東小学校)の作成する「推進計画」に基づいている。2012年度計画では、個々の実践を③「共通実践〜共通の意識のもとで行われる各校それぞれの実践〜」、⑤「共同実践〜各校で一緒に行う実践〜」、ⓒ「協同実践〜各校が力を合わせて取り組む実践〜」に整理・分類している。こうした活動は、指定研究において中核的役割を担った３校分掌部会が設定したそれぞれのテーマの下で、実態交流→目標の設定→実践交流→実態交流…というサイクルで取り組まれている。

　「学びの姿をつなげる」とのテーマを設定した教務部会では、客観的なデー

第3章　義務教育制度　141

タを活用して学力の実態把握を行い、3校の学校研究の充実を図り、教育課程づくりと個別の活動の見直しの指標として「東っ子学びの姿」を作成した。また、「学びを支える生活習慣をつなげる」を設定した指導部会は、アンケート調査により子どもの生活リズム等その実態を詳細に分析し、家庭学習の継続と充実、生活リズムの調整と改善、朝学習・朝読書等の一貫指導を進めるため、家庭・地域との共同実践に取組み、PTA活動も改善を図ってきた。その基礎を築いてきたのが「学びの意欲を育てる家庭学習をつなげる」をテーマとして設定する研修部会であった。研修部会は、「東地区学びの力を育てる家庭学習の手引き」を作成し、9年間を小学校低学年／中学年／高学年／中学校1・2年／3年という5つのスパンに分け、各時期にめざす姿、取組み内容、学校／家庭からの働きかけを整理した。

　以前から行われていた3校交流会、教職員交流会は、「小中一貫の日」として再設定され、現在は年6回開催され、授業参観、3校分掌部会、全体会、合同研修が行われている。

　小中一貫教育は、東地区にとどまらず、全市的に推進されており、稚内市教育行政執行方針においても、学校教育推進の第一の柱として位置づけられ、義務教育9年間を見通し、一貫した教育システムの構築が目指されている。全市的な取組みをバックアップしているのが稚内市教育研究所であり、「小中連携・一貫教育のあり方を求めて～学力向上の取組みについて～」(2011年度)、「確かな学力の定着を図る9年間を見通した学習指導の連携」(2012年度)等のテーマを掲げ、必要なデータ収集・分析を行うとともに、6地区[17]の取組みを交流する等、各地区の取組みを横につなぐ役割を果たしている。

おわりに

　既にみたように、「小中連携、一貫教育に関する主な意見等の整理」においては、義務教育9年間の系統性を確保し、教育基本法、学校教育法に新たに規定された義務教育の目的を遂行するために、小中連携、一貫教育を積極的に推進するという立場に立ち、そのために必要な様々なレベルにおける実践的課題を提示していた。そして、義務教育学校制度(仮称)の創設については、学校制度の複線化の問題の他、市町村の小・中学校設置義務と就学指定、学

習指導要領、教員免許と教職員定数、校地・校舎といった現行制度との関係から慎重な検討が必要であるとの立場をとっている。つまり、制度上の変更によるのではなく、運用によって小中連携・一貫教育をいっそう推進するための様々なレベルにおける具体的方策が提案されていた。

　2000年代以降、政策課題化されてきた「学校と地域との連携」は、東日本大震災以後「地域とともにある学校」づくりとしてさらに進められつつあり、小中連携・一貫教育においてもこの視点は非常に重要なものとなっている。「学校と地域との連携」は、「主な意見等の整理」第2章における7つの柱の一つであり、また、作業部会での実質的審議における最初のテーマであったことからも、このことがうかがえる。ただし、目的・効果、教育課程、指導方法、推進体制、教員人事・免許、校地・校舎という他の柱に比して、どのように地域と連携しつつ小中連携・一貫教育を進めていくのかについては、具体性に欠けている。これまでの政策の流れを整理し、地域との連携体制を継続的に確保していくために学校運営協議会制度等を活用することを挙げるが、「よりよく地域との連携や信頼関係の構築を図っていく」との指摘にとどまり、それらをどのように小中連携・一貫教育に生かしていくのかについては述べられていない。報告書において三鷹市は、地域との信頼関係を担保する仕組みとしてのコミュニティ・スクールや学校支援地域本部等を基盤にした事例として紹介されていた。そして、貝ノ瀬委員の作業部会における発言に見られるように、基本的には、市民ぐるみ、町ぐるみで子どもを育てていく中で、大人が集い、そして学び、地域社会の課題についても議論する機会が生まれることから、「学校作りということは地域作り、町作りにつながっていく」[18]と認識されているものの、そのために学校運営協議会制度をどのように活用し、小中連携・一貫教育を進めていくのか、それぞれのトピックスの関係性については、十分には明らかにされていなかった。

　教育を市民ぐるみで行い、それによって地域づくりを行っていくという方向性は、稚内市の事例とも共通している。ただし、稚内市における小中連携・一貫教育は、長年に渡り全市的に展開されてきた子育て運動を基盤としており、既にみたように子育て運動は、その組織及び内容から、まさに地域づくりの実践であった。これを基盤とした小中連携・一貫教育は、9年間の子ど

もの学び・育ちという縦の糸と学校間連携という横の糸を、子どもの学習・生活実態からスタートするPDCAサイクルにおいて紡いでいくという取組みであった。それは、単なるカリキュラム上の接続にとどまらず、学びを支える生活習慣や学びの意欲を育てる家庭学習をつなぐものとなっており、子どもの全人格的発達の保障を目指す取組みとして、これからの小中連携・一貫教育にとって多くの示唆的な内容を含んでいる。

注
1 「小学校と中学校との連携についての実態調査」(2011年10月)。
2 その他、9年を通じた教育課程の編成方針設定／教科担任制の実施／小中学校を一体的に運営するための組織の設置／小中合同の委員会開催／教職員の兼務発令／教委主催の小中学校教員の合同会議開催／教委による研究指定事業実施が挙げられている。
3 作業部会第8回(2011年11月8日)での発言。
4 稚内市子育て推進協議会『稚内の子育て運動』(1988年) pp.8-28。
5 市長、教育委員会委員長、教育委員会教育長、市町内会連絡協議会、市連合PTA、市婦人団体連絡協議会、市スポーツ少年団、市民生児童委員連絡協議会、市青少年センター、市小中学校校長会、市公立学校教頭会、市子供育成会連絡協議会、市幼稚園協会、市青年会議所、稚内高等学校、稚内高等学校PTA、稚内商工高等学校、稚内商工高等学校PTA、稚内大谷高等学校、稚内大谷高等学校PTA、稚内BBS、市防犯協会、市子ども劇場運営委員、新日本婦人の会稚内支部、市母と女教師の会、宗谷教職員組合稚内支部、北教組宗谷支部稚内支会、高教組稚内高校班、高教組稚内商工高校班。
6 町内会において、子どもの育成を担当する部門であり、子ども育成会や育成部という名称が付されている。
7 現在、北地区17、南地区15、東地区7、潮見地区4、西地区3、宗谷地区4、天北線地区2の子育て連絡会がある。
8 稚内市子育て推進協議会、pp.32-34。
9 当時の子育て推進協議会事務局長(稚内市立更喜苫内小学校長)平間信雄氏に行った聞き取り調査(2000年10月24日)における発言。
10 当時の子育て推進協議会長(稚内市長)横田耕一氏に行った聞き取り調査(2000年10月25日)における発言。
11 平間信雄への聞き取り調査(2000年10月27日)における発言。
12 稚内市子育て推進協議会、p.51。
13 2000年10月23日の稚内市教育研究所所長(当時)山本尚男氏への聞き取り調

14 ここでは、「小中一貫の教育を〜東地区三校交流〜」(稚内市教育研究所『稚内の教育』第148号、2000年)を中心的素材として、紹介する。
15 古川碧「子どもの声と地域性を生かした小・中連携・一貫教育の現状と展望〜北海道稚内市の取組みを通して〜」(『稚内北星学園大学紀要』第10号、2010年)、山田美沙・伊藤彩香「稚内市東地区における小中一貫教育の意義―地域全体で子どもを育てる観点から―」(名古屋大学教育学部教育経営学研究室『地域教育経営に学ぶ』第15号、2013年)においても、稚内市の小中連携・一貫教育が紹介されている。
16 学力向上のためには、学校・家庭・地域の教育力向上と三者連携が不可欠であるという認識のもと、地域ぐるみの学力向上システムの構築を目指し、事業では、小中一貫教育を追求する視点を軸に、習熟度別授業やティームティーチングなどの実践が模索され、その過程で管理職間での意見交換を定期的に行う体制が整えられた。
17 東地区の他、北地区(稚内中央小学校、稚内中学校)、南地区(稚内南小学校、稚内港小学校、稚内南中学校)、潮見が丘地区(潮見が丘小学校、潮見が丘中学校)、以上市街地ブロック、東ブロック(富磯小学校、宗谷小学校、大岬小学校、宗谷中学校、東浦小中学校)、西ブロック(稚内西小中学校、増幌小中学校、天北小中学校、下勇知小中学校:2012年度末閉校、上勇知小中学校)がある。
18 作業部会第7回(2011年10月14日)での貝ノ瀬委員の発言。

第3章

第3節　周辺的成果からみた学校運営協議会の意義と課題

佐藤　晴雄（日本大学）

はじめに

　平成25年6月に閣議決定された「教育振興基本計画」は、コミュニティ・スクールに関して、「成果目標8　互助・共助による活力あるコミュニティの形成」の一つの数値指標として、「コミュニティ・スクールを全公立小・中学校の1割に拡大」することを盛り込んだ。

　もともと、その数値目標は、2011年7月に公表された文部科学省「学校運営の改善の在り方等に関する調査研究協力者会議」の報告「子どもの豊かな学びを創造し、地域の絆をつなぐ～地域とともにある学校づくりの推進方策～」に盛り込まれていた。同報告は、「今後5年間で、コミュニティ・スクールの数を全公立小中学校の1割に拡大」と推進目標を示し、「保護者や地域住民等が、子どもを育てていく当事者として学校運営に参画し、学校と地域の人々が一体となった「熟議」と「協働」による学校運営を拡大する」ことを明記したのである。

　このように、学校運営協議会を置くコミュニティ・スクールは、主として就学先が指定される公立義務教育諸学校における導入を意図した制度なのである。2004年3月の中央教育審議会答申「今後の学校の管理運営の在り方について」は、幼稚園や高等学校も対象になり得るとしながらも、「地域とのつながりが特に深い小学校や中学校が中心になる」と述べていた。公立小・中学校は校区指定がなされるため、必然的に地域との関係性を持ち、それとの強い連携が期待されることから、地域の意向も無視できない。したがって、他校種よりも地域の参画を可能にするスクール・ガバナンスの考え方が重視され、その具現化制度としての学校運営協議会を置くコミュニティ・スクールへの指定期待が強くなるわけである。また、公立小・中学校の場合、保護

者等の学校運営への参画が他校種とは異なる意味を持つ。つまり、学校選択が可能な幼稚園や高等学校、私立学校の場合には、就学は学校の方針に対する同意を前提にするものと見なせるのに対して、公立小・中学校(特別支援学校の義務段階を含む)の場合には、既定の学校方針や教育計画、人員(教職員)体制の中への就学・入学を強制されることから、児童生徒の保護者の意向を学校運営に反映させる仕組みである学校運営協議会がより重要な意味を持つのである。

　現在(2013年4月)、コミュニティ・スクールの数は全国で1,570校となり、2011年(789校)比の約2倍に急増し、そのうち小・中学校の指定校は1,483校にまで増えたので、全体(2012年度現在31,026校)の約4.8％にまで達したことになる。近年の、こうした急増傾向を踏まえると、今後も指定校は増加し、成果指標の10％達成は画餅に終わらないものと予測される。その背景には「新しい公共」などの考えが浸透しただけでなく、学校改善や教育実践に関わる成果が認識されたからでもある。

　そこで本稿では、学校改善や教育実践に関わる成果に注目して、その実態を明らかにしながら、コミュニティ・スクールの意義と課題を探ることを目的としたい。なお、ここでは学校運営協議会以外の活動による成果を「周辺的成果」と称するものとする。

1　創設過程から見たコミュニティ・スクールの意義

(1)二つのコミュニティ・スクール構想

　そもそもコミュニティ・スクール構想は、チャーター・スクールの発想と地域による学校運営参画という2つのアイデアの折衷型として生まれたと言ってよい。教育改革国民会議(以下、「国民会議」と略す)の『報告』を見ると、そこには「新しいタイプの学校("コミュニティ・スクール"等)の設置を促進する」という提案の中で、「地域独自のニーズに基づき、地域が運営に参画する新しいタイプの公立学校("コミュニティ・スクール")を市町村が設置することの可能性を検討する」と記されている。その意味で地域による学校運営参画の新たな仕組みだと解せる。しかし、この学校は、「市町村が校長を募集するとともに、有志による提案を市町村が審査して学校を設置するものであ

る。校長はマネジメント・チームを任命し、教員採用権を持って学校経営を行う」とあるように、有志によるチャーター・スクールの創設をイメージさせる学校だと解すこともできる。日本型のコミュニティ・スクールを構想した金子郁容もコミュニティ・スクールにチャーター・スクールの性格を重ねていたのである[1]。

その後、2002年度から文部科学省は「新しいタイプの学校運営の在り方に関する実践研究」事業として、以下の実践研究課題に基づくコミュニティ・スクールに関する実践研究(「実施要項」(2002年4月))を開始し、全国7地域9校を実践研究校に指定した。

①学校の裁量権の拡大

都道府県及び市町村教育委員会の協力体制を整備しつつ、人事・予算面及び教育課程の　編成の面で、校長の意向を尊重し、学校の裁量権拡大を主とした研究を実施する。

②学校と地域(コミュニティ)との連携

学校における地域人材の積極的な活用や、学校の教育活動について評価を行う地域学　校協議会の設置など、学校と地域の連携を主とする研究を実施する。

③その他学校運営に関する事項

上記①、②のほか自治体及び学校の提案による学校運営の改善に資する研究を実施する。

ここで注目すべきは、「②学校と地域(コミュニティ)との連携」の中に、「地域人材の積極的な活用」が一つの実践研究の具体的な課題として例示されていることである。なぜなら、それは国民会議の提案で、コミュニティ・スクール構想と別立てにされた課題「地域の信頼に応える学校づくりを進める 」の視点に重なるからである。つまり、もともとはコミュニティ・スクールと「地域の信頼に応える学校づくりを進める 」とは別の施策として扱われていたのであった。

ここにきて文部科学省はコミュニティ・スクールをチャーター・スクールと切り離して、むしろ「地域に信頼に応える学校づくり」の視点を採り入れるように位置づけて、学校の裁量権拡大と地域による学校運営参加を可能にす

る新たな制度として推進することになったのである。

(2) スクール・ガバナンスの仕組みとしてのコミュニティ・スクール

　そして、実践研究2年目が終わる2004年3月に中央教育審議会答申は、学校運営協議会の設置を提言し、その役割を具体的に示し、さらに学校の裁量権拡大の方向性を示したのである。こうして、現在のコミュニティ・スクール制度の形ができあがったわけである。黒崎勲は、総合規制改革会議が既存の公立学校の枠組の外に新たな学校としてチャーター・スクールの創設を求めたのに対して、文部科学省が既存の制度の中で地域による学校運営参加を可能にする自律的な学校経営の仕組みを主張し、結局、中央教育審議会「素案」のコミュニティ・スクールが「チャーター・スクールの方向を閉ざし、自律的な学校経営と学校運営への地域参加という従来の文部科学省のイニシアチブによる改革の範囲に止まる」ものだと批判した[2]。ただし、国民会議が「市町村が校長を募集するとともに、有志による提案を市町村が審査して学校を設置する」と提言したことを受けて、前の実践研究指定校の一つである足立区立五反野小学校は、「学校理事会の目的は、保護者・地域代表による「地域立」の学校づくりです」[3]と述べたように、「地域立」学校だとアピールし、また学校理事会(学校運営協議会)が校長を公募する試みを進めたように、チャーター・スクール的な発想を全く捨てたわけではなかった。

　ともあれ、五反野小学校の実践研究期間中に、現職の文部科学大臣や文部科学省幹部が何度も同小学校を訪れ、また教育制度改革室長が運営指導委員会等に出席するなど、文部科学省は同小学校の実践研究に注目していた事実がある。その注目の対象になったのが2003年1月に創設された学校理事会である。

　実際に五反野小学校の取組が法改正審議過程で議論対象になり、その実践が法改正の下敷きになったとされる[4]。改正された地教行法で定められた学校運営協議会の権限に関する条文は、五反野小学校の実践的裏づけによるものと考えられる。例えば、学校運営協議会の承認権は、実際に、五反野小学校で学校理事会が学校予算や教育課程の承認を行ったことが影響していたと考えるのは不自然ではない[5]。そのことを認識していた同小学校の学校理事

会は指定第1号になるよう強く教育委員会に働きかけところ、2004年11月9日に晴れて同小学校はコミュニティ・スクール第1号に指定されたのである。ここに、スクール・ガバナンスを重視したコミュニティ・スクールが誕生したのである。なお、当時の学校理事会理事長は、教員の任用に関する意見申し出の権限が「予測していなかったもの」と述べているが[6]、もともと国民会議報告には校長による教員採用権が示され、また五反野小学校では校長及び非常勤講師の公募を試みた実績があったことを考えれば、任用に関する意見申し出権は必ずしも「予測」を越えた唐突なものだとは言えない。

(3) 学校支援活動を推進するコミュニティ・スクール

しかしながら、五反野小学校では、地域等による学校支援活動が活発だったわけではない。研究課題にある「地域人材の活用」については、2004年度からようやくPTAによる学校支援活動が展開されたに過ぎず、それ以前にはその下地づくりとして帝京大学学生2名が学校支援ボランティアとして活動したばかりであった。

コミュニティ・スクールの実践研究校で学校支援活動を積極的に展開したのは、京都市立御所南小学校である。御所南小学校は、19の実働組織(コミュニティ)からなる地域学校協議会である「御所南コミュニティ」による活動が注目に値する。コミュニティは、「学びコミュニティ」から「町づくりコミュニティ」までにわたる実働を担う組織とされ、多様な活動を幼稚園・中学校(御池中学校)・中学校校区小学校(高倉小学校)との連携も含めて大々的に展開していた。同小学校は2004年11月26日に、御池中学校、高倉小学校と共に第2号の指定校に伴い学校運営協議会を設置すると、「御所南コミュニティ」の理事会を学校運営協議会に移行していったのである。

御所南小学校は研究課題の一つである「地域人材の活用」に重点を置き、実践研究を展開したことで注目された。西川信廣は、学校支援を主軸に置くコミュニティ・スクールのタイプを関西型と称し、その存在意義を認めつつもスクール・ガバナンスの視点を欠くべきでないと論じるが[7]、そもそも関西型のコミュニティ・スクールの出現は御所南小学校の取組が大きく影響したと捉えてよい。たしかに、筆者らの調査でも学校支援活動が活発なのは関西

地方であることが明らかにされたが、関西型出現以後には、各地のコミュニティ・スクールでも学校支援に取り組むようになり、あるいは、学校支援活動が活発な学校がコミュニティ・スクールに指定されるようになる。

　福岡県春日市では、日の出小学校や春日西中学校など比較的早くから指定された（2005年）学校で学校運営協議会の下に実働組織として各種「コミュニティ」を設置し、学校支援活動を展開して、学校運営協議会をいわば学校応援団として機能させている。また、学校支援ボランティア活動を積極的に展開してきた後にコミュニティ・スクールの指定を受けた例としては、東京都三鷹市立第四小学校が代表例になる。同小学校は2006年10月にコミュニティ・スクールに指定されたが、それ以前の1999年頃から「教育ボランティア」が年間2,000人近く活動するような学校支援活動の先進校として知られていた。指定後は、コミュニティ・スクールの指定を受けようとする学校の視察を多く受け入れ、学校支援を採り入れたコミュニティ・スクールの一つのモデルとみなされるようになる。

(4) 学校運営協議会の成果構造
①学校運営協議会の権限と成果の関係

　この頃から、コミュニティ・スクールと学校支援活動は強く結びつき、特に2008年度から実施された学校支援地域本部事業と連動しながらコミュニティ・スクールは全国各地に広がるようになる。コミュニティ・スクールは、法的には学校運営協議会の権限に基づく活動が中心とされるが、現実には学校支援活動の活発化や地域活性化などの成果が現れつつあり、また強く期待されている。そうした現実からは、学校運営協議会を置くコミュニティ・スクールには、ⓐスクール・ガバナンスを具現化する教育制度、ⓑ学校支援などによる学校改善に関する実践成果をもたらす仕組みという2つの意義が見出されることになる。

　スクール・ガバナンスに関する意義とは、学校裁量権拡大に伴い、学校の専門性を教育委員会に一部代わってモニタリングすると共に、ステークホルダーの意向を反映させるための制度として学校運営協議会を捉えることにある。まさに、学校運営協議会はシェアード・ディシジョン・メーキング（SDM

= Shared Descision Making)⁸の視点を採り入れた仕組みなのである。この意義の観点からコミュニティ・スクールの成果を検証するのは重要だが、同時に学校支援などによる学校改善に関わる実践成果＝「周辺的成果」に注目することも重視されなければならない。なぜなら、実際に教育委員会や学校では学校運営協議会活動から派生した学校支援などの諸活動がもたらす「周辺的成果」に注目し、指定の可否を判断しようとする傾向がみられ、その意味でコミュニティ・スクールの普及に大きく影響を及ぼす要素だからである。

②学校運営協議会の周辺的成果

その「周辺的成果」とは、法が定める学校運営協議会の３つの権限から派生した活動やイメージによって得られる成果のことである。つまり、それは**図3-3-1**に示したように、学校運営協議会の協議による提案の具現化の結果として得られた成果を超えて、それと連動する諸活動から得られた成果、ないしはコミュニティ・スクールの指定によって醸成された「連携」風土がもたらす成果のことなのである。なお、本稿では取り上げないが、そのほかに学校支援地域本部事業など他の取組との併用による複合的成果（相乗効果によって得られる成果）も実際には見られる。

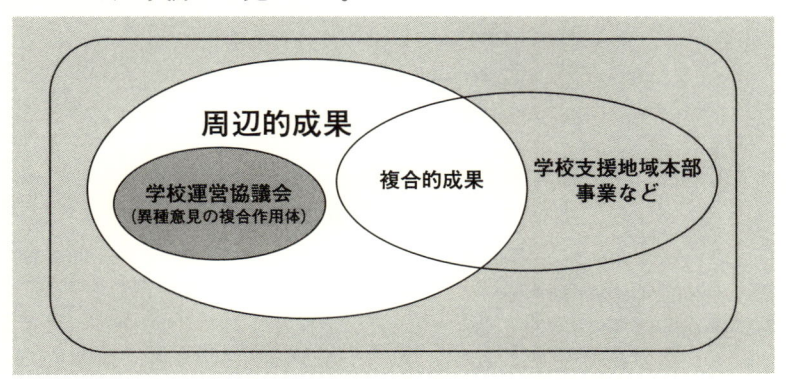

図3-3-1　コミュニティ・スクールによる成果の構造

2　学校運営協議会の諸活動

学校運営協議会には、「承認」「意見申し出」「教職員任用の意見申し出」という３つの権限が与えられているが、前述したようにこれら以外の諸活動に

も取り組んでいる例が多い。これら諸活動の実施状況自体も「周辺的成果」につながるものと解することができる。

そこで、筆者が研究代表として2011年度に実施したコミュニティ・スクールに関する文部科学省委託調査研究[9]の結果を基に、それら諸活動の実態を見ていくことにしよう。

図3-3-2・3-3-3は、それら諸活動を「学校運営協議会として」実施している学校の割合を校種別に示している。小・中学校で共に「学校評価」の実施率

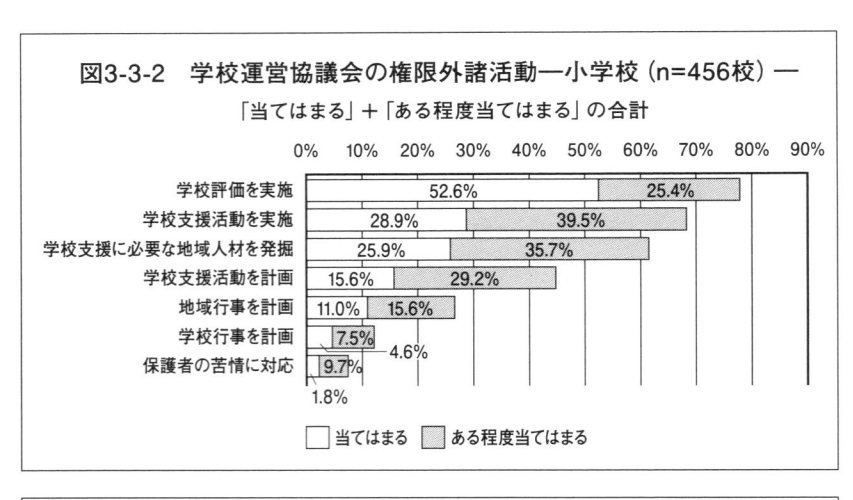

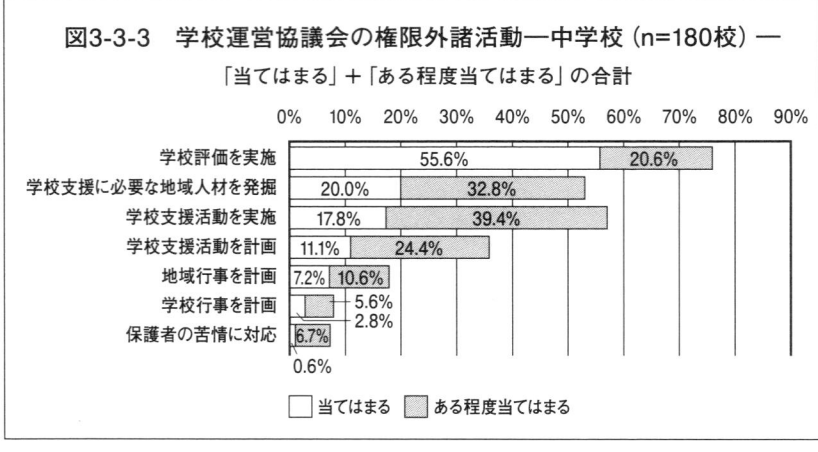

図3-3-2　学校運営協議会の権限外諸活動―小学校（n=456校）―
「当てはまる」＋「ある程度当てはまる」の合計

項目	当てはまる	ある程度当てはまる
学校評価を実施	52.6%	25.4%
学校支援活動を実施	28.9%	39.5%
学校支援に必要な地域人材を発掘	25.9%	35.7%
学校支援活動を計画	15.6%	29.2%
地域行事を計画	11.0%	15.6%
学校行事を計画	7.5%	4.6%
保護者の苦情に対応	9.7%	1.8%

図3-3-3　学校運営協議会の権限外諸活動―中学校（n=180校）―
「当てはまる」＋「ある程度当てはまる」の合計

項目	当てはまる	ある程度当てはまる
学校評価を実施	55.6%	20.6%
学校支援に必要な地域人材を発掘	20.0%	32.8%
学校支援活動を実施	17.8%	39.4%
学校支援活動を計画	11.1%	24.4%
地域行事を計画	7.2%	10.6%
学校行事を計画	5.6%	2.8%
保護者の苦情に対応	6.7%	0.6%

第3章 義務教育制度 153

が最も高く、8割近くの学校運営協議会で行っていることになる。学校評価活動は、もともと国民会議提案にある「学校経営とその成果のチェックは、市町村が学校ごとに設置する地域学校協議会が定期的に行う」とする考えを具現化した形になるので、周辺的成果の中でも最も学校運営協議会の活動に近いタイプになるが、法的に学校運営協議会の役割と定められているわけではない。

そして、「学校支援に必要な人材の発掘」「学校支援活動を実施」は半数以上の学校運営協議会で取り組んでいる。学校評価と、これら学校支援に関わる活動が多くの学校運営協議会で派生的な活動として展開されている実態にある。実施数こそ少ないが、行事の計画や保護者の苦情対応を実施している例が見られるように、学校運営協議会は本来の権限に基づく協議等以外にも地域連携に関わる多様な諸活動に取り組んでいるのである。そうした意味で、「政策が意図した説明責任型コミュニティ・スクールとは異なった学校支援型コミュニティ・スクールという現実が生じた」[10]と言ってよい。

なお、校種別に見ると、小学校の方が中学校よりも学校支援関係活動の実施率がやや高い傾向にある。西川は、コミュニティ・スクールがスクール・ガバナンスの視点を持たないまま進められても、小学校段階の学習支援の域を出ず、中学校にまで広がらないと懸念するが[11]、このことは中学校では学校支援活動が小学校に比べて今一つ活発でないという実態を踏まえた指摘だと言える。

3 学校運営協議会の活動と校長のコミュニティ・スクールに対する満足感
(1) 学校運営協議会の権限外活動と校長の満足感

次に、それら諸活動の実施状況と校長のコミュニティ・スクールへの満足感との関係を析出してみよう。**表3-3-1**は、諸活動と校長の満足感をクロスさせた結果を表しているが、この表によると、「学校評価を実施」に関しては、積極的に行っている「積極群」(「当てはまる」+「ある程度当てはまる」の回答。「消極群」は「少し当てはまる」+「当てはまらない」の回答)を見ると、「満足群」(「満足」+「ある程度満足」)78.3％、「不満群」(「やや不満」+「不満」)76.1％となり、両者ほぼ同数となり、有意差が認められない。学校評価実施の有無は満足感と

表3-3-1 学校運営協議会の権限外の諸活動と校長のコミュニティ・スクール(CS)満足感

			CS満足感		合計
			満足群	不満群	
学校評価を実施	積極群	度数	408	105	513
		%	78.3%	76.1%	77.8%
	消極群	度数	113	33	146
		%	21.7%	23.9%	22.2%
合計		度数	521	138	659
		%	100.0%	100.0%	100.0%
学校支援活動を実施	積極群	度数	372	60	432
		%	71.1%	43.8%	65.5%
	消極群	度数	151	77	228
		%	28.9%	56.2%	34.5%
合計		度数	523	137	660
		%	100.0%	100.0%	100.0%
学校支援に必要な地域人材の発掘	積極群	度数	333	54	387
		%	63.7%	39.1%	58.5%
	消極群	度数	190	84	274
		%	36.3%	60.9%	41.5%
合計		度数	523	138	661
		%	100.0%	100.0%	100.0%
学校支援活動を計画	積極群	度数	238	37	275
		%	45.5%	27.0%	41.7%
	消極群	度数	285	100	385
		%	54.5%	73.0%	58.3%
合計		度数	523	137	660
		%	100.0%	100.0%	100.0%
地域行事を計画	積極群	度数	137	21	158
		%	26.2%	15.2%	23.9%
	消極群	度数	385	117	502
		%	73.8%	84.8%	76.1%
合計		度数	522	138	660
		%	100.0%	100.0%	100.0%
学校行事を計画	積極群	度数	67	8	75
		%	12.8%	5.8%	11.4%
	消極群	度数	455	130	585
		%	87.2%	94.2%	88.6%
合計		度数	522	138	660
		%	100.0%	100.0%	100.0%
保護者の苦情に対応	積極群	度数	44	4	48
		%	8.4%	2.9%	7.3%
	消極群	度数	479	134	613
		%	91.6%	97.1%	92.7%
合計		度数	523	138	661
		%	100.0%	100.0%	100.0%

の関係が極めて弱いことが分かる。

　これに対して、「学校支援活動を実施」の「積極群」では、「満足群」71.1％、「不満群」43.8％となり、「満足群」が「不満群」を30ポイント近く上回り、両者間には有意差が見られた。そのほか、「学校支援に必要な人材の発掘」「学校支援活動を計画」など学校支援に関する活動でも同様の違いが見られたことから、学校支援関係活動は「満足感」に影響を及ぼすことが考えられるのである。

　このほか、「地域行事を計画」についても「満足感」とある程度関係し、「学校行事を計画」「保護者の苦情に対応」は、「積極群」の数値が偏っているため検定不能だが、「学校評価」に比べると「満足感」との関係が若干みられた。

　以上のように、スクール・ガバナンスに関わる学校運営協議会の協議活動から距離を置く学校支援活動（計画や人材発掘を含む）や地域行事計画立案などの方が、それとの距離の近い「学校評価」や「学校行事」に比べて校長の「満足感」に強く関係しているという予想外の結果が得られたのである。なお、「学校評価」が満足感とほとんど関係していないのは、それが8割近くの学校運営協議会で実施されている共通の取組であって、意欲や積極さにその実施の有無が左右される選択的な取組とは言えないからであろう。

(2) 学校運営協議会の法的権限活動と校長の満足感

　そこで、学校運営協議会の法的権限に関わる「協議」と校長の満足感との関係を析出すると、**表3-3-2**のようになった。まず、「人事に関する意見の申し出」が「あった」学校は、「満足群」17.5％、「不満群」11.0％となり、統計的な有意差はないが「満足群」が「不満群」を約6ポイント上回った。「教委への意見申し出」の場合も同様で、申し出が「あった」学校では「満足群」が「不満群」を約6ポイント高い。「学校運営方針への修正意見」が「あった」は、むしろ「不満群」が約4ポイント高いが、検定上の有意差はなかった。

　このように、スクール・ガバナンスに関する協議活動よりも、これらから派生した諸活動の方が校長の満足感に関係し、さらに派生的な活動の中でも、協議からの距離の遠い活動の方がその満足感に強く関係していることが分かった。ただし、協議のうち意見申し出、特に「修正意見」の「あった」ことが

校長に煩わしさや負担感を呼び起こして、却って「不満感」をもたらすことも考えられるが、以上のデータからはその理由を探ることはできない。

表3-3-2　学校運営協議会の「協議」活動と校長のCS 満足感

			満足感		合計
			満足群	不満群	
人事に関する意見の申し出	あった	度数	91	15	106
		%	17.5%	11.0%	16.1%
	なかった	度数	430	121	551
		%	82.5%	89.0%	83.9%
合計		度数	521	136	657
		%	100.0%	100.0%	100.0%
教委への意見申し出	あった	度数	139	28	167
		%	26.5%	20.3%	25.2%
	なかった	度数	385	110	495
		%	73.5%	79.7%	74.8%
合計		度数	524	138	662
		%	100.0%	100.0%	100.0%
学校運営方針への修正意見	あった	度数	78	26	104
		%	14.9%	18.7%	15.7%
	なかった	度数	445	113	558
		%	85.1%	81.3%	84.3%
合計		度数	523	139	662
		%	100.0%	100.0%	100.0%

4　学校運営協議会の権限外活動と校長の成果認識

　そして、学校運営協議会の権限外の諸活動と校長の成果認識について見ていくと、**表3-3-3**に記したような結果になる。ここでは、成果認識に関する20項目から10項目を選んで、それぞれの成果認識を学校運営協議会の権限外活動とクロスさせた。表3-3-3では、成果認識項目に対して「当てはまる」＋「ある程度当てはまる」という肯定的な回答を示したものを「肯定群」としている。この群の回答について、権限外活動5項目の「積極群」と「消極群」

を比べると、すべての成果認識(成果があったという回答)項目で「学校支援活動を実施」の「積極群」が「消極群」の数値を上回り、有意差が認められた(全て、p<0.010)。学校支援活動が表中すべての成果認識項目と関係しているわけである。

　今度は、権限外活動の「保護者の苦情に対応」の列の数値に注目すると、成果認識項目について、「積極群」が「消極群」を上回るのは、「児童生徒の学習意欲の向上」「生徒指導の課題解決」など「児童生徒の変容」に関する事項、「教職員の意識改革」「教職員が子どもと向き合う時間の増加」など「教職員の変容」に関する事項である。このほか、当然ながら「保護者や地域からの苦情の減少」「家庭教育力の向上」などである。これに対して、「学校運営の改善」との関係は弱いようである。苦情対応は取組例が多くないので一概には言えないが、苦情という教職員への負担増幅現象の軽減によって、教職員が教育指導に集中しやすくなったことから、学習意欲や生徒指導の課題解決、そして子どもと向き合う時間の増加などにつながったものと考えられる。

　権限外活動の「学校評価を実施」の列を見ると、言うまでもなく「学校関係者評価が効果的に実施」で有意差が見られ、「積極群」の数値が約20ポイント上回るほか、いくつかの項目で若干の数値差があるものの、有意ではなかった。つまり、「学校評価を実施」することは、校長の満足感と同様に成果認識にもほとんど影響していないと言えそうである。

　同じく「地域行事を計画」の列では、「児童生徒の学習意欲が向上」「生徒指導課題の解決」など「児童生徒の変容」に関する事項、「地域教育力が向上」「家庭教育力が向上」など「学校外の変容」に関する事項、「保護者や地域からの苦情が減った」の項目で、「積極群」が「消極群」を有意に上回っている。地域の巻き込みが学習意欲や生徒指導の課題、地域や家庭の教育力に影響していることが考えられる。

　最後に、「学校行事を計画」の列を見ると、「児童生徒の学習意欲が向上」、「教職員の意識改革」、「学校関係者評価が効果的」、「学校が活性化」、「地域教育力が向上」、「家庭教育力が向上」の項目で「積極群」が「消極群」を有意に上回る。学校行事の計画という教育活動への深い関わりが学習成果や学校関係者評価、学校の活性化など幅広く学校改善に影響し、また地域や家庭の教育力

表3-3-3 学校運営協議会の権限活動と校長の成果認識

学校運営の改善

成果認識項目		権限外活動		学校支援活動を実施		保護者の苦情に対応		学校評価を実施		地域行事を計画		学校行事を計画	
				積極群	消極群	積極群	消極群	積極群	消極群	積極群	消極群	積極群	消極群
学校関係者評価が効果的に実施	肯定群	度数		384	171	41	514	455	99	140	414	70	483
		%		88.5%	75.3%	87.2%	83.6%	88.0%	68.8%	88.6%	82.3%	93.3%	82.6%
	否定群	度数		50	56	6	101	62	45	18	89	5	102
		%		11.5%	24.7%	12.8%	16.4%	12.0%	31.3%	11.4%	17.7%	6.7%	17.4%
学校が活性化	肯定群	度数		364	147	38	473	403	107	132	378	68	441
		%		83.7%	64.8%	79.2%	76.9%	77.8%	74.3%	83.0%	75.1%	89.5%	75.4%
	否定群	度数		71	80	10	142	115	37	27	125	8	144
		%		16.3%	35.2%	20.8%	23.1%	22.2%	25.7%	17.0%	24.9%	10.5%	24.6%

児童生徒の変容

成果認識項目				積極群	消極群	積極群	消極群	積極群	消極群	積極群	消極群	積極群	消極群
児童生徒の学習意欲向上	肯定群	度数		255	84	32	307	274	64	103	235	52	285
		%		59.0%	37.2%	66.7%	50.2%	53.2%	44.8%	65.2%	47.0%	68.4%	49.1%
	否定群	度数		177	142	16	304	241	79	55	265	24	296
		%		41.0%	62.8%	33.3%	49.8%	46.8%	55.2%	34.8%	53.0%	31.6%	50.9%
生徒指導の課題解決	肯定群	度数		214	74	30	258	232	56	89	199	37	251
		%		49.7%	32.7%	62.5%	42.3%	45.1%	39.2%	56.0%	40.0%	48.7%	43.2%
	否定群	度数		217	152	18	352	282	87	70	299	39	330
		%		50.3%	67.3%	37.5%	57.7%	54.9%	60.8%	44.0%	60.0%	51.3%	56.8%

教職員の変容

成果認識項目				積極群	消極群	積極群	消極群	積極群	消極群	積極群	消極群	積極群	消極群
教職員の意識改革	肯定群	度数		365	155	42	478	411	108	129	390	68	450
		%		83.9%	68.3%	87.5%	77.7%	79.5%	74.5%	81.1%	77.5%	89.5%	76.9%
	否定群	度数		70	72	6	137	106	37	30	113	8	135
		%		16.1%	31.7%	12.5%	22.3%	20.5%	25.5%	18.9%	22.5%	10.5%	23.1%
教職員の子どもと向き合う時間の増加	肯定群	度数		107	26	15	118	110	23	41	92	16	117
		%		24.6%	11.5%	31.3%	19.2%	21.2%	16.0%	25.8%	18.3%	21.1%	20.0%
	否定群	度数		328	201	33	497	408	121	118	411	60	468
		%		75.4%	88.5%	68.8%	80.8%	78.8%	84.0%	74.2%	81.7%	78.9%	80.0%

保護者・地域連携の変容

成果認識項目				積極群	消極群	積極群	消極群	積極群	消極群	積極群	消極群	積極群	消極群
学校に対する保護者や地域の理解の深まり	肯定群	度数		379	175	40	515	435	119	135	419	64	489
		%		86.9%	77.1%	83.3%	83.6%	84.0%	82.1%	84.4%	83.3%	84.2%	83.4%
	否定群	度数		57	52	8	101	83	26	25	84	12	97
		%		13.1%	22.9%	16.7%	16.4%	16.0%	17.9%	15.6%	16.7%	15.8%	16.6%
保護者や地域からの苦情が減少	肯定群	度数		226	85	29	282	253	58	88	223	41	269
		%		52.0%	37.6%	60.4%	45.9%	48.9%	40.3%	55.3%	44.4%	53.9%	46.1%
	否定群	度数		209	141	19	332	264	86	71	279	35	315
		%		48.0%	62.4%	39.6%	54.1%	51.1%	59.7%	44.7%	55.6%	46.1%	53.9%

学校外の変容

成果認識項目				積極群	消極群	積極群	消極群	積極群	消極群	積極群	消極群	積極群	消極群
地域教育力が向上	肯定群	度数		282	97	32	347	306	72	105	273	56	322
		%		65.0%	42.7%	66.7%	56.5%	59.2%	50.0%	66.0%	54.4%	73.7%	55.1%
	否定群	度数		152	130	16	267	211	72	54	229	20	262
		%		35.0%	57.3%	33.3%	43.5%	40.8%	50.0%	34.0%	45.6%	26.3%	44.9%
家庭の教育力が向上	肯定群	度数		163	59	22	200	172	49	65	156	35	186
		%		37.6%	26.0%	45.8%	32.6%	33.3%	34.0%	40.9%	31.1%	46.1%	31.8%
	否定群	度数		271	168	26	414	345	95	94	346	41	398
		%		62.4%	74.0%	54.2%	67.4%	66.7%	66.0%	59.1%	68.9%	53.9%	68.2%

など学校外の変容にも関係していることが分かる。

以上の結果をまとめると、学校運営協議会の権限外活動と校長の成果認識との関係性は**表3-3-4**に示したようになる。すでに述べたように、「学校支援活動」が成果認識に強く関係し、反対に「学校評価」はそれにほとんど関係していない実態にある。その意味で、学校支援活動は、コミュニティ・スクールの成果の鍵を握る要因であると考えられるのである。

表3-3-4　学校運営協議会の権限外活動と成果認識との関係性

	成果認識項目／権限外活動	学校支援活動を実施	保護者の苦情に対応	学校評価を実施	地域行事を計画	学校行事を計画
学校運営の改善	学校関係者評価が効果的に実施	◎		◎		○
	学校が活性化	◎				◎
児童生徒の変容	児童生徒の学習意欲向上	◎	△		◎	△
	生徒指導の課題解決	◎	△		◎	
教職員の変容	教職員の意識改革	◎	△			△
	教職員の子どもと向き合う時間の増加	◎	△			
保護者・地域連携の変容	学校に対する保護者や地域の理解の深まり	◎				
	保護者や地域からの苦情が減少	◎	△		○	
学校外の変容	地域教育力が向上	◎	△	△	○	◎
	家庭の教育力が向上	◎	△		○	○

注：◎＝強い有意な関係あり（p<0.01）、○＝有意な関係あり（p<0.05）、△＝ある程度関係有り（数値差約10ポイント以上）

まとめ－提言－

最後に、以上の調査結果等をまとめながら、学校運営協議会を置くコミュニティ・スクールの今後の課題について提言的に述べてみることにしよう。

第一に、構想段階ではチャーター・スクール的要素を持ちながらも、これを切り離した形で創設されたコミュニティ・スクールは地域・保護者による学校運営参画制度に位置づけられ、そのためスクール・ガバナンスという意

義に加えて、学校支援や学校評価など多様な実践を推進する仕組みとしての意義を併せ持つようになった。法的にはスクール・ガバナンスを実現する制度として３つの権限を付与されたが、実際には地域の実情に応じて、学校支援等の権限外活動を派生的に行うようになり、これら活動がもたらす「周辺的成果」が注目されてきている。その意味で、「周辺的成果」の在り方が今後のコミュニティ・スクールの普及に大きく影響すると言ってよく、本来の役割でないとは言え、その成果につながる権限外活動の充実が期待されることになる。

　第二に、学校運営協議会の権限外活動のうち、「学校評価の実施」や「学校行事計画立案」よりも、「学校支援」や「地域行事計画立案」、「苦情対応」などが成果認識に関係することが明らかにされた。このことは、むしろ、学校運営協議会の法的権限に基づく「協議」から離れた活動の方が高い成果につながる可能性を示唆する。つまり、「学校評価」や「学校行事」は学校改善そのものに関わる事項として学校運営協議会の「協議」対象となり得る可能性が高いのに対して、「学校支援」や「地域行事」「苦情対応」は主体が学校ではなく、保護者や地域であり、学校運営協議会の派生的ないしは付加的な活動に属するが、むしろ校長の成果認識を高めている。このことから、学校運営協議会の活動を広げていき、「周辺的成果」を高めることがコミュニティ・スクール普及の重要な課題になると言えるわけである。

　第三に、学校運営協議会の権限外活動の中でも、特に「学校支援」は様々な成果認識と強い関係にあり、実際に多くの成果につながる可能性が高い。たしかに、学校支援地域本部事業の導入によってもそれら成果は得られるだろう。しかし、筆者らの前出の調査によれば、学校運営協議会と地域本部を併設しているコミュニティ・スクールの方が地域本部のみの学校よりも校長の成果認識が高いという結果が得られたことから、コミュニティ・スクールの学校支援活動の内実が成果を左右するものと思われる。支援活動の回数や深み（教科にまで及ぶか否かなど）、「事業」ではなく「制度」としての定着度などが関係しているのではないか。この点については、他稿に譲ることとしたいが、今後、コミュニティ・スクールにおいては「学校支援」の充実が課題になることを指摘しておきたい。

第3章　義務教育制度　161

　第四に、学校運営協議会委員の社会的構成の問題を解決するためにも学校支援活動の充実が求められる[12]。委員には、経済的余裕のある人や地域の有力者などに偏ることが問題視されているが、この問題は教育委員会制度の問題としてもその創設時から指摘されていたように、解消困難な課題である。しかし、コミュニティ・スクールにおいては、保護者や地域住民などのステーク・ホルダーが学校支援活動を媒介にしながら、学校運営に間接的に参画することが可能である。実際、学校支援に関わる人にも偏りはあるが、学校運営協議会委員に比べれば、関与者の広がりが期待できるはずである。

　第五に、学校支援活動の充実がコミュニティ・スクール普及の鍵を握るが、もともと学校のガバナンスの仕組みとして登場した学校運営協議会本来の役割を確実に発揮されることが不可欠な課題になる。そのためには、学校運営協議会と学校支援活動・組織との関係の在り方が模索される必要がある。少なくとも、現在のコミュニティ・スクールにおいては、スクール・ガバナンスを実現するための下地づくりの一環として「学校支援」を位置づけるよう努めることが課題になる。

注

1　金子は、構想当初のコミュニティ・スクールに「アメリカのチャーター・スクールの考え方採り入れた」と述べている（金子郁容・鈴木寛・渋谷恭子『コミュニティ・スクール構想』岩波書店、2000年、p.123）。
2　黒崎勲『新しいタイプの公立学校』同時代社、2004年、p.54。
3　足立区立五反野小学校理事会『コミュニティ・スクールへの挑戦（文部科学省実践研究指定・研究報告書）』足立区教育委員会、2005年1月、p.2。「地域立」という言葉を当時の大神田理事長は盛んに用いているが、定義ははっきりしない。ただ、その言葉は、恐らく金子郁容のコミュニティ・スクール構想への誤解から生じたように思われる。つまり、金子は地方自治体がコミュニティ・スクールの設置を決めて、これに対して地域との関わりのある有志が応募して設立される学校だと述べ、いわばチャーター・スクール的な学校をイメージしていたので、その意味で「地域立」と解すべきであったが、五反野小学校学校理事会は地域が既存の学校運営に強い関わりを持つことを「地域立」だと解したものと思われる。なお、埼玉県志木市で2004年に「地域立学校」を教育特区構想に据えていた。
4　同上、p.48。

5 同上、pp.10-12。
6 大神田賢次『日本初の地域運営学校』長崎出版、2005年、pp.166-167。
7 西川信廣「コミュニティ・スクールとスクール・ガバナンス―関西地方の事例から―」日本教育経営学会紀要、2012年、54号、p.115。
8 コミュニティ・スクール研究会(代表:佐藤晴雄)編『平成23年度文部科学省委託調査研究―コミュニティ・スクールの推進に関する教育委員会及び学校における取組の成果検証に係る調査研究報告書』日本大学文理学部、2012年。2011年10月〜11月実施。ここでは、回収数:指定校675校の校長の回答数。
9 もともと医療の世界で、医師が複数の治療法を提示して、患者に選択させる手法のこと。つまり、意思決定を専門家だけに委ねるのではなく、その過程に利害関係者の意向を採り入れて行う考え方ないしは方法のことを言う。
10 岩永定「地方分権下におけるコミュニティ・スクールの特徴の変容」日本教育行政学会年報、37号、2011年、p.50。
11 西川、前掲、p.115。
12 たとえば、平田淳『「学校協議会」の教育効果に関する研究』東信堂、2007年、pp.101-102。また、教育委員会制度に関しては、三上昭彦『教育委員会制度論』エイデル研究所、2013年、pp.120-121。

> コラム4

学級規模縮小法案成立の一要因

星野 真澄（筑波大学大学院生）

　教員が児童生徒一人ひとりに向き合い、すべての児童生徒に行き届く教育を施すために、多くの国では学級規模を縮小し、きめ細かな教育環境条件を整備しようとする。日本では、国の定める学級編制の標準を1963年に50人、1968年に45人、1991年に40人へと引き下げて、学級規模縮小を実現してきた。2011年4月には20年ぶりに国の標準を40人から35人へと引き下げることになったが、その対象学年は公立小学校第1学年のみであり、2012年4月に予定していた小学校第2学年の標準の改正は実現しなかった。教員や教育関係者は、国の定める学級編制の標準をさらに30人へと引き下げることや、対象学年を広げて学級規模縮小を実現することを求めているが、国の定める学級編制の標準の引き下げは、教員定数の増員を必然的に伴い、多額の経常的支出を要請するため、財政的困難を突破できない状況が続いているのである。

　本コラムでは、多額の予算を必要とする学級規模縮小法案を成立させた米国カリフォルニア州を取り上げて、同法案成立の一要因を提示することとする。カリフォルニア州では、1996年に就学前教育から第3学年までの学級規模縮小プログラムを州の教育法典の中に規定し、成立から15年以上経過した今日まで、州レベルの取り組みとして継続的に実施している。このプログラムは、当時30人以上であった1クラスあたりの児童数を一挙に20人以下へと縮小するために、州が年間平均して約15億ドルを学区に配分する仕組みである。カリフォルニア州ではなぜこのように多額の予算を必要とする学級規模縮小プログラムを制定することができたのだろうか。

　1990年代のカリフォルニア州では、ヒスパニック系の移民が増えた結果、学校において英語を母語としない児童数が急増したのである。英語を母語とする児童と、英語を母語としない児童が、同じクラスの中で授業を受けており、教員は言語理解度の異なる児童一人ひとりの授業理解度を把握しながら、授業を進めなければいけない状況にあった。そのような状況の中、カリフォルニア州において低学年段階の学級規模縮小の要求を高めた出来事は、1994年に公表された全米学力調査(NAEP)の結果、第4学年におけるリーディングの成績が最下位であるという事態を受けたことが背景にある。国家レベルでは学力向上が最大の教育目標になっており、リーディングの成績が最下位であるという事実は、カリフォルニア州に衝撃を与えた。

　カリフォルニア州議会は、低学年段階の学級規模縮小の実施が、児童の学業成績の改善と、リーディングと算数の基礎的スキルの習得を促進させるものであると期待し

て、学級規模縮小プログラムを提案し始めた。州議会の中では児童の学業成績を改善させる方策として学級規模縮小の実現を目指すことに共通理解を得ていたのである。学級規模縮小法案に関しては、州議会の中だけではなく州議会の外でもその関心は高まっており、教職員組合、学区関係者、教育委員会、保護者、教育省など多方面から概ね賛成の支持を得ていた。

しかし法案の審議が進む中で、「学級規模に応じて教員の指導方法を変えなければ、学級規模縮小の効果は引き出せないのではないか」と費用対効果を懸念する声が表面化し、財務省や税務コンサルタントは、学級規模縮小プログラムの予算化に反対した。そのような中で、下院教育委員会は、「学級規模縮小の教育的利点を最大限に活かせるような教員の職能開発の提供を学区に義務付ける」提案を示したのである。審議の末、カリフォルニア州教育法典に規定された就学前教育から第3学年までの学級規模縮小プログラムには、同プログラムへの参加申請書の必須要件として、「学級規模縮小の教育的利点を最大限にするために必要な教員の職能開発」を提供することが学区に求められたのである。具体的には、①個に応じた指導、②少人数クラスにおける学級経営を含めた効果的な教授、③児童のニーズを認識して応える、④児童の個別の力をつける、という4種類の研修を含む教員の職能開発の提供を学区に要求している。

カリフォルニア州議会で最初に提案された学級規模縮小法案は、単なる人数の縮小に関する提案であり教員の職能開発は付随していなかったが、法案の審議過程において費用対効果を懸念した反対者の意見を取り入れて、学級規模縮小プログラムに教員の職能開発を付随させたのである。学級規模縮小と教員の職能開発をセットにしてプログラムを構築したことは、多額の予算を必要とする学級規模縮小プログラムを法制化することができた理由の1つであると言えよう。

参考文献

星野真澄「米国カリフォルニア州の学級規模縮小法案の成立要因－1996年の州議会における成立過程に着目して－」『教育制度学研究』第19号、日本教育制度学会、2012年、pp.241-255。

第4章

後期中等教育制度

第1節 「最若年移行困難層」への支援制度の拡充
　　　　　　　　　　　　　　　　　　　　　　藤田晃之　166

コラム5 米国のAVIDプログラム―不利な状況にある
　　　　生徒のための大学進学準備システム―　　福野裕美　183

第2節 高校教育改革の展望　　　　　　　　　　山﨑保寿　185

第3節 適切なる「学習評価」と「グローバル
　　　　人材育成」としての「学力向上」　　　　桑原哲史　202

コラム6 「未履修問題」が現代の教育制度に問うもの
　　　　　　　　　　　　　　　　　　　　　　松原悠　212

第4節 改革への見解と提言　　　　　　　　　　亀井浩明　214

コラム7 高校教育像の史的探究ノート　　　　　大脇康弘　222

第4章

第1節 「最若年移行困難層」への支援制度の拡充

藤田 晃之（筑波大学）

1 第2期教育振興基本計画が示す教育改革の方向性と本提言の意図

　2013(平成25)年6月14日、第2期教育振興基本計画が閣議決定された。本計画は、「知識を基盤とした自立、協働、創造モデルとしての生涯学習社会の実現」を基軸としつつ、今後5年間における教育行政の基本的方向性として次の4点を提示している。

1. 社会を生き抜く力の養成：多様で変化の激しい社会の中で個人の自立と協働を図るための主体的・能動的な力
2. 未来への飛躍を実現する人材の養成：変化や新たな価値を主導・創造し、社会の各分野を牽引していく人材
3. 学びのセーフティネットの構築：誰もがアクセスできる多様な学習機会を
4. 絆づくりと活力あるコミュニティの形成：社会が人を育み、人が社会をつくる好循環

　このうち「1」は、全ての教育段階を貫くものであり、この他の「方向性」を支える基盤として位置づけられる。また「4」は、第1期教育基本計画が「今後10年間を通じて目指すべき教育の姿」の一環として打ち出した「社会全体で子どもを育てる」という目標に基づき、更にそれを推し進めて社会全体の協働関係の強化をねらったものとして理解できよう。

　本稿で特に注目するのは、残りの二者、すなわち「未来への飛躍を実現する人材の養成(上記「2」)」及び「学びのセーフティネットの構築(「3」)」の内容と相互の関係である。

　まず、「未来への飛躍を実現する人材の養成」において本計画が掲げる「成果目標」の主文を以下に引用する。

第 4 章　後期中等教育制度　167

　「社会を生き抜く力」に加えて、卓越した能力を備え、社会全体の変化や新たな価値を主導・創造するような人材、社会の各分野を牽引するリーダー、グローバル社会にあって様々な人々と協働できる人材、とりわけ国際交渉など国際舞台で先導的に活躍できる人材を養成する。」

　次に、「学びのセーフティネットの構築」についても同様に、「成果目標」の主文を引く。

　「様々な困難や課題を抱え支援を求めている者に対して、生涯を通じて多様な学習機会を確保する。また、能力と意欲を有する全ての者が中等・高等教育を受けられるようにする。」

　これらの「成果目標」が示すように、第2期教育振興基本計画においては、今日の社会のニーズに応え得る優れた才能をもった人材の育成と、教育格差の是正とが同時に目指されていると言える。

　「未来への飛躍を実現する人材」の育成については、高等学校段階に範囲を限定しても、「スーパー・イングリッシュ・ランゲージ・ハイスクール(SELHi)」事業、「スーパーサイエンスハイスクール(SSH)」事業、国際バカロレアの理念を生かしたカリキュラムづくりを行う高等学校等の指定など、従来の教育課程行政の枠を超えた施策がこれまでも展開されてきた。更に、現在の安倍政権による「日本再興戦略」(2013年6月)が提示した「世界と戦えるグローバルリーダーを育てる新しいタイプの高校」の創設は、2014(平成26)年度から実現する可能性が強まり、「スーパーグローバルハイスクール(SGH)」として全国で100校程度指定を受けるとの報道も見られる[1]。第2期教育振興基本計画が目指す「未来への飛躍を実現する人材の養成」はすでに着実な展開を見せていると言えよう。

　その一方で、「学びのセーフティネットの構築」においては、後述の通り制度そのものの整備も十分とは言い難く、また、現行制度の活用すら満足し得る状態には至っていない。本稿は、「様々な困難や課題を抱え支援を求めている者」のうち、高等学校が直接的な支援を提供する主体の一つとなるべき、「高等学校から離学(中退・卒業)後1年以内の者のうち、職業への移行に際して特に困難や課題を抱える集団(以下、最若年移行困難層)」に焦点を絞り、その支援制度の拡充を求めるものである。本章が光を当てる後期中等教育諸学

校の中でも圧倒的多数の生徒が在籍する高校が、離学後間もないうちに大きな困難に直面する若者に対して必要な支援を提供し得る仕組みを整えることは、喫緊の課題の一つであると考える。

2 「最若年移行困難層」への支援制度の現状と課題

まず、最若年移行困難層の具体像を示し、彼らへの支援制度の現状と課題を整理しよう。

(1)「最若年移行困難層」とは

本稿で言う「最若年移行困難層」とは、高校学校を離学してから１年以内の者のうち、①高校中退者、②高校卒業後の就職を希望していながら３月末までに就職できなかった者、及び、③離職した者をさす。このうち、「②高校卒業後の就職を希望していながら３月末までに就職できなかった者」は、いわゆる「学卒一次就職」に際して具体的な困難に直面している点で「最若年移行困難層」の典型と言えよう。また「①高校中退者」は、他の学歴を有する者に比べニートと呼ばれる無業状態に陥る割合が圧倒的に高い[2]ことから、更に「③(高校卒業後１年以内に)離職した者」は極めて短い期間での離職により、職務経験や就業後に獲得した専門的な知識・技能を活かした再就職が困難であることから、それぞれ「最若年移行困難層」に含むものとした。

高校を離学して間もなく、社会人としても職業人としても極めて未熟な状態のままで大きな課題に直面している「最若年移行困難層」に対して、高校は第一義的な支援を提供する主要主体の一つとして役割を果たす必要がある。

これまで各種の調査[3]がその対象としてきた「早期離職者」は、「就職後３年以内の離職者」の総体をさすため、その範囲を高卒者に限定したとしても、常に高校が第一義的支援を提供すべきであるとは必ずしも言い難いように思われる。本稿では、ひとまず「最若年移行困難層」に焦点を絞り、高校が担うべき本来的な役割と、その基盤となるべき制度の在り方をめぐって考察を試みたい。

さて、このような「最若年移行困難層」と見なされる若者はどれほど存在するのだろうか。

2011(平成23)年度の1年間に限定してみると、当該年度内の高校中退者53,937人[4]、高校卒業後の就職を希望していながら3月末までに就職できなかった者12,425人(2011年3月卒業)[5]、高校卒業後1年以内に離職した者32,890人(2011年3月卒業)[6]、その合計は99,252人に及ぶ。直近の5年間の推移は**表4-1-1**の通りである。

表4-1-1　「最若年移行困難層」として見なされる者の推移(2007年度〜2011年度)

	高校中退者(人)	高校卒業後の就職を希望していながら3月末までに就職できなかった者(人)	高校卒業後1年以内に離職した者(人)	合計(人)
2007(平成19)年度	72,854	13,637	40,321	126,812
2008(平成20)年度	66,243	11,412	36,444	114,099
2009(平成21)年度	56,947	13,840	30,099	100,886
2010(平成22)年度	55,415	15,325	29,597	100,337
2011(平成23)年度	53,937	12,425	32,890	99,252

資料：高校中退者については文部科学省2012「平成23年度　児童生徒の問題行動等生徒指導上の諸問題に関する調査」、未就職者については文部科学省「高等学校卒業者の就職状況に関する調査」(各年度3月末現在)、離職者については厚生労働省2013「新規学校卒業就職者の在職期間別離職状況」によった。

(2)「最若年移行困難層」への支援制度の現状

　近年、文部科学省、厚生労働省、経済産業省の連携により、学校から職業への移行に困難を抱える若者に対する支援は充実してきている。しかしながら、それらの多くは、個別の就職活動を基本とする大学生を主たる対象とする傾向にある。例えば、上記3省の連携によって実施された「未内定就活生への集中支援2013」(集中支援期間：2013(平成25)年1月18日から3月末まで)における、「未内定の学生・生徒に『就職をあきらめさせない』ためのジョブサポーターと大学の就職相談員等との連携による個別支援の徹底」、「地域の大学等との連携による中小企業と大学生等とのマッチング等の実施(地域中小企業の人材確保・定着支援事業)」「(大学生の利用を前提とした[引用者])新卒応援ハローワークにおける臨床心理士による未内定の学生・生徒等の心理的ケアの実施」などがその例となろう。

　各高校においては、就職を希望する一人ひとりの生徒に対してきめ細やか

に指導し、ハローワーク(公共職業安定所)からの業務分担に基づく就職先の紹介を含めて、一貫した支援が提供される。公的な就職支援拡充施策の多くがその対象の中心を大学生とするのは、妥当性・必然性を伴ったものと言えよう。しかし、それゆえに、本節で言う「最若年移行困難層」を支援する仕組みとして十分に機能しているとは言い難い。

　また、フリーターなど不安定な就労状況にある若者に対する公的支援も、「最若年移行困難層」にとって、利用しやすい状況にはなっていない。例えば、都道府県が設置し、一般に「ジョブカフェ」と呼ばれる「若年者のためのワンストップサービスセンター」では、就職セミナー、企業等での短期体験プログラム、職業相談など、多様なサービスが利用できる。しかし、フリーター状態に長くとどまる「年長フリーター」の問題が指摘されてから、多くのジョブカフェにおいて30代の若者の利用促進施策がとられるようになり[7]、当該年齢層の利用も増えてきている。例えば、ジョブカフェちば(千葉県船橋市)の2012(平成24)年度中の利用者のうち、15〜19歳は全体の3.8％にとどまり、ジョブカフェ制度の創設時には想定していなかった35〜39歳(7.8％)の約半数となっている。なお、利用者のうち最も多い年齢層は20〜24歳(47.4％)、次いで25〜29歳(28.6％)であった[8]。

　「最若年移行困難層」の若者の多くは、自ら支援を求めて公的機関に足を運ぶ経験に乏しい。とりわけ高校中退者は年齢も低く、場合によっては、そこで渡される書面等を十全に理解する上での困難を伴うケースも想定される。成人利用者が大半を占める施設において支援を提供しても、その支援が彼らに届くことは期待しにくいだろう。

　このような中で、「最若年移行困難層」に対する有効な支援を提供し得る制度として特筆すべきは、「地域若者サポートステーション(以下、本稿ではその通称に従い、「サポステ」と呼ぶ)」であろう。

　サポステは、学校から社会への移行に困難を抱える若者、特に無業状態にある若者を対象に就業につながる支援を提供することを目的として、2006(平成18)年に創設された制度である。それぞれのサポステは、厚生労働省から委託をうけた団体が設置・運営するもので、創設年度においては全国に25カ所に置かれ、2013(平成25年度)には160カ所にまで拡大してきている。

サポステが提供するサービスは、「相談支援事業」、「サポステ・学校連携推進事業」、一部のサポステにおいて実施される「若年無業者等集中訓練プログラム事業」の3つに大別される。

- 「相談支援事業」においては、キャリア・コンサルタントなどによる職業的自立に向けた専門的相談（通所型・家庭訪問型）、各種セミナーを通じた情報提供、職場での短期体験などの参加型プログラムの他、ハローワーク・ジョブカフェ・保健福祉機関等への紹介などが行われる。
- 「サポステ・学校連携推進事業」では、在学生に対するアウトリーチ（学校での支援）、サポステと学校等との中退者情報の共有による中退者支援の強化、不登校期間が長期に及ぶ者等に対する学び直し支援などが提供されている。
- 「若年無業者等集中訓練プログラム事業」は、合宿形式を含む生活面等のサポートと職場実習等の訓練を集中的に実施するもので、2013年（平成25）年7月現在で15のサポステにおいて提供されている[9]。

このように、サポステにおける支援の内容とその提供方法は、他の支援機関とは一線を画するものであり、「最若年移行困難層」にとっても有効な仕組みとして注目に値する。とりわけ、家庭と学校双方へのアウトリーチは、「最若年移行困難層」と見なされる若者にとっても、その状況に陥る可能性が相対的に高い生徒にとっても有効な手立てとなろう。サポステが高等学校と連携することによって、断絶や空隙のない支援の提供が期待できる。また、規則的な生活や他者との円滑なコミュニケーションなど、社会に参画し、職業的自立を果たす上で基盤となる習慣やスキルを、実体験を通して身に付けさせようとする集中型訓練も、一部の「最若年移行困難層」の若者にとって必要かつ有効な方策となり得る。

以下の紙幅ではサポステに論点を絞って、その活用をめぐる課題、及び、本制度そのものに内在する本質的な課題について考察を進めたい。

3 サポステの活用を阻むもの

既に述べたとおり、「最若年移行困難層」の若者たち、及び、そのような状況に陥る可能性が高い生徒たちにとって、サポステからの支援は有効に機能

する可能性が高い。しかし現段階において、サポステはその力を十分に発揮できる状況に置かれていない。ここでは、具体的なデータを示しながら、サポステによる支援が活かされていない現実を浮き彫りにする。

(1) 離学後に起こり得るリスクを直視しない・させないキャリア教育実践

　はじめに、国立教育政策研究所生徒指導・進路指導研究センターが、2012(平成24)年10月～11月に実施した「キャリア教育・進路指導に関する総合的実態調査」の結果に目を向けよう。毎年度、まったく意思に反する結果ではあるにせよ、約10万人におよぶ「最若年移行困難層」の若者を社会に送り出している高校は、離学直後に起こり得るリスクについて、どのような指導をしているのだろうか。

　まず、「高校卒業後就職した者の約4割、大学卒業後就職した者の約3割が、就職後3年以内に離職していること」に関する指導についての解答結果を挙げる(**表4-1-2**)。

表4-1-2　学卒者の早期離職に関する指導状況(高等学校・2012年)

	1年生	2年生	3年生	なし
指導実施予定(計画)がある学校 (管理職による回答) (％)	43.8	48.3	71.6	17.6
高校3年生のホームルーム担任による回答(％)	重要な動向として伝えている	社会的な変化の一つとして概略的に伝えている	生徒に伝える機会を設けてこなかった	
	44.1	41.2	14.7	

資料：国立教育政策研究所生徒指導・進路指導研究センター 2013『キャリア教育・進路指導に関する総合的実態調査第1次報告書』p.237、p.266。

　この結果からは、離学後のリスクの一つである早期離職については、大多数の学校で指導されていると言える。しかし、「就職後の離職・失業など、将来起こり得る人生上の諸リスクへの対応に関する学習」について見ると、状況は異なる(**表4-1-3**)。

　就職後の離職・失業などを具体的に想定し、その対応について計画的に指導している学校は約半数にとどまり、高校3年生のホームルーム担任に

表4-1-3　将来起こり得る諸リスクへの対応に関する指導状況（高等学校・2012年）

指導実施予定(計画)がある学校 (管理職による回答)（％）	1年生	2年生	3年生	なし
	16.4	18.2	44.9	49.3

資料：国立教育政策研究所生徒指導・進路指導研究センター2013『キャリア教育・進路指導に関する総合的実態調査第1次報告書』p.239。

　よる回答を見ても、これらのリスクに関する「情報提供や生徒主体の情報収集に取り組んでいる」と回答した者は、全体の30.1％に過ぎなかった[10]。また、過年度卒業生のうち、「学校や職場で学んだり働いたりすることが困難な問題が起こったときに相談できる機関（選択肢として、上級学校の就職支援センター、ハローワーク、労働基準監督署などが列挙される）」について、高校在学にいずれの機関についても「情報提供はなかった」とする回答は16.8％、「情報の提供の有無について覚えていない」とする回答は45.8％であった。およそ6割の高校生は、リスクに陥ったときの相談窓口すら十分に把握しないまま卒業していることが推察される[11]。

　更に、卒業生に対する「追指導」の実施状況について、「していない」と回答した学校の割合を挙げれば、「大学、短期大学、高等専門学校へ進学した者への指導」65.3％、「専修学校・各種学校・職業訓練施設等へ進んだ者（予備校生を除く）への指導」69.9％、「就職者（家事従事者を除く）への指導」50.6％である[12]。就職者に対しても、約半数の高校は追指導を行っていない。

　これらの結果を踏まえると、高等学校のうち、「最若年移行困難層」の実情を詳細に把握しているケースは少数派にとどまると言えよう。また、早期離職の現状についての一定の学習はなされているものの、生徒に自らがその状況に陥った場合を想定させ、具体的な対処方策について学ばせる機会は、まったく不十分のままである。

(2) サポステの存在を知らない若者たち

　次に、サポステと学校との連携の状況を確認する。「キャリア教育・進路指導に関する総合的実態調査」によれば、サポステとの何らかの連携（講話等の依頼、学習発表会等への参加依頼等を含む）を「していない」と回答した学校は90.7％であった[13]。大多数の学校で、サポステとの連携はなされていない。

また、内閣府が2010(平成10)年7月～9月に高等学校中退者を対象に実施した調査によれば、サポステについて、「よく知っている」と回答した者が1.5％、「だいたい知っている」と回答した者が4.4％にとどまっている[14]。「最若年移行困難層」の若者であっても、その圧倒的多数は、必要な支援を得らえる可能性があるサポステの存在を知らないのが現実と言えよう。サポステの存在を高校在籍中に知らせる機会を提供してこなかった高校の責任は小さくない[15]。

(3) 高校との連携に困難を抱えるサポステ

　しかも、このような状況は、サポステの存在自体が十分に認識されていないことを背景として、高校側の意図を伴わずに生じた現状とは必ずしも言えない側面がある。

　2011(平成23)年度に、高校や家庭に対してアウトリーチ(訪問等)による支援を提供しているサポステ60カ所を対象に実施した調査によれば、「アウトリーチ事業をめぐる現状での課題」として最も多く挙げられたのは、「サポステ自体の社会的認知度の低さ」に並んで「高校側のサポステへの警戒感・拒否反応」であった(両者とも38.8％)[16]。また、このような「警戒感・拒否反応」の具体例として、「専門家である自分たちでも難しい課題を部外者であるサポステでどこまでできるのか」という不信感があるとの指摘も見られる[17]。

4　サポステ制度に内在する課題

　高校は「最若年移行困難層」への支援の提供主体の一つとして、その役割を果たす必要がある。無論、高等学校の教諭の職務は「生徒の教育をつかさどる」ことであり(学校教育法第37条第11項準用)、そこに離学した者への支援が当然に含まれるとは言い難い。しかし、戦後一貫して、卒業者に対する「追指導」は進路指導(その前身の職業指導を含む)の重要な要素として位置づけられてきたし、離学後間もない状況の中で困難な状況に直面している彼らに対して高校がきめ細やかな支援を提供するのは、当為としての原則であると考える。サポステとの連携・協力による支援の提供は、高校が担うべき社会的役割の一つではなかろうか。

これまで本稿では、高校とサポステとの連携・協力が不十分のままにとどまっており、サポステの存在すら知らない若者が圧倒的に多いことを指摘してきた。しかしながら、これらの問題が仮に改善されたとしても、次のような制度上の課題が残されている。むしろ、次のような課題の解決を抜きにした状況の改善は期待しにくいとも言えよう。

(1) 個人情報の共有

はじめに、基本的な課題であり、現在、解決のための糸口が見え始めてきた個人情報の共有について述べる。

とりわけ「最若年移行困難層」に対する支援においては、未然防止と初期対応が切れ目なく提供される必要がある。彼ら自身あるいは保護者からの自発的な支援要請等を待つ間に、彼らの直面する困難な状況は深刻さを増し、孤立状態へと移行する危険性が高い。高校がサポステとシームレスな連携・協力の下に支援を提供する上では、彼らの個人情報（氏名・住所・連絡先等）を共有することは不可欠である。

しかしながら、「行政機関の保有する個人情報の保護に関する法律」は、「その業務に関して知り得た個人情報の内容をみだりに他人に知らせ、又は不当な目的に利用してはならない」と定め（第7条）、地方公共団体の多くも同様の条例を整備し、公立学校に適用している。この規定は、「その業務に関して知り得た個人情報」を対象としており、「職務上知り得た秘密」に対象を限定する公務員の守秘義務よりも広範に及ぶものである。また、私立学校も「個人情報の保護に関する法律」が定める個人情報取扱事業者であることから、私立学校が生徒の個人情報を第三者に提供する際にも厳格な制限が適用される。

この点については、高知県が2007（平成19）年より創設し運用を続けている「若者はばたけネット」が先行的な事例として注目される。高知県では、「中学校卒業時及び高等学校等の中途退学時の進路未定者の個人情報を収集して若者サポートステーションに提供し、学校教育から切れ目のない就学や就労に向けた自立支援を行うことで、対象者の進路保障を確実なものとする」ことを目的に、①中学校を卒業するときに就学又は就職が決定していない者、

②高等学校、特別支援学校及び高等専門学校を中途退学するときに就学又は就職が決定していない者を対象として、対象者及びその保護者等の同意を得た上で、個人情報が県教育委員会生涯学習課に提出され、若者サポートステーションに提供される仕組みを整えている[18]（図4-1-1）。

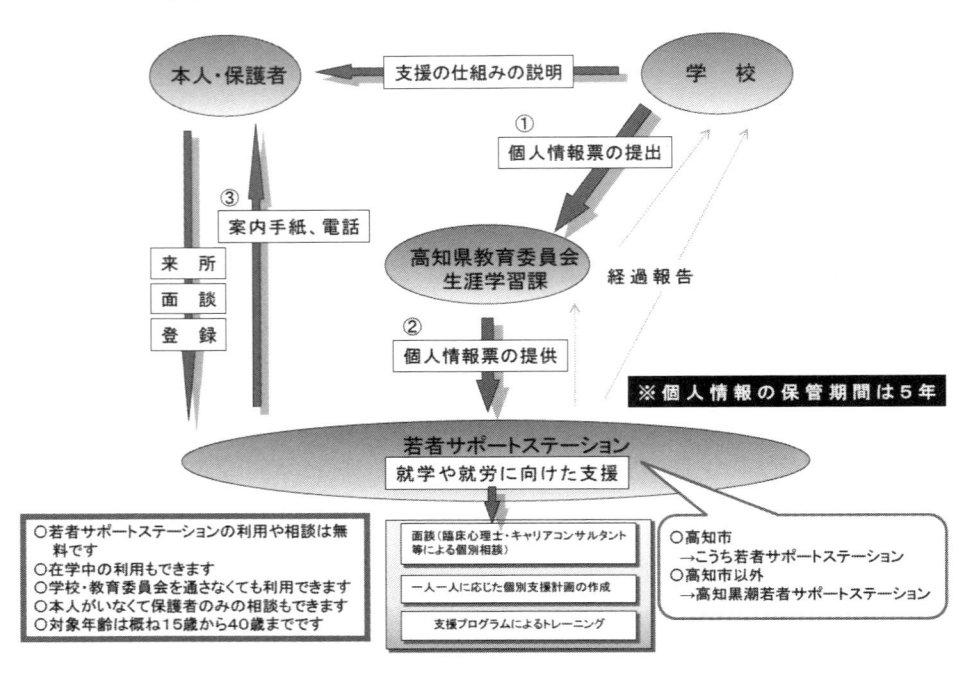

図4-1-1　高知県「若者はばたけネット」における個人情報票の流れと支援方法

出典：高知県「学校卒業時及び高校中退時の進路未定者に係る若者サポートステーション関係書類・県立高校用個人情報票の流れ」。http://www.pref.kochi.lg.jp/uploaded/life/64114_192105_misc.pdf

　このような仕組みを全国に広げる上では、文部科学省が2012（平成24）年に定めた「文部科学省所管事業分野における個人情報保護に関するガイドライン（平成24年3月29日文部科学省告示第62号）」[19]の活用が強く期待される。本ガイドラインは、個人情報の保護に関する法律が目的とする「個人の権利利益を保護すること」（第1条）を大前提としつつ、関係機関における共有を含む個人情報の利用のための原則を具体的に示しており、高校とサポステとの連携・協力を進める上での重要指針の一つとして見なされるべきであろう。

(2) 無償制の徹底

　サポステから提供される支援は、そのほとんどが無償である。これは、厚生労働省が、同省の施策目標の一つに「若年者等に対して段階に応じた職業キャリア支援を講ずること」を位置づけ、当該施策下の「若年者等雇用能力開発支援費」約23億円を全国のサポステの運営と関連調査研究等に充てているからである(2012年度執行額)。宮本みち子が指摘するように、日本における若年無業と貧困とは強く相関しており[20]、サポステによる支援の無償制原則は今後も堅持されるべきであろう。

　そして、現在サポステの一部で実施される有償型のプログラムについては、早急に無償化が図られる必要がある。有償型の典型として、合宿形式を含む生活面等のサポートと職場実習等の訓練を実施する「若年無業者等集中訓練プログラム事業」があるが、例えば、3ヶ月にわたる合宿プログラムを実施するいちかわ若者サポートステーション(千葉県市川市)の場合、参加者負担は1ヶ月98,000円(部屋代・光熱費・消耗品費・食費として[世帯収入が300万円以下の場合には、1日あたり3,000円の減免措置])となっている[21]。

　無論、予算は無尽蔵ではない。対費用効果の検証も不可欠だろう。無償制原則の徹底は"絵空事"なのだろうか。

　ここでは、アメリカ合衆国のジョブ・コア(Job Corps)の例を見てみよう。

　1964年に創設されたジョブ・コアは、経済的に困窮した状況にあり、就業する上での困難に直面している16〜24歳までの若者を対象とした寄宿制の教育・職業訓練プログラムである。現在、全米125カ所のジョブ・コア・センターが開設されており、2011年度には55,301人が参加し、平均在留期間は8.9ヶ月であった。当該年度の参加者の年齢別割合を詳しく見ると、16・17歳が20.7％、18〜20歳が53.0％、21〜24歳が26.2％、24歳以上が0.1％となっており、人種別では黒人が51.0％と最も多い[22]。

　ジョブ・コアでは、訓練・教育費が無償であるにとどまらず、宿泊費・食費を含めて完全無償が原則であり、加えて、2週間ごとに小遣いが支給される。また、プログラム修了時にその達成の程度に応じて「修了祝い金 graduate benefits(最高1,000ドル[ミズーリ州 St. Louis Job Corps Center の場合[23]])」の支給もある。

このような、ジョブ・コアにおける教育・訓練の成果について、2000年に実施された対費用効果検証によれば、教育訓練投資金額1ドルに対し、米国社会が得た利益は2.02ドルに達すると評価された。この評価は、参加者の職業資格取得、収入の向上、犯罪率の低下、生活保護等の受給率低下などを総合的に判断して算出されたものである[24]。

(3) 支援プログラムの内容とその成果に対する社会的評価をどうするか

最後に、最も本質的な課題を挙げよう。上に挙げたジョブ・コアがその典型であるように、欧米の国々における「最若年移行困難層」に相当する若者の支援においては、職業訓練をその柱の一つとして位置づけることが多く見られる。職業資格の取得によって就業への道を開きつつ、職業人・社会人として必要となる基礎的・汎用的な能力(規則正しい生活習慣、円滑な人間関係の形成、ストレスや怒りなどへの対処方策など)も同時に身に付けさせることが、大多数のプログラムの主眼となっている。その前提には、「職務に人を採用する」ことを基本とする雇用慣行——それぞれの職務ごとに具体的かつ明確なジョブ・ディスクリプション(職務記述書)を定め、その職務にふさわしい知識・技能を有する者を採用する方式——である。それゆえ、目指す職務にふさわしい職業資格を取得することは、就業に自らを近づける上で不可欠なステップであると言えよう。

一方、日本においては、理工系技術者・工業系技能者・医療系専門職・法曹等を除いて、採用時に専門技能や職業資格が重視されることは少ない。多くの場合、新規採用時に求められるのは、コミュニケーション能力や積極性・協調性など、どの職務においても求められる汎用的な能力である。このような中で、「最若年移行困難層」に対する支援プログラムにおいてはどのような内容を中核とすることが望ましいのか、そして、それらのプログラムによって高められた能力をどのように評価し、就業へと結びつけていくのか。

例えば仮に、サポステによって提供される合宿形式を含む集中訓練プログラムを通して、規則正しい生活習慣が確立され、初対面の相手とも臆せず話せるようになり、ワープロや表計算などのソフトウエアを活用するための基本的スキルを獲得したとする。しかしこのような事実だけで、就業に直結す

る「切り札」になるとは限らない。場合によっては、いわゆる"普通の"若者と同等に近づいたことのみが示されるケースも想定されるだろう。ここに、同年齢層の若者に比べて"秀でた何か"が付加されなくては、彼らの就業への道のりは遠いままである。

　では、いったいそれは何なのか。欧米諸国のいわゆる職業訓練重視型の「先進事例」から、包括的なヒントを見いだすことは期待しにくい。

　おそらく、日本の「最若年移行困難層」が有する最大の強みは、成人にすら達していない状況においてきわめて困難な状況に直面した事実、そして、その困難から逃避せず、努力を重ねたこと自体ではなかろうか。困難な状況にあっても自らの可能性を信じて、粘り強く努力できることそのものが、学校から職業へのスムーズな移行を遂げた同年齢層の若者には模倣し得ない"秀でた何か"になり得る。仮に成果そのものが傑出したものとは言い難くとも、そこに至るプロセスこそが日本においては力を発揮するように思われる。

　この点を視野に収めると、高校とサポステとの連携の重要性は更に高まる。それぞれの生徒の家庭の状況までを把握し、彼らの学校での生活の様子もつぶさに見てきた高校教員だからこそ、彼らが直面する困難を、一般論として把握するにとどまらず、一人ひとりにとっての"辛さ"のレベルまで近づいて共感し得る。彼らがその辛さから逃避せずに、企業等が求める汎用的な能力を高める努力を重ねてきたプロセスを、彼らが自ら再構成し、就業に向かう確実なステップとして自認できるよう、高校とサポステが連携して支援することがまず求められる。ポートフォリオを活用したプロセスの整理などがその典型となるだろう。そしてサポステが、そのプロセスを企業（や、高度な職業技能が必要とされる分野の職業訓練機関等）に具体的に伝えるための支援を提供し、就業へと結びつけていくことが必要ではなかろうか。

5　提言

　高校に限らず、日本の学校では、「うちの子どもたち」「うちの生徒たち」という言葉が日常的に使われる。世界でも希なケースではあるが、日本では高等学校にまでホームルーム担任制が確立されており、多くの高等学校では、ホームルームごとの緊密な人間関係の中で日々の授業や学校生活が展開され

る。そして多くの場合、ホームルーム担任と生徒たちの間にも、その他の教師との間には存在しない相互の信頼関係が醸成される。「絆」と呼ぶにふさわしいケースも少なくないだろう。

　しかし、いったん生徒が中退・卒業などによって離学した後、高校と生徒たちの関係は一気に希薄になる。離学後1年以内に「最若年移行困難層」と見なされる状況に陥る若者が毎年約10万人にのぼることを看過してはならない。深い信頼関係にあった（少なくとも、教師からはそのような関係を構築しようとしてきた）生徒たちのうち、離学後間もない時期に困難に直面する者がいるとすれば、教師として彼らに必要な支援を提供しようと思うことは、ごく自然ではなかろうか。そして、そのような支援の提供は、高校が果たすべき社会的責任の一つとも言える。

　ところが、現実の高校の多くは、その責任を十分に果たせてはいない。サポステとの連携・協力を強め、教員が孤軍奮闘することなく「最若年移行困難層」に空隙のない支援を提供する仕組みを整える必要がある。そのためにも、生徒の個人情報の共有に必要なルール作りと、完全無償による個人支援、教育・訓練提供機関としてのサポステの確立は急務であろう。また、サポステにおいては、企業等が求める汎用的な能力を高めるプログラムを提供しつつ、困難な状況においてもなお当該プログラムに継続的に参加し続けたこと自体の価値を参加者自らが認識し、かつ、企業等からもその価値が認知され得るような工夫が求められる。いわゆる日本型雇用慣行は、大きく揺らぎを見せつつも、欧米型の「職務に人を採用する」方策へと全面転換している状況にはない。高校を離学して間もない若年者が困難を乗り越えることに努力したプロセスは、それ自体として正当に評価されるべきであるし、高校とサポステとの連携を基盤としたポートフォリオ評価等の工夫こそが、その道を拓く鍵を握っているのではなかろうか。

注
1　2013年8月15日「朝日新聞」朝刊など。
2　小杉礼子2005「若年無業・失業・フリーターの増加」『フリーターとニート』（小杉礼子編）勁草書房、p.12。
3　厚生労働省職業安定業務統計（毎年度）、労働政策研究・研修機構2007「若年

者の離職理由と職場定着に関する調査」、ジョブカフェ・サポートセンター2011「キャリア形成支援/就職支援についての調査結果報告書」など。
4　文部科学省2012「平成23年度　児童生徒の問題行動等生徒指導上の諸問題に関する調査」。
5　文部科学省2012「平成23年3月高等学校卒業者の就職状況(平成23年3月末現在)に関する調査」。
6　厚生労働省2013「新規学校卒業就職者の在職期間別離職状況」。(http://www.mhlw.go.jp/topics/2010/01/tp0127-2/dl/24-01.pdf)
7　例えば、経済産業省内に設置された「ジョブカフェ評価委員会」の第17回会議(2009(平成21)年6月30日)で配布された「資料2　ジョブカフェ機能強化地域における平成20年度事業評価・平成21年度事業目標」において、
- ジョブカフェの支援対象者について、30代後半の不安定就労者も積極的に支援対象とするため、40歳未満まで拡大し、ホームページやパンフレット等で周知(青森、愛知、岡山ほか)。
- 30代の登録者が近年倍増していることから、ジョブカフェ内に30代の利用者を支援対象とする「30代チャレンジ応援センター」を設置し、求人が多い各業界(福祉・介護・営業・販売等)で働くためのノウハウ講座として、業界研究や技能研修　などの特別の専門研修を実施(福岡)。

等の事例が報告されている。(http://www.meti.go.jp/committee/materials2/downloadfiles/g90630d02j.pdf)
8　ジョブカフェちば2013「利用者統計」。(http://www.ccjc-net.or.jp/~jobcafe/job/statistics/)
9　厚生労働省「若年無業者等集中訓練プログラム実施サポステ一覧(平成25年7月19日現在)」。(http://www.mhlw.go.jp/bunya/nouryoku/ys-station/dl/program_nintei.pdf)
10　国立教育政策研究所生徒指導・進路指導研究センター 2013『キャリア教育・進路指導に関する総合的実態調査第1次報告書』p.256。
11　同上、p.322。
12　同上、p.248。
13　同上、p.235。
14　内閣府2011『若者の意識に関する調査(高等学校中途退学者の意識に関する調査)報告書(解説版)』p.21。
15　国立教育政策研究所生徒指導・進路指導研究センター 2013『キャリア教育・進路指導に関する総合的実態調査第1次報告書』によれば、過年度に高校を卒業した者のうち、在学中にサポステの存在や役割、利用方法などについての情報を得た者は0.9%にとどまっている(p.322)。

16 公益財団法人日本生産性本部若者自立支援中央センター 2012『「高校中退者等アウトリーチ」ワーキンググループ報告書』p.52。
17 同上、p.104。
18 高知県教育委員会2012「中学校卒業時及び高校中退時の進路未定者に係る若者サポートステーション関係書類」。(http://www.pref.kochi.lg.jp/soshiki/310401/saposute.html)
19 文部科学省2012「文部科学省所管事業分野における個人情報保護に関するガイドライン(平成24年3月29日文部科学省告示第62号)」。(http://www.mext.go.jp/b_menu/koukai/kojin/info/1321223.htm)
20 宮本みち子2004「社会的排除と若年無業」『日本労働研究雑誌』Vol.49、No.12。
21 いちかわ若者サポートステーション2013「集中訓練プログラム」。
(http://www.ichikawa-saposute.com/集中訓練プログラム/)なお、厚生労働省による「平成24年国民生活基礎調査」の結果によれば、年収300万円未満の世帯が占める割合は全世帯の32.3％に達するが、児童(18歳未満の未婚の者)がいる世帯に限定した場合、その割合は12.4％にとどまっている(統計表第6表)。当該減免措置対象となるのは、極度に困窮した世帯の若年者のみに限られると言えよう。
22 Job Corps 2013 Job Corps Data. (http://www.jobcorps.gov/Libraries/pdf/who_job_corps_serves.sflb)
23 St. Louis Job Corps Center 2013 Benefits. (http://stlouis.jobcorps.gov/benefits.aspx)
24 藤田晃之・中島史明2004「アメリカにおける若年者就職支援施策の特質と課題」『諸外国の若者就業支援政策の展開―ドイツとアメリカを中心に』労働政策研究報告書No.1、日本労働政策研究・研修機構、p.138。

> **コラム5**

米国のAVIDプログラム―不利な状況にある生徒のための大学進学準備システム―

福野 裕美（岡山学院大学）

　米国でカリフォルニア州を中心に普及しているAdvancement Via Individual Determination（以下AVID）プログラムは、不利な状況にある生徒を対象とした大学進学準備システムである。
　AVIDプログラムに参加するのは、低所得層、大学進学第一世代、学力レベル中程度の生徒である。参加者はアドバンスト・プレイスメント・コースなどの大学レベルの厳格なカリキュラムの授業と、AVIDクラスという授業を履修する。このAVIDクラスでは、厳格なカリキュラムの授業を理解するため、文章の読み方や書き方、議論の仕方、ノートの取り方など、さまざまな学習スキルが教えられる。
　AVIDプログラムは、米国の教育制度改革とそれを成功裏に実現しようとした1人の教師の取り組みから始まった。1980年、カリフォルニア州サンディエゴのクレアモント高校では人種統合のための強制バス通学が実施された。それまで約8割の生徒が大学に進学していた同校に、低所得家庭のラテン系アメリカ人生徒とアフリカ系アメリカ人生徒が転入することとなったのである。
　こうした状況の中で英語教師スワンソンは、質を維持しつつ人種統合を達成することを試みた。彼女は転入生の中から学力レベルが中程度の32人の生徒を選び、彼らに大学進学者向けの科目を履修させるとともに、特別クラスを設けてその学習を支援した。結果、32人全員が大学に進学した。これが最初のAVIDプログラムである。
　その後、AVIDプログラムは他校にも普及し、現在では約4,900校の学校で実施されている。参加者の大半は無償・減額給食措置対象者、ラテン系アメリカ人やアフリカ系アメリカ人など、従来大学に進学していなかった層の生徒たちであるが、現在も多くの生徒が4年制大学への入学を認められている。
　さて、AVIDクラスで教えられる学習スキルの1つに「教室で成功する対話方法」がある。その内容は「最前列に座って、前傾姿勢になって、質問して、うなずいて、教師に話しかけなさい（Sit in the Front, Lean Forward, Ask Questions, Nod Your Head, Talk to the Teacher）」というものであり、頭文字をとって「スラント（SLANT）」と呼ばれる。詳しくは以下の通りである。
　　最前列に座りなさい：教室の最前列に座っている生徒は、授業により注意を払います。彼らは教室での議論や活動においてたくさん交流します。
　　前傾姿勢になりなさい：座席では前傾姿勢になりなさい。教師と他の生徒は、あなたが授業にとても興味を持っていると考えるでしょう。授業に興味を持って

いるようにふるまうにつれて、あなたは本当に興味を持つようになるでしょう。
　質問しなさい：教室での活動、議論、講義について重要な質問をしなさい。教師は、生徒のすべてに対して授業がうまくいっているか知りたいものです。一人の生徒の質問は、多くの生徒の授業理解を助けるでしょう。
　うなずきなさい：教師が授業中にあなたを見るとき、興味や同意を示すためにうなずきなさい。教師は無意識のうちに教室でより頻繁にあなたとやりとりし、あなたが積極的で、クラスで影響力のある生徒だと考えるでしょう。
　教師に話しかけなさい：教師は、打ち解けた関係で生徒と話すのを本当に楽しみます。教室の授業や活動について、教師にあなたの好意的なフィードバックを述べる時間をとりなさい。友好的な"こんにちは"や"さようなら"、またはあなたが気持ちよく思うことは何でも伝えなさい。

　米国におけるAVIDプログラム研究の第一人者であるMehanは、AVIDクラスにおいて学習スキルを教えることは、学校のいわゆる"隠れたカリキュラム"を明示的に生徒に教えることだと指摘する。また、「AVIDプログラムは、恵まれた家庭の生徒が家庭で暗黙に学ぶことを学校で明白に教える。ブルデューのいう恵まれた家庭の生徒が親から与えられる文化資本のいくらかを、AVIDプログラムは学校で不利な状況にある生徒に与える」と述べている。

参考文献

Mehan, H., et al., Constructing School Success: The Consequences of Untracking Low-Achieving Students, Cambridge University Press, 1996.

第4章

第2節　高校教育改革の展望

山﨑　保寿（静岡大学）

1　後期中等教育の二面的性格

　現在の高等学校進学率は98.3％（2012年3月）に達している。後期中等教育を担う高等学校は、完成教育と準備教育の二面的性格を有することから、中高・高大の接続に関する問題（荒井克弘2005、兼松儀郎2007）をはじめ、教育の共通性と多様性の問題、教育課程の必修制と選択制の問題、普通教育と専門教育のバランスに関する問題等を論点として検討されてきた（桑原2006）。これら高校教育の二面的性格に由来する問題は、教育機会の平等という本質的問題との間で輻輳しつつ高校教育改革に関わる様々な制度的問題の要因をなしている（山﨑2008）。高校教育改革においては、全体として個性化・多様化の理念と教育機会の平等の実現を目指しながらも、個々の学校では現実の学力階層構造の中でより上位の階層へ移入した度合いが、改革成果を表す実質的な指標として捉えられる傾向も見られる。

　高校教育改革で設置されてきた学校形態として、中高一貫教育校、総合学科、単位制高等学校があるが、後述するように、中高一貫教育校が他の学校形態の場合以上に質的変化を伴いながら増加している点が特徴的である。そこで以下では、前半で、高等学校教育の改革状況を踏まえ、後期中等教育の問題が凝縮されている中高一貫教育制度に焦点を当て、高校教育改革の課題と展望について考察する。後半では、後期中等教育における進路分化と社会的移行に関わる問題としてキャリア教育に関する行政施策の経緯に焦点を当てて検討を進める。

2　中高一貫教育制度の設立とその特徴

　後期中等教育の二面的性格は、教育課程の接続の問題、教育の多様化と選

択の問題、大学教育への接続の問題等、様々な問題を内包している。本稿では、そうした問題が顕著に表れる学校形態の一つとして中高一貫教育制度を取り上げる。中高一貫教育校は、中学校と高等学校の教育課程が一体的に接続しており、外部的には我が国で推進されている高校教育改革の影響を受けながらも、内部的には6年間の長期的な教育期間で教育目標を効果的に達成していくための方策を一般の高等学校以上に独自にとることができ（井島2005）、そこに高校教育改革の様々な側面を顕著に見ることができる。

　中高一貫教育制度は、1998年6月の学校教育法一部改正により、1999年度から中等教育学校、併設型、連携型の3つの実施形態により選択的に導入されてきた。学校教育法の一部改正は、1997年6月の第16期中央教育審議会第二次答申「21世紀を展望した我が国の教育の在り方について」を受けたものである。同答申は、中等教育の多様化を一層推進し、生徒の個性をより重視した教育を実現するために、現行の義務教育制度を前提としつつ、中学校と高等学校の制度に加えて、中高一貫教育制度を選択的に導入することを提言した。

　これにより、現行の中学校と高等学校の制度を維持しながら、新たな学校種として中等教育学校を創設するとともに、中高一貫教育を行うための中学校と高等学校の併設型、そして連携型の学校形態が導入されることになった。こうした導入形態を選択的に行うとしたことの理由としては、中等教育学校などの新たな学校制度の導入においても、戦後学校教育の根幹としての教育の機会均等の理念を高校教育の制度枠全体で保障するためである。そのため、既存の学校制度の維持と新たな学校制度導入とのバランスに配慮したものである。

　その後、2004年3月に中等教育学校および併設型中・高等学校に関する教育課程の基準の特例を認める法改正[1]がなされ、教育課程の編成を一層弾力的に行うことができるようになった。その結果、社会のリーダー的資質の養成、個性伸長、大学進学実績の向上、さらには設置都道府県全体の中等教育の活性化といった実質的目的に即した教育課程を編成することが従前以上に可能となり、そうした教育課程を効果的に実現できる学校形態としての中等教育学校と併設型中・高等学校の設立を後押しするかたちになった。

こうした状況の中で顕著に見られるのは、進学重視型の中等教育学校および併設型中・高等学校の開設数の増加である。しかも、旧制中学校等を前身とする公立中高一貫教育校数が総合学科、単位制高等学校の場合以上に増加している。こうした中で、中高一貫教育校の設立方針、教育目標、教育課程編成などの点において、質的変化がもたらされている。

3　中高一貫教育校の校数増加と質的変化
(1) 中高一貫教育校の増加指数

前述したように、2004年3月に中等教育学校および併設型中・高等学校に関する教育課程の基準の特例を認める法改正があり、以降における中等教育学校および併設型中・高等学校の中高一貫教育校の状況に変化が見られる。そこで、2004年を基準として、それ以降における中高一貫教育校の開設校数の状況を明らかにする。2004年を基準に、現時点(2013年)で判明している最近年である2012年およびその中間年(2008年)の指数を比較する。

表4-2-1から分かるように、2004年度以降において、中等教育学校および連携型中・高等学校の増加数に比して、併設型中・高等学校の開設数が大きく増加している。中高一貫教育校の数は、2005年現在までの中間段階で見ると、2008年4月時点で、中等教育学校36校、併設型219校、連携型79校の合計334校が設立されている。その後、2012年4月時点で、中等教育学校49校、併設型309校、連携型83校の合計441校が設立されている。

表4-2-2に示したように、2004年を基準とした2008年の学校数の指数は、連携型が1.20であるのに対して、併設型が3.17、中等教育学校が2.00と顕著な差がある。2004年を基準とした2012年についての学校数の指数は、連携型が1.26であるのに対して、併設型が4.48、中等教育学校が2.72と、2004年に対して一層顕著な差が見られる。このように、中高一貫教育校の3つの設置形態に関しては、中等教育学校と併設型中・高等学校の開設数が増加している。また、全国的に進学重視型の中高一貫教育校として、旧制中学校等を前身とする公立中高一貫教育校が増加している。

ここには、中高一貫教育校の設置者の側において、地域や保護者の期待に明確かつ実質的に応えようとする設立の姿勢を看取することができる。こう

した動向は、「規制改革推進のための第３次答申」（2008年12月22日）において、「いわゆるエリート進学校への併設等は、中高一貫校が『受験エリート校』化する蓋然性が大きく、設置の趣旨に反する」と懸念した状況が、その是非はともかくとして、生じているともいえる。

表4-2-1　2004年度を基準とした学校数（1）

設置形態＼年	2004年	2008年	2012年
中等教育学校	18校	36校	49校
併設型	69校	219校	309校
連携型	66校	79校	83校

表4-2-2　2004年度を基準とした増加指数（1）

設置形態＼指数	2008／2004	2012／2004
中等教育学校	2.00	2.72
併設型	3.17	4.48
連携型	1.20	1.26

（国・公・私立）

　ここで、同答申において、中高一貫教育校が受験エリート校化する懸念を示しているのは、次の考えが基本をなしているからである。すなわち、「私立の学校法人が創意工夫の発揮や不断の努力を重ねてきた結果確立した中高一貫教育というビジネスモデルに、授業料が無償という優位性を持つ公立学校が参入」することによって、「公立によるクリームスキミング及び官による民業の圧迫に当たる」という考えである。こうした考えから、同答申では、学力検査または学力を問う適性検査を禁止すること、３倍程度以上の倍率になる抽選を必須とすること、所得やハンディキャップ等の要件を出願資格に明記すること、エリート進学校への併設等を見直すこと、私立学校との協議の場を保障すること等を提言している。私立学校の立場から公立学校の役割を考えれば、中高一貫教育制度の制定当初の趣旨を重視した規制が当然考えられるであろう。

(2) 中高一貫教育校の質的変化

　このように、中高一貫教育校が質的変化を伴いながら増加している状況の中で、油布・六島(2006)は、全国295校の公立中高一貫教育校を対象とした調査を行っている。その結果、ゆとり教育政策の枠の中で、中等教育全体の多様化・複線化を趣旨として設立されてきた中高一貫教育が、「高校受験からの圧力の解放」「ゆとりのある学校生活」という側面は一定程度実現されているが、「複線的な中等教育」「多様な選択・選択肢の拡大」への貢献度は少ないことを明らかにしている。そのうえで、「大学受験」「進学」という点に生徒の期待が注がれ、中等教育学校と併設型中・高等学校で、大学受験を意識した教育課程が推進されていることを示している。こうした背景には、山田(2006)、菊地(2006)の指摘にもあるように、個々の学校レベルで社会的評価の高い学校へ変わるための学校再生の方向へ転換されているのであり、設置者である教育委員会の意向を越えて、保護者や地域の期待が強く働いていることを見て取れる。

　また、田中(2006)は、当初中高一貫教育校を設置することの意義が生徒や保護者の選択肢を広げ、中等教育段階の一層の多様化を図るとともに、中高一貫教育を施すことによって高校受験に追われることのないゆとりのある学校生活を送り生徒の個性を伸ばすことにあったのに対して、進学重視型の公立中高一貫教育校の増加が「エリート校化」「受験競争の低年齢化」をもたらしていることを指摘している。

　これらの研究により、中高一貫教育校は、当初の目的とは異なった質的変化を遂げているのであり、社会的評価の高い学校への有効な道筋への転換を伴いながら増加している状況が明らかである。一方、中高一貫教育校においても、社会的評価の高い学校への有効な道筋が狭められる教育内容では、現実的な学校の存在意義が問われるため、中高一貫教育制度導入の趣旨との狭間で苦慮している実情もうかがえる。公立中高一貫教育校においては、「大学受験」や「進学」への転換が、直接的に行われてきたわけではなく、本来の中高一貫教育制度導入の趣旨を、公立学校の教育的な価値や使命として維持しつつも、いかに地域や保護者の期待に応え得るかを模索してきたのであり、その帰結として社会的評価の高い学校への歩みをとってきたといえる。

実際、中高一貫教育制度の質的変化につながった例として、東京都の経緯がある。東京都では、東京都教育委員会の「中高一貫教育検討委員会報告書」(1999年4月)で都立中等教育学校の基本構想をまとめ、この基本構想をもとに、パイロットスクールとして都立大学附属高等学校を改編し、中等教育学校として都立桜修館高等学校を設置してきた。その後、2001年の「都立高校に関する都民意識調査」で、公立の中高一貫教育校の必要性について、「都立高校の半分程度」、「半分程度の区市町村に設置」、「都全体で10校程度以上、中高一貫教育校が必要である」との回答の合計が56.2％と過半数となった。また、必要だと考える中高一貫教育校のタイプについては、「幅広い教養の獲得」が最も多く、次に「進学に必要な学力の習得」、「外国語や国際的素養の習得」、「志や感性の育成」などが続いていることを踏まえ、導入すべき中高一貫教育校のタイプに関する検討が行われてきた(武蔵野地区中高一貫6年制学校基本計画検討委員会2006)。

その結果、中高一貫教育校の設置方針として、パイロットスクールの設置という当初の計画から一歩踏み込み、6年間一貫の継続教育の中で、教養教育を行い、社会の様々な場面、分野において人々の信頼を得てリーダーとなり得る人材を育成していくことを設置のねらいとすることになった。こうして、2005年度開設の中等教育学校である都立白鴎高等学校をはじめとして、2010年度までに10校の中等教育学校および併設型中・高等学校の設置計画が策定されたのである。このような経緯は、東京都に限らず各地で見られる[2]。

こうした経緯からも、大脇(2001)が指摘しているように、「公立における中高一貫教育の選択的導入は、その政策的意図における本音と建前の分裂、今後の中等教育制度構想が不明なこと、審議過程の不十分さ」などの問題点が現実のものとなっているのであるが、「中高一貫教育校が一般校への応用可能性を持った原理・原則を持つ研究校やモデル校として明確な役割が与えられるならば、矛盾を内包しつつも教育的意義や可能性を持つ」ものと考えられる。

したがって、中高一貫教育校の現実的役割を重視しながら、教育課程に共生型学びを取り入れることによって、地域との連携と教育成果の還元性を強

めることが重要になろう。

(3) 総合学科と単位制高等学校の状況

　以上に述べた中高一貫教育校の状況に比して、中高一貫教育校と並ぶ新しいタイプの高等学校として、総合学科と単位制高等学校の開設状況はやや異なっている。

　1994年から導入された総合学科は、普通教育と専門教育の総合化を制度的に実現する第3の学科として設置されてきた。総合学科の設置数は、文部科学省の「高等学校教育の改革に関する推進状況」(2012年度版)によれば、2012年4月現在で352校である。南本(2007)は、総合学科の校長を対象とした調査により、総合学科における教育の現状と課題を考察している。南本は、特に都市部の高校では、既存の高校を総合学科に改変することにより、総合学科の特色を生かして生徒の多様化に対応したことが、進学率の向上につながり社会的評価の変化が生じていることを明らかにしている。南本は、総合学科は小規模校での運営は難しく、適正な学級数の維持という課題があることを校長調査の結果によって示している。このように、総合学科に関しては、進学重視型の総合学科を展開した一部の例があるが、進学重視型が著しく増加しているという傾向があるわけではない。

　また、単位制高等学校の開設状況は、2012年4月現在で960校である。単位制高等学校は、1985年6月の臨時教育審議会第一次答申において、高等学校改革の一環として制度化が提言され、1988年から定時制・通信制課程で導入された。1992年6月の高等学校教育の改革の推進に関する会議第一次報告等を受け、1993年からは全日制課程でも設置可能となっている。単位制高等学校に関しては、全日制普通科の伝統的進学校が単位制に切り替え大幅な科目選択制を取り入れた学校は散見されるものの、進学重視型が著しく増加しているという傾向は顕著ではない。**表4-2-3**、**表4-2-4**は、表4-2-1および表4-2-2と同様の方法で作成したものである。これらから分かるように、総合学科、単位制高等学校の増加状況は、中高一貫教育校より緩やかである。それぞれの学校形態の開始年からの経過年数、学校開設に関わる困難度の問題、増加指数の母数とした2004年度における基準学校数等を

表4-2-3　2004年度を基準とした学校数(2)

設置形態＼年	2004年	2008年	2012年
総合学科	248校	334校	352校
単位制高校	591校	857校	960校

表4-2-4　2004年度を基準とした増加指数(2)

設置形態＼指数	2008／2004	2012／2004
総合学科	1.35	1.42
単位制高校	1.45	1.62

（国・公・私立）

勘案しなければならないが、中高一貫教育校の増加状況が、総合学科、単位制高等学校を指数的に上回っていることは明らかである。

4　中高一貫教育校の展望と改革課題

　以上に示した状況を踏まえれば、中高一貫教育校に関する今後の展望を含めた改革課題として、次の4点を挙げることができる。

　第1に、公立中高一貫教育校の基本路線は、教育の機会均等の理念を確保することを前提とすることである。公立の中等教育学校と併設型中・高等学校の開設が、私立の進学重視型の中高一貫教育校を補完する面があるとすれば、教育の機会均等の理念の面から望ましいことになる。しかし、中高一貫教育校全体として、一般の高等学校との学力格差や保護者の経済格差などが拡大していくことは十分に予想される。また、現在、私立中高一貫教育校の開設も進んでいることから、一定数の公立進学重視型中高一貫教育校の開設が必要との観点も首肯されるだろう。中高一貫教育校の設置計画を進める場合、こうした状況を考慮に入れると、都道府県の大学区に1校程度の公立中高一貫教育校の設置が現実的であると考えられる。

　第2に、中高一貫教育校を中心とした地域連絡協議会等を組織することである。中高一貫教育校開設のねらいの一つが、該当都道府県全体の中等教育の活性化にあるとするならば、地域連絡協議会等を組織することにより、中高一貫教育校における教育内容・教育方法等の成果を地域全体へ還元していく仕組みを作ることが、公立学校として地域の期待に答えることなる。そう

した仕組みの中心的位置に中高一貫教育校を置き、義務教育を巻き込んだ地域全体の教育活動の活性化につなげることが重要になる。

　第3に、教育課程と学校経営の形態を検討することである。公立中高一貫教育校こそ、受験エリート教育に偏しない全人的な視点に立ったリーダーを育成するよう、学校経営の仕組みを整える必要がある。例えば、学校評議員制度を活用して、学校外部の専門家による広い視点から、学校教育目標の妥当性や教育活動がリーダー育成として相応しい内容になっているかを検討することである。学校関係者評価の項目にも、そうした事項に関連する項目が必要であろう。また、現在、小・中学校で増加している学校運営協議会制度を適用したコミュニティスクールの形態を持つことも重要な選択肢であると考えられる。

　第4に、共生型学びの重視である。進学重視型の中高一貫教育校においても、共生型学びの概念を基本にして、社会の各分野のリーダーおよびスペシャリスト等として将来の社会形成の一翼を担う意識を涵養することが一層重要である。そのために、中高一貫教育校の教育課程において学習内容の先取りや個性伸長の教育を実施することでよしとせず、参加型、地域還元型の学習を取り入れた共生型学びの形態を進めることである。そうした点で、シティズンシップ教育やキャリア教育を導入することに意義がある。こうした方法により、国際化社会に生きる教養高いリーダーの育成というマクロな観点と地域連携・地域還元というミクロな観点を複合的に組み合わせた教育目標・教育課程により中高一貫教育の推進を図ることが今後とり得る有効な方向である。

5　後期中等教育におけるキャリア教育
(1) 高校生の進路に関する問題状況

　後期中等教育の問題として、生徒の進路分化と社会的移行に関する視点を欠くことはできない。我が国では、経済・産業構造の変化やそれに伴う雇用形態の多様化、少子化・高齢化などの社会構造変化を背景として、若者の進路に関する状況が大きく変容している。フリーター、ニート（NEET：Not in Education, Employment or Training）、ワーキングプアなどの問題が社会問題化

しており、若者にとって、将来が不透明で困難な状況が生まれている。将来の不透明さを表すのが、若者の早期離職の問題である。中学校・高等学校・大学卒業後3年以内の早期離職者の状況を称して、七五三現象といわれることがある。実際、厚生労働省「新規学卒就職者の在職期間別離職率の推移」(2012年)によると、新規学卒就職者の卒業後3年以内の早期離職者は、中学校卒が64.2%、高校卒が35.7%、短大卒が39.3%、大学卒が28.8%と深刻な状況である(厚生労働省「新規学卒就職者の在職期間別離職率の推移」3年目は2009年3月時点、1年目は2011年3月時点)。卒後3年以内の早期離職者の比率は20年以上同様の状況が続いており、2013年現在より20年前の1993年に比べ、高校卒で4.6%低くなっているものの、大学卒では4.5%高くなっている。それだけ、若者にとって将来展望が見えにくい不透明な社会状況が到来している。

また、文部科学省の2012年度学校基本調査によると、2012年3月に高等学校を卒業した生徒の大学等進学率は53.5%（前年度53.9%）、就職率は16.8%（同16.3%）、進学も就職もしていない者の比率は4.9%（同5.4%）である。2005年度以降、大学等進学率が50%を超えた状態が続いている。高学歴化の進行により若者の社会的自立が先に延びており、キャリア発達上の問題も少なくない。こうした状況が後期中等教育を担う高等学校を取り巻いている。

(2) キャリア教育の必要性

このように、現代の高等学校および高校生を取り巻く状況は、不透明で複雑である。高卒・大卒後も未就職・無業者(ニート)であったり、正規職員としての就職を望まない若者(フリーター)の実態は、若者の勤労観・職業観という点で必ずしも望ましいものとはいえない。フリーター・ニートや早期離転職者が若年層に増加していることから、雇用状況・雇用形態の見直しが必要であるとともに、高校生の段階において必要な職業意識を醸成し職業観・勤労観を身に付けていくことが求められている。社会的・経済的環境の変化に応じたキャリア教育が必要とされる所以である。

後期中等教育を担う高等学校においても、高校生が社会の変化に対応し、

将来を生きる力を身に付け、主体的に自己の進路を選択・決定できる能力を有していくことが求められている。生徒の多様な興味・関心や進路に対応する高等学校教育の施策を示すことが行政的課題になっており、地域および生徒の実態を踏まえ社会の変化に対応したキャリア教育を推進していく必要が生じている(山﨑2005)。

6 キャリア教育推進の施策と経緯
(1) 接続答申の提言と教育施策の展開

　後期中等教育における進路分化に関わる問題としてキャリア教育に関する行政施策の経緯に焦点を当てる。平成以降、キャリア教育が我が国で推進された経緯を概観すると、下記のように、小学校から高等学校までのキャリア教育の体系化、各学校段階における学校と社会の連携強化が図られてきたことが分かる。

　いわゆる接続答申(中央教育審議会答申「初等中等教育と高等教育との接続の改善について」1999年12月16日)が、小学校段階から発達段階に応じてキャリア教育を実施する必要があることを述べ、文部科学省関係の答申によるキャリア教育という用語の初出となった。同答申は、小学校から高等学校までの体系的なキャリア教育の推進が図られる端緒となった。以降、政府主導のキャリア教育推進プランが次々と打ち出されてきた。

　まず、2003年6月には、文部科学大臣ほか4閣僚により、「若者自立・挑戦プラン」がまとめられ、教育・雇用・経済政策の連携による総合的人材対策が動きだした。学校教育に対しては、「キャリア教育の推進に関する総合的な調査研究協力者会議報告書」(2004年1月28日)によって、キャリア教育の定義と具体的導入方策が示された。同報告書は、キャリア教育を「児童生徒一人一人のキャリア発達を支援し、それぞれにふさわしいキャリアを形成していくために必要な意欲・態度や能力を育てる教育」と定義し、端的には「児童生徒一人一人の勤労観、職業観を育てる教育」と述べて、キャリア教育の定義とキャリア発達・キャリア形成の意味を明確化した。この定義が、高等学校のキャリア教育研究指定校などで広く使われるようになった。

　続いて、2004年12月には、「若者自立・挑戦プラン」の基本的方向の具体

化に向けた「若者の自立・挑戦のためのアクションプラン」が策定された。このプランは、農林水産大臣を加え一層の連携と強化を目的とした検討を行い、2005年10月に「若者の自立・挑戦のためのアクションプラン」の強化方策を決定している。これらのプランにおいて、キャリア教育が重要な柱として位置付けられている。

2006年11月には、文部科学省は、キャリア教育推進の手引きとして、『小学校・中学校・高等学校 キャリア教育推進の手引―児童生徒一人一人の勤労観、職業観を育てるために―』を発行し、小学校・中学校・高等学校の体系的なキャリア教育の推進が図られている。続いて、2006年12月22日に公布された新教育基本法においては、第2条における教育の目標の一つとして、「職業及び生活との関連を重視し、勤労を重んずる態度を養うこと」が規定された。この規定は、学校教育法第21条の10「職業についての基礎的な知識と技能、勤労を重んずる態度及び個性に応じて将来の進路を選択する能力を養うこと」につながり、同法における高等学校の目的・目標の規定（第50条・51条）と系統をなしている。新教育基本法を受けた2008年7月1日発表の教育振興基本計画においても、「特に重点的に取り組むべき事項」の一つとして「キャリア教育・職業教育の推進」が挙げられている。また、2008年学習指導要領改訂を方向付けた中央教育審議会答申「幼稚園、小学校、中学校、高等学校及び特別支援学校の学習指導要領等の改善について」（2008年1月17日）において、キャリア教育の充実とその内容が示された。

(2) 学習指導要領への位置付けと課題

2008年の学習指導要領改訂は、新教育基本法（2006年12月22日）および学校教育法（2007年6月27日）の改正を受け学校教育の目的・目標・内容が一層体系的に整ったという点で、戦後における学習指導要領の変遷において特別な位置を占めるものである。中央教育審議会答申（2008年1月17日）に基づき、まず、小学校・中学校の学習指導要領（2008年3月28日）が告示され、1年後の2009年3月9日に高等学校学習指導要領が告示された[3]。

高等学校学習指導要領総則では、普通科においても計画的、組織的なキャリア教育を推進すべきことが明確に述べられた。学習指導要領におけるキャ

リア教育の明示的な位置付けは、従前の学習指導要領改訂では見られなかったものであり、高等学校におけるキャリア教育が大きく前進することになった。続いて、2011年1月31日に出された中央教育審議会答申「今後の学校におけるキャリア教育・職業教育の在り方について」において、キャリア教育で育成する基礎的・汎用的能力が示された。より具体的には、「人間関係形成・社会形成能力」「自己理解・自己管理能力」「課題対応能力」「キャリアプランニング能力」であり、これが現在キャリア教育で育成すべき基本能力とされている。

　キャリア教育の状況は、以上のような行政施策の経緯により現在に至っている。こうした行政施策を背景とした高等学校の状況に関して、学校での指導体制も含めて捉えると幾つかの課題が見られる。特に、普通科におけるキャリア教育の問題がある。高等学校の専門学科と総合学科については、学科設置の目的が元来キャリア教育の趣旨に添っているため、学校のカリキュラムをキャリア教育として遂行しやすい条件が備わっている。しかし、普通科の場合は、学校のカリキュラムにキャリア教育の内容を組み込むことは容易ではない。高等学校におけるキャリア教育の事例が理論的内容とともに示されている（山﨑2006、日本キャリア教育学会2008）ものの、まだ必ずしも十分な状況ではない。キャリア教育の推進担当となる学校組織の問題をはじめ、指導する教員の力量やキャリア教育に関する研修の問題もある（国立教育政策研究所生徒指導・進路指導研究センター 2013）。

　こうした状況に対して、本田（2009）は、教育の職業的意義の構築が重要であるとしながらも、高等学校で行われているキャリア教育は自己実現に関する生徒への要請が強いだけに、生徒に現状とのギャップを感じさせ進路選択への不安を増大させている危険を指摘している。こうした指摘を踏まえたうえで学校における教育活動の実際を考えると、キャリア教育を指導する教員の資質能力の向上が鍵であり、養成段階から採用後における教師の主体的な取組を生かす方策が、指摘された課題に対する解決の決め手である。例えば、養成段階に関して、望月（2013）は、教職志望学生が主体的に行うスクールボランティア活動が教師としてのキャリア形成に及ぼす効果について考察している。また、現職教員研修に関して岡本（2013）は、キャリア教育を指

導する教員の資質能力の向上を図るための研修に資する参加型の教材を作成している。キャリア教育を実質的に推進していくためには、こうした教師の主体的な参加を促す提案が重要になる。

7 キャリア教育の展望と改革課題

以上に示したキャリア教育の状況を踏まえれば、今後の展望と改革課題として、次の5点を挙げることができる。

第1に、高等学校において、キャリア教育で実施されている職場体験・就業体験（インターンシップ）は、一時的かつ模擬的体験であるため、必ずしもインターンシップの体験が職業に関する適切な理解になるという保障はない。インターンシップが高度専門職業人の育成にどの程度寄与しているか、大学進学後のキャリア形成につながっているかといった点に関する追跡調査が必要である。追跡調査の過程で、卒業生が高等学校との関係を良い意味で復活する場合もあり、高校卒業後の追指導もキャリア教育として実際の効果がある。学校教育で行われるキャリア教育の内容に関して、その実施状況と効果に関する不断の検証が必要である。

第2に、教師自身のキャリアが限られていることである。多くの教師の経歴上、教師以外の職業経験が少なく、キャリア教育の指導者としての適格性は必ずしも十分ではない。高等学校の場合、教師の出身高校は普通科が圧倒的に多いこともその原因である。そのため、学部養成段階においては教育実習・介護体験以外のインターンシップも奨励し単位化可能な仕組みを整えること、採用段階においては年齢制限を緩和し多様な人材を広く確保すること、高等学校に民間登用によるキャリア支援指導員制度を創設することなどが必要である。

第3に、高等学校の場合、キャリア教育に対する社会や教育行政からの要請の強さに比して、普通科におけるキャリア教育の問題が少なくない。普通科では、キャリア教育の内容をカリキュラムに位置付けることが容易ではなく、キャリア教育に関する教員研修も不足していることが影響している。普通科に関するこうした問題を社会との関係で担保するには、第1の点に留意しながらも生徒のインターンシップの幅を拡大する必要がある。普通科の生

徒が長期休暇に職業体験を行い単位を与える仕組みを整えること、大学進学者に対して高大連携によるキャリア教育モデルを開発することなどの改善が考えられる。

　第4に、都道府県教育センターなどにカリキュラム開発センターが設けられている例から、カリキュラム開発センター内にキャリア教育推進室を位置付けることが必要である。特に、普通科の教師に対しては、こうしたカリキュラム開発センター・キャリア教育推進室の成果に基づいた教員研修を推進する必要がある。それが、第1の点で指摘したキャリア教育の検証に関する問題、第2の点で指摘した教師のキャリアに関する問題への対応になる。そうした教員研修のモデルカリキュラムを大学と教育センターが共同開発する取組みが急務である。

　第5に、今後の展望として、文部科学省は2014年度からスーパー・プロフェッショナル・ハイスクール（SPH）の指定事業を打ち出している。SPHは、社会の変化や産業の動向に対応した高度な知識・技能を身に付け、社会の第一線で活躍できる専門的職業人を育成するため、先進的な卓越した取組みを行う専門高校である。この事業の推進によりその成果が還元されれば、一般校におけるキャリア教育の推進にも大きな示唆が得られると期待される。

注
1　「学校教育法施行規則の一部を改正する省令」（平成16年文部科学省令第22号）並びに「中等教育学校並びに併設型中学校及び併設型高等学校の教育課程の基準の特例を定める件の一部を改正する告示」（平成16年文部科学省告示第60号）及び「連携型中学校及び連携型高等学校の教育課程の基準の特例を定める件」（平成16年文部科学省告示第61号）平成16年3月31日公布、平成16年4月1日施行。
2　同様の趣旨は、例えばX県教育委員会策定の高等学校改革計画においても見られる。同計画では、県立中高一貫教育校の基本的方向として、6年間の一貫した教育により、生徒の優れた資質・能力を伸長させ、政治・経済、科学・技術、芸術等、社会の各分野のリーダー及びスペシャリスト等として社会貢献できる人材を育成することが示されている。
3　学習指導要領におけるキャリア教育の位置づけの経緯については、文部科学省2011：『高等学校キャリア教育の手引き』pp.13-14。

引用参考文献

荒井克弘 2005：「入試選抜から教育接続へ」『高校と大学の接続―入試選抜から教育接続へ―』（荒井克弘・橋本昭彦編）玉川大学出版部、pp.9-16。

井島秀樹 2005：「公立中高一貫教育校の現状と課題：中等教育学校及び併設型中高一貫教育校へのアンケート調査を通して」『教育行財政論叢』第9号、pp.97-111。

岡本多佳子 2013：「キャリア教育の教材開発とその活用法」『新たなキャリア教育の展開とモデル教材―キャリア教育概説・教材・重要資料集―』（山﨑保寿・望月耕太編集担当、25年度教員研修モデルカリキュラム開発プログラム―大学と教育委員会の連携・協働による研修カリキュラム開発事業報告書―）pp.61-72。

大脇康弘 2001：「中高一貫教育の批判的考察―構想の具体化と制度論的意味―」『大阪教育大学教育研究所報』第36巻、pp.1-11。

兼松儀郎 2007：『中等教育と高等教育とのアーティキュレーション』学術出版会

菊地栄治 2006：「〈公共圏〉としての高校を問い直す―全国校長・教員調査の結果を中心に―」『早稲田教育評論』（早稲田大学教育総合研究所編）第20巻第1号、pp.55-76。

規制改革会議 2008：「規制改革推進のための第3次答申―規制の集中改革プログラム―」（2008年12月22日）。

桑原敏明 2006：「高校制度戦後60年の鳥瞰」『高校改革がわかる本―その歴史とこれからの展望―』（月刊高校教育編集部編）学事出版、pp.6-13。

国立教育政策研究所生徒指導・進路指導研究センター 2013：『キャリア教育・進路指導に関する総合的実態調査第一次報告（概要版）―キャリア教育の現状と課題に焦点を当てて―』pp.22-25。

静岡県教育委員会 2005：「静岡県高等学校第二次長期計画―平成27年度を見通して―」。

田中洋 2006：「公立中高一貫校の現状」『琉球大学教育学部紀要』No.68、pp.273-284。

本田由紀 2009：『教育の職業的意義―若者、学校、社会をつなぐ』ちくま新書、pp.134-163。

南本長穂 2007：「総合学科における教育の現状と課題―高校長を対象とした調査結果から―」『教職教育研究』（関西学院大学教職教育研究センター編）第12号、pp.1-24。

日本キャリア教育学会 2008：『キャリア教育概説』東洋館出版社。

武蔵野地区中高一貫6年制学校基本計画検討委員会 2006：『武蔵野地区中高一貫6年制学校基本計画検討委員会報告書』pp.1-2。

望月耕太「教職志望学生のキャリア形成―スクールボランティア活動を手がかりにして―」『新たなキャリア教育の展開とモデル教材―キャリア教育概説・教材・

重要資料集―』(山﨑保寿・望月耕太編集担当、平成25年度教員研修モデルカリキュラム開発プログラム―大学と教育委員会の連携・協働による研修カリキュラム開発事業報告書–) pp.41-48。

文部科学省2011：『高等学校キャリア教育の手引き』pp.13-14。

山﨑保寿2005：「キャリア教育の教員研修における課題と展望」『月刊高校教育』12月号、pp.44-49。

山﨑保寿2006：『キャリア教育が高校を変える―その効果的な導入に向けて―』学事出版。

山﨑保寿2008：「後期中等教育制度に関する研究動向」『教育制度学研究』第15号、pp.165-169。

山田朋子2006：『高校改革と「多様性」の実現』学事出版。

油布佐和子・六島優子2006：「中高一貫教育の現状と課題」『福岡教育大学紀要』第55号第4分冊、pp.101-118。

第4章

第3節　適切なる「学習評価」と「グローバル人材育成」としての「学力向上」

桑原 哲史（東京都立南平高等学校）

1　はじめに

　平成25年度から高等学校において全面実施された新学習指導要領は、「指導内容」のみならず「学習評価」についても新たな視点からの見直しが行われている。新学習指導要領の目標に、「基礎・基本の学力の定着」が引き続き示されたことで、多くの都道府県において「学力向上」推進を実施しており、高等学校で「学力向上」を謳うあまり、「学習評価」は考査結果が偏重される等の形骸化が進んでいるとの指摘もある。

　更に、「知識基盤社会」の到来と経済のグローバル化の進展により、高等教育の改革が謳われ、「グローバル人材の育成」が課題とされている。

　そこで、新学習指導要領の実施に伴い、「学習評価」について、その見直しを図り、「学力向上」や「学校評価」との関連を含めて考察をしてみたい。

2　新学習指導要領に伴う評価の見直し

(1) 新学習指導要領に於ける「学習評価」の見直しとその背景

　今回の新学習指導要領に於ける「学習評価」の特徴は、各教科・科目における「目標に準拠した評価」の定着化を図ることである。これまで高等学校では「観点別評価」があまり定着しておらず、「学習評価」の位置付けがペーパーテストによる成績付けのための評価にとどまっている、とさえ指摘されている。

　平成22年3月24日付け発表の中央教育審議会初等中等教育分科会教育課程部会報告「児童生徒の学習評価の在り方について（報告）」において、「学習評価」の改善点として、次の3点を挙げている[1]。

　　①目標に準拠した評価による観点別学習状況の評価や評定の定着の実施
　　②学力の重要な要素を示した新しい学習指導要領等の趣旨の反映

③学校や設置者の創意工夫を生かす現場主義を重視した学習評価の推進

改善点の背景には、小・中学校において「観点別学習状況の評価」及び「目標に準拠した評価」が定着しつつも教師の負担となっている点や、「観点別学習状況の評価」が高等学校において定着されていない点が指摘されている。

それと共に、「学習評価」の現状と課題として、「学習評価」自体に対する児童生徒・保護者・教員の認識に問題がある、と私は考える。それは、児童生徒が陥り易い「結果主義」としての「学習評価」の位置付けである。背景には「『学習評価』により教育活動が終了する」といった体質がある。「『学習評価』とは『学習活動の結果に対する評価』」と考えたり、「『学習評価』とは『成績』を付けるための手段」という位置付けをする児童生徒が多い。教師ですら「授業改善」「児童生徒の学習状況の把握」という「学習評価」の重要な要素を忘れる傾向がある。言い換えれば、教育現場で「学習評価」の意義が十分把握されていない、と言えるであろう。こうした体質の改善こそ、第一に行われるべきものである。

(2)「学習評価」の位置付け

「学習評価」の位置付けは、平成22年3月24日に文部科学省中央教育審議会初等中等教育分科会の「児童生徒の評価の在り方について(報告)」に於いて示されている[2]。

同報告には、「学習評価は、学校における教育活動に関し、子どもたちの学習状況を評価するものである」と示している。また、「各学校は、学習指導要領等に従い、地域や学校の実態等を考慮して適切な教育課程を編成し、学習指導と学習評価を実施する役割を担っている」と示し、「学校評価」に対する学校の役割を表している。

更に、同報告には、「学習評価」をPDCAサイクルにおけるC(Check)として位置付けており、「児童生徒の学習状況の評価、それを踏まえた授業や指導計画等の評価」としている。重要なことは、「授業や指導計画等の評価」という視点であり、「評価」とはPDCAサイクルの次のステップであるA(Action)に通じるという点である。即ち、「評価を踏まえた授業改善や個に応じた指導の充実、指導計画等の改善」を重視した評価でなければならない。

以上のように、「学習評価」は、学習の「指導目標」や「指導内容」及び「評価基準」「評価方法」等を含めた総合的なものであり、「指導計画」から始まり、「授業改善」に至るまでのPDCAサイクルの一貫として行われるべきものである。これは「指導と評価の一体化」「評価の連続性」を意味するものである。「学習評価」がPDCAサイクルの1要素である以上、新たなP(Plan)へと繋がり、次なるPDCAサイクルへと繰り返して実施されるべきものである。「学習評価」は、「評価を踏まえた授業改善」「個に応じた授業の充実」「指導計画等の改善」へと連続されるべきである。

(3) 「結果主義」の脱却

　本来、「学習評価」には、次の要素を含んでいることが必要である[3]。
　①「評価の観点」と「評価基準」の明確化
　②「学習状況の把握」と「授業改善」の両立
　③「指導目標」と「評価方法」の同時設定
　④「学習に対する主体性」の評価
　高等学校における「学習評価」は、「学習成績を決定付けるもの」と化している。考査結果に対し、生徒が「平均点」や「赤点」を気にする傾向はその典型的な現れである。これは、上の②の機能が発揮されていない例である。こうした生徒の「学習評価」に対する「結果主義」とも言うべき意識変革を行うためには、考査後に正解を配布して問題を解説することが重要である。生徒には「考査の点数」以上に、「誤答した問題を如何に再理解するか」を重視するように指導する必要がある。考査終了後、答案返却前に考査の問題を処分してしまう生徒の姿勢を変革する指導が必要である。

　保護者に対しても、「学習評価」を「児童生徒の学習活動の終着点」の如く捉えることを避けるよう啓発しなければならない。「学習評価」の結果を受け、誤答したことを批判する姿勢を改善し、「誤答の原因を解消すること」を、生徒と共に行っていく必要がある。

(4) 「学習状況の把握」と「授業改善」の両立

　「学習評価」の一つの機能とは、「学習評価」の実施により生徒の「学習内容

の着実なる定着を図ること」である。言い換えれば、生徒が自身の「学習成果」を把握し、現時点の「学習内容の理解度」等の「学習状況を把握する」ことであり、「今後の学習の継続と向上に繋げる」ことである。この機能を生かすには、「評定の為の学習評価」や「学習の終着点としての学習評価」という体質を脱却させ、生徒が「学習評価」の結果を省みて、「更なる学習の定着を図る」という行動を起こすよう促すことである。そのためには、多くの生徒が「不理解の内容」を再学習し、「学習内容の理解度」を高める喜びを感じさせることが必要である。生徒のPDCAサイクルといった「学習の連続性」を成立させることに通じる。

　「学習評価」のもう一つの機能とは、「学習評価」の実施により、教師自身が「授業改善」を行うことである。「学習評価」がPDCAサイクルのC(Check)に位置付けられるものである以上、「授業改善」こそ「学習評価」の重要な機能である。「学習評価」の実施により、指導者自らの「授業改善」を行い、「授業力の向上」を図る必要がある。「生徒の理解度を知ることで、教師自らの評価に通じる」とよく言われるのも、こうした理由による。

　「学習状況の把握」と「授業改善」との一体化は、児童生徒や教育者の両者の「C(Check)とA(Action)との連続性」を成立させる。

3　「学校評価」としての「学習評価」

　「学習評価」の重要な役割として、教育活動の「説明責任」がある。「学習評価」の結果を保護者に適切に伝達することは、学校の教育活動に対する「説明責任」である。「学習評価」による「説明責任」は、学校への信頼性を高めることに通じる。

　即ち「学習評価」は、「学校の指導活動」の「説明責任」の要素と、「学校の指導活動」の一部に対する「評価」の両側面をもつ。「学習評価」は「学校評価」の枠の一部して扱い、学校の教育活動全般の「学校評価」として捉えるよう、総体的な体質改善が必要である。「学校評価」に於いて「学習指導」の要素をどのように「評価」するかが重要であり、「学習評価」と「学校評価」の関連性を高める学校運営体制が重要である。

　現在、「学校評価」は原則として年度末に一回実施されているが、各学期ご

とに行われる生徒の「学習評価」の状況を「学校評価の一部」として捉えるならば、年間に複数回の「学校評価」を実施すべきである。次学期の「学習指導」を見直すことが、具体的な「学校評価」に通じる「学習評価」の一例である。

4 「学習評価」と「学力向上」及び「グローバル人材の育成」
(1) 目標に準拠した学習評価と目標の拡大

　新学習指導要領実施に伴う「学習指導」の改善点で注目すべきことは、「目的に準拠した評価」の定着化という視点である[2]。これまでの「観点別評価」に「目標に準拠する学習評価」という視点を付加した点である。「目標」とは、「指導内容」と共に設定される「指導目標」等のことであるが、私は「目標」という部分を発展的に捉えてみたい。即ち、「学習の結果、児童生徒に確立されるべき資質・能力」として捉えるべきである、と主張したい。

　「目標に準拠した評価」のメリットについては「確かな学力を身に付ける」「学習意欲を向上させる」等が示されている[3]。但し、「目標に準拠した評価」による「学習評価」の位置付けは、教育活動の成果として現れる「全人格的な教育の成果」という視点を加えるべきである。この視点は、後に述べる「学力向上」の本来あるべき姿としての「全人格的なグローバル人材の育成」にも繋がるものと考える。

　評価の規準となる「目標」とは、単に数値的な達成度のみを意味するものではあってはならない。また、平成22年3月24日付け発表の中央教育審議会初等中等教育分科会教育課程部会報告「児童生徒の学習評価の在り方について(報告)」にも示されているように、「学習評価」の位置付けに「学習指導要領等」のみならず、「地域や学校の実態等を考慮して、適切な教育課程を編成し、学習指導と学習評価を実施する役割を担っている」と示され、学校の役割について述べている[3]。

　従って、単純に学習指導要領に準じた教科書に基づく「教育目標」を立て、その「目標に準拠した評価」であっては不十分である、と言える。児童生徒の実態や広範囲な視点に立った「グローバル人材の育成」等を「指導目標」に加えた「目標に準拠した学習評価」でなければならない、と考える。これは、広い意味での「人材育成」であり、教育の重要な役割であると共に、単純な「学力

偏重」に陥ることを防ぐためにも大切な視点である、と考える。

　一般的に「学力向上」等の「学習の成果」を判断する際には、具体的な「数値目標」を立て、その結果を「数値目標」と比較する傾向が高い。高等学校の「数値目標」は「難関大学への合格者数」となる傾向が高い。それは、「数値目標」が対外的にも説得しやすいことに起因していると思われる。しかし、「学力」の全てが数値で測られるわけではない。「評価」の信頼性や公平性を考慮した場合、「学力」の全てを数値化して評価すること自体、危険性を伴う。より正確で信頼性のある公平な「学習評価」を実施する場合には、「数値」のみで評価できない学習の要素を配慮する必要がある。

　更に注目するべき点は、「学習評価」の改善点に「学校や設置者の創意工夫を生かす現場主義を重視した学習評価の推進」、と示されていることである。各学校や学校の設置者である各自治体は、それぞれの生徒や保護者のニーズや実態に応じて「教育目標」を立て、それに準じる「教育内容」を実行し、創意工夫を行いながら「学習評価」をするべきである。

　この実現には、「学習評価」に対する新たなる発想の転換が必要である、と考える。即ち、『グローバル化』や『知識基盤社会』の到来といった現状を考慮すると、もはや各学校、児童生徒、保護者、地域社会のニーズや実態のみにとらわれた「教育目標」や「教育内容」では不十分である、と考える。今後は、更に広い視野に立ち、「国家を超えた国際社会の一員として、育てるべき『グローバル人材』とは何か」等の視点を取り入れ、「教育目標」「教育内容」を考察する必要がある。「学習評価」を実施する場合、『グローバル人材』を育成する教育に対する「学習評価」を実施するべきである、と私は考える。

(2)　「誤ったエリート教育」に向けた「学習評価」の排除

　「きめ細かい指導の充実や児童生徒一人一人の学習の定着を図ることのできる『目標に準拠した評価』による『観点別学習状況の評価』や『評定』を着実に実施」すること、と同報告書では改善点として示している。「きめ細かい指導の充実」「児童生徒一人一人の学習の定着」を実施した「学習評価」が重要である、ということである。新学習指導要領では、「基礎的・基本的な知識・技能」を「知識・理解」「技能」として、学力の三要素の一つとして捉え、その着

実なる定着を目標としている。また、「『基礎的・基本的な知識・技能』を活用して、課題を解決するために必要な思考力・判断力・表現力」を「思考・判断・表現」として捉え、これらを身に付けることを目標としている。更に、「主体的に学習に取り組む態度」を「関心・意欲・態度」として捉え、身に付けさせることを目標としている。

　いずれも「観点別学習状況の評価」として扱うこととされているが、その前提には、これらの「学力の三要素の着実なる定着」を目標としているものである[1]。

　従って、「学習評価」をPDCAサイクルの一貫として捉えるならば、先ず「学力の三要素」を如何に児童生徒に定着させるかを優先するべきである。各学校、各教師が児童生徒の実態をしっかりと分析し、それらに応じた「指導目標」や「指導内容」「指導方法」並びに「評価方法」を含め、創意工夫した取組みが必要とされる。

　以上のことから、考査の点数や難関校への合格者数で成果を判断する「学習評価」による「学力向上」は、視野の狭い「誤ったエリート像」をつくりかねない。現在多くの高等学校で実施されている「学力向上」を根本から見直し、真の「学力向上」と「人材育成」を図る「教育」を成立させる発想の転換が必要と考える。それには「学習指導」と「学習評価」の基本的な意義を教師等が把握し、正しい「学力向上」を促進する必要がある。

5　「学習評価」と「学力向上」

(1)　「グローバル人材」の育成とは

　「グローバル人材」を育成することこそ、今後の「学習指導」及びそれに伴う「学習評価」の最終的な目的である、と考える。「グローバル人材」については、経済産業における「グローバル化」や四年制大学や大学院を代表とする高等教育の改革から生じたものである。平成24年3月26日の中央教育審議会大学分科会「予測困難な時代において生涯学び続け、主体的に考える力を育成する大学へ」（審議まとめ）において、「グローバル人材」に関する重要な文章がある。「グローバル化の進展による知識経営の発展」という観点である[5]。「無形の知識こそが価値の源泉である」とし、「戦略・組織・事業など経営のあら

ゆる側面を『知識』という観点から捉える」ことが「知識経営」である、としている[6]。

「知識経営」には、知識の創造・浸透(共有と移転)・活用の過程から生み出される価値を最大限に発揮させるため、ビジョン(使命感)やリーダーシップのもとで、知識の創造から活用に至る過程の設計・資産整備・環境整備を含む総合的なもの、と定義している。

「グローバル人材」の概念については、語学力・コミュニケーション能力等3つの概念がまとめられている[5]。この中では3つの概念以外に「社会の中核を支える人材に共通して求められる資質」[5]として「幅広い教養と深い専門性、課題発見・解決能力」等が示されているが、私は「高速社会で生きる国際社会の一員としての全人的な資質・能力」こそ「グローバル人材」として求められる能力と考える。語学力は重要ではあるが、英語以外の全ての教科を英語で指導するという発想は別次元のものと考える。

高一大接続の重要性が示されている現在、高等学校における「グローバル人材育成」の使命を教育者が自覚し、『グローバル人材の育成の為には、どのような「学習指導」を実施し、どのように「学習評価」を実施するべきなのか』を常に考察するべきである。これまでの「点数主義」や「難関大学合格者数」にこだわる体質を根本的に改善しなければならない。

(2) 適切なる「評価方法」

「学習評価」により「生徒の学習状況の把握」を行う場合、「どの要素を評価するのか」等の「適切なる評価方法」を設定する必要がある。「適切なる学習評価」の「評価方法」は、「目標に準拠した学習評価」である限り、教科・科目の種類のみならず、教科・科目の「指導目標」や単元並びに「学習内容」「指導方法」によっても微妙に異なってくる。

例えば、理科の実験に対する「生徒の学習状況」を掌握する場合、実験レポートやワークプリント等を「評価方法」として考えがちであるが、実は「評価方法」は一つではない。「ある要素の評価方法は一つ」と固定的に考える傾向があるが、実際のところ「実験の評価」の場合は「評価の観点」や「指導目標」に応じて「評価方法」を変化させることが可能である。それは、「目標に準拠した

評価」の特徴であるとも言える。

「実験における観察力に対する学習状況の把握」を行う場合、「レポート」に限らず、スケッチの提出を行わせても良い。「観察力」を評価する場合は、対象物に対する「スケッチ」を書かせ、その正確さを評価し、観察に伴う発見力を評価することが可能である。これは、広い意味で「表現力」の評価にも通じる。

「評価の目的に応じた柔軟且つ適切な評価方法」の選択を行うことが重要であり、できれば複数の「評価方法」を用いることが効果的である。「評価方法」の適切なる選択は、生徒の「学習状況の把握」「授業改善」の両者を考慮すべきであり、それにより思考力・判断力・表現力等の幅広い「学力の向上」にも繋がる。

(3)「加点法」の導入

日本では、初等教育以来「学習評価」の基本は「100点満点」を基本とする「減点法」で行われている。「減点法」は、不正解が生じることで減点されていく。従って、児童生徒の目標は「満点を取る」ことであり、結果として「暗記主義」や「受験対応」「点数主義」の学習が主体となる。「学習評価」が「学習活動の終着点」と化した要因も、この「減点法」に一因がある。

新学習指導要領に伴う「学習評価」には、「児童生徒の自主的な学習活動」に対する「評価」や「個別の評価」の重視を行うよう示唆している。「自主的な学習活動」の評価は「減点法」では評価できない。そこには、標準点に点数を加点して行くという上限のない「加点法」を導入する必要がある[7]。「加点法」の導入により、これまでの「減点法」とは異なった「学習評価」が実施され、児童生徒には自らの努力が直接的に評価される利点が生じる。成功をカウントする「加点法」を出来る限り導入する効果はある、と考える。

以前の強制的な課題提出ではなく、「評価基準」の提示と「加点法」の意義を生徒に示した上で、自主的な課題提出を「加点法」により「学習評価」した。その結果、問題集や授業内容への質問が増加した。他の期限付きの提出物の期限前提出率が60.8％（期限前提出者161名中98名）と向上した。未提出率は4.9％（161名中8名）と減少した。授業内容への質問も増加する等、「加点法」の導入こそ生徒の「学習に対する意欲」を確実に高める効果がある、と言える。「加

点法」は「学習に対する主体性」の評価にも通じる。

「加点法」による「学習意欲」の向上は、「暗記主義」や「学習評価の結果主義」を打破し、より高いレベルへの学習に児童生徒を導く結果にも通じる。高校生で大学レベルの学習内容に取り組む姿勢を養うことも可能である。広い視点で考えれば、「知識基盤社会」や混迷する時代を生き抜く「グローバル人材の育成」に、「加点法」は繋がるものである。

高等学校において、如何に「加点法」を有効に導入していくか、大きな課題である。例えば、ノート提出で「板書を丸写している」ことを「満点」とせず、如何に授業の再現が可能な、「ポイントの記述」「記述の独自な工夫」が個性的且つ主体的に行われているか等、「加点法」で評価することが可能である。「加点法」による「学習評価」は発展的且つ主体的学習に通じる効果がある。

注

1　文部科学省2010.03.24：「児童生徒の学習評価の在り方について（報告）」中央教育審議会初等中等教育分科会教育課程部会報告、p.2。

2　文部科学省2010.03.24：「児童生徒の学習評価の在り方について（報告）」中央教育審議会初等中等教育分科会教育課程部会報告、p.10。
文部科学省初等中等教育局長通知2010.05.11、「小学校、中学校、高等学校及び特別支援学校等における学習評価及び指導要録の改善等について」、p.10。

3　国立教育政策研究所研究所2013.07：「評価基準の作成、評価方法等の工夫改善のための参考資料」、pp.9-10。

4　中央教育審議会大学分科会2012.03.26：「予測困難な時代において生涯学び続け、主体的に考える力を育成する大学へ」（審議まとめ）、pp.2-3。

5　グローバル人材育成審議会議2011.06.22：「中間まとめ」、pp.7-8。

6　野中郁次郎1999.12・紺野登：「知識経営のすすめ」、ちくま新書、pp.45-47。

7　川口淳一郎2011.2：「『はやぶさ』式思考法―日本を復活させる24の提言―」、飛鳥新社、pp.10-15。

コラム6
「未履修問題」が現代の教育制度に問うもの

松原 悠（筑波大学大学院生）

　2006年、当時の学習指導要領が定めた必履修科目を履修しないまま卒業する見込みとなっていた高等学校3年生の割合が9.0％に及ぶことが、「高等学校必履修科目未履修問題」（以下、「未履修問題」）の発生により明らかになった。必履修科目未履修のあった高等学校の割合は12.3％に及んだ。

表1　国立・公立・私立別　高等学校の数と未履修の規模

	高等学校の数	うち未履修の校数(%)	
国立	15校	0校	(0.0%)
公立	4,045校	371校	(9.2%)
私立	1,348校	292校	(21.7%)
合計	5,408校	663校	(12.3%)

表2　国立・公立・私立別　高等学校3年生の数と未履修の規模

	3年生の生徒数	うち未履修の生徒数(%)	
国立	2,826人	0人	(0.0%)
公立	812,767人	60,988人	(7.5%)
私立	346,332人	43,214人	(12.5%)
合計	1,161,925人	104,202人	(9.0%)

（表1、表2ともに文部科学省の調査による）

　「未履修問題」は、北日本新聞社の2006年10月24日付朝刊の報道によって、富山県立高岡南高等学校において当時の学習指導要領が定めた必履修科目を履修しないまま卒業する見込みとなっていた高等学校3年生が存在していることが明らかになったことに端を発する。続く報道各社の調査により同様の高等学校生が全国的に存在することが明らかになり、これを受けて文部科学省も調査を開始し、対応策が国会でも検討されるに至った。必履修科目を定める学習指導要領と教育現場の実際が噛み合っていない、必履修科目未履修という文字通りの不具合が生じている事実が、報道によって端的に示されたのである。

　当時の報道を調べると、社会が「未履修問題」という事象の何を「問題」と捉えていたのかを知ることができる。当時の新聞報道では、概ね次の4点が「未履修問題」の「問題」と捉えられていた。1点目は、一部の高等学校が学習指導要領に沿わない受験重視のカリキュラムを実施したことにより、その他の高等学校との間で受験における不公平が生じたということである。2点目は、高等学校が実際には学習指導要領に沿わないカリキュラムを実施していながら、教育委員会には学習指導要領に沿ったカリキュラムを実施しているかのように届け出ていたり、大学や企業にも生徒がこの架空のカリキュラムを修了したかのように証明する虚偽の調査書を提出していたりしたということである。3点目は、教育委員会や文部科学省が学校を監督できていなかったということである。4点目は、必履修科目未履修のあった生徒がこのままでは卒業できない

という状況に陥ったり、受験の差し迫った時期に補習を受けなければならなくなったために受験勉強に使える時間が減ったりしたということである。これらに付け加えて、「未履修問題」の「問題」を示唆する象徴的な出来事として、必履修科目未履修が判明した高等学校の校長のうち2名が自殺したという事実を特筆したい。学習指導要領をめぐって教育に携わる人間の命が失われたという、この一事だけをとってみても、「未履修問題」は教育に提起された看過できない「問題」であると言える。

　では、教育制度の観点から捉えたとき、「未履修問題」は何が「問題」なのだろうか。教育制度は、すべての人に学習する権利を保障するために設計・計画されたものであり、学習指導要領も教育制度の一部である。一方、「未履修問題」では、高等学校が学習指導要領に沿わないカリキュラムを編成したことによって、学習者が必履修科目を学んでいなかったことが明らかになった。つまり、教育制度が学習者に保障していたはずの必履修科目の学習の機会が、実際には保障されていなかったのである。この「問題」は、受験において不公平が生じたり、このままでは卒業できなくなったり、受験勉強に使える時間が減ったりするといった、「生徒」や「受験生」にとっての「問題」というよりも、特定の科目を学べなかったという、「学習者」にとってのより根本的な「問題」である。そもそも全ての者が高等学校に通うわけではないし、全ての高等学校生が受験をするわけでもない。「未履修問題」で起きていた根本的な「問題」とは、学習者が学習する機会を奪われていたという、人権問題なのではないか。

　「未履修問題」の発生から7年間が経過した現在もなお、必履修科目未履修の事例が存在する疑いがある。辰己らは2012年4月に5大学の1年生1,266名を対象とした質問紙調査を行い、高等学校において必履修教科である情報の2単位分を履修していなかった疑いがある者が調査対象者のうち51％に及ぶことを明らかにした（辰己ら2012:33）。さらに、この事実は2012年12月12日付の読売新聞の朝刊でも報道された。このように、現在も必履修科目未履修の事例の存在が研究や報道により公然と示唆されており、いつ「第二の未履修問題」が発生してもおかしくない状況である。

　「未履修問題」は、現在もなお、教育制度が何のためにあるのかを問い続けている。

参考文献

　辰己丈夫・久野靖・加藤毅「大学1年生を対象とした調査票調査にみる高校情報科の内容と実施状況の影響」『日本情報科教育学会　第5回全国大会論文集』日本情報科教育学会、2012年、pp.33-34。

第4章

第4節　改革への見解と提言

亀井　浩明（帝京大学名誉教授）

1　全般的な傾向（平成23年度文部科学白書・第2部第2章第14・15節）から
(1)高等学校教育の個性化・多様化を進めるために
①高等学校教育の現状

　進学率の上昇に伴い、能力、適性、興味・関心、進路の多様化。個性の伸長が必要。

　《見解・提言》― 基本的な課題意識は共感。しかし、生徒をめぐる環境・生活実態・心の現実等への配慮としかるべき指導が重要。

②特色ある高等学校づくりの推進

　新しいタイプの高等学校や特色ある学科・コース、多様なカリキュラム等。
　《見解・提言》― 青年期の発達課題として、自己の生涯の生き方・学び方を選択する必要があり、多様な学習コースを整備することには賛成。ただ、これが格差の固定化に連動しないか、人材育成への要求とも関係してこの点どう考えるべきかが課題になる。各学校の適切な指導が重要である。

『具体的な改革』

・中高一貫教育

　三形態として、「中等教育学校」「併設型中高一貫教育校」「連携型中高一貫教育校」
　《見解・提言》― 青年期はきめ細かな全人的指導が必要であり、3年間では短すぎるので6年間一貫教育を実施することは有意義である。三形態は、教育理念・実態に応じての工夫で有効と考える。

・総合学科

　特色は、幅広い選択科目の中から自分で科目を選択し学ぶ点にあり、生徒がそれぞれの個性に応じて達成感を得ることができる学習や将来の職業選択

など自己の進路への自覚を深めるための学習を重視。

《見解・提言》— 普通科と職業科という分類だけでは、新しい時代に適合し切れない。幅広い選択を認める総合学科は、これからの後期中等教育の新しい型とも言えるであろう。大いに期待される改革の方向である。ただ、ヨーロッパでもこのような改革が進められたが、現在、必ずしも拡充していない。この点が今後の課題になる。教育行政としてのきめ細かな対策が必要になる。

・単位制高等学校

学年による教育課程の区分を設けず、決められた単位を修得すれば卒業が認められる高校である。特色としては、自分の学習計画に基づき、興味・関心などに応じた科目を選択して学習できることや、学年の区分がなく自分のペースで学習に取り組むことができることなどが挙げられる。

《見解・提言》— 後期中等教育においては、生徒が自分の学習計画を自らデザインすることが期待される。それに応じ、後期中等教育の内容・方法は多様であるべきである。内容としては、多様な社会体験と連動するもの、系統的・科学的な知識修得を基本とするものに類別できるであろう。文部科学省としては、その両方を視野に入れて提示しており適切と考える。ただ、真に有意義な学習で推進するためには、適切なガイダンスを各学校で充実することが求められる。

・自校以外での学習成果の単位認定

生徒の多様な学習意欲に応えて選択学習の機会を拡大するため、生徒の在学する高等学校での学習の成果に加えて、ⓐ他の高等学校で修得した単位　ⓑ大学、高等専門学校、専修学校等における学修　ⓒ知識・技能審査の成果に係る学修　ⓓボランティア活動、就学体験活動（インターンシップ）、スポーツ又は文化に関する分野における活動に係る学修など、在学する高等学校以外の場における学修の成果について、各学校長の判断により、36単位を上限に学校の単位として、認定することが可能。

《見解・提言》— 理念としては共感をする。しかし、学校という教育機関の質的な転換にも連動するものであり、慎重な検討が必要であろう。たとえば、自校への帰属意識、教師・友人との一体感のようなものが拡散することになることが懸念される。ホームルーム活動を、新しい観点から検討するこ

となども必要になる。その際特に、ホームルーム担当教師と生徒の直接の話し合いが重要になる。

(2)　高校段階における修学支援
　今日、高等学校等の進学率は約98％に達し、国民的教育機関となっており、その教育効果が広く社会に還元されていることから、高等学校等の教育に係わる費用等について社会全体で負担していくことが求められている。
　《見解・提言》── 趣旨に全面的に賛成する。実質的に全員高校入学の状況にあり、国として支援するのは当然である。

2　自民党政権での高校教育改革(「教職研修」教育開発研究所。2013年3月号。「安倍新政権で"教育"はどうなる。下村博文文部科学大臣インタビュー」)から
〈道徳教育〉
　知育・徳育・体育のなかで、徳育が欠けている。「教科」とするかどうかは今後の議論となる。
　《見解・提言》── 高校での道徳教育重視の方向には、基本的に賛成。現に、県によっては高校でも道徳を必修化している。ただ、教科化が適切かどうかは慎重な検討が求められる。特に、評価をどう行なうべきかが課題になるであろう。指導の重点としては、『悩みや葛藤等の思春期の心の揺れ、人間関係の理解』等(「中学校学習指導要領解説。道徳編。道徳の時間に生かす教材。」)の視点が高校においては特に重要である。現在、いじめ・自殺など、高校生の心・生活に深刻な実態がある。青年期に、自己指導を推進する理性の力を育成することが期待される。

3　大学入試と高校教育(「大学入試改革　今こそ机上論を超えて」毎日新聞社説・2013年1月21日)から
　自民党が「大学入試の抜本的な改革」を公約に。教育再生実行会議でテストの仕組みや、これを活用した大学入試の根本的あり方について検討するという。知識量の判定に傾く大学入試を思考力などの重視に変えれば、高校、中学の授業も変わり大学教育も質的に向上する。

《見解・提言》— 大学入試の改革は、高校教育に大きな影響を及ぼす。大学入試を思考力重視に変えるのは、新学習指導要領の理念からして適正な改善であろう。その動きに応じて高校として、授業をどう改善していくかが課題になる。この際、高校においても校内で、授業研究が積極的に実践されることを期待したい。

4 都立高校改革推進計画(「都立高校改革推進計画第一次実施計画」平成24年2月東京都教育委員会)から

「第2部　都立高校改革推進計画・第一次実施計画」次の目標を掲げている。
目標Ⅰ　社会的自立の基盤となる力の確立
目標Ⅱ　変化する社会の中での次代を担う人間の育成
目標Ⅲ　生徒の育成を担う教員の資質・能力と学校経営力の向上
目標Ⅳ　生徒一人一人の能力を最大限に伸ばす学校づくりの推進
目標Ⅴ　質の高い教育を支える教育諸条件の整備

それぞれ重要な視点であるが、「目標Ⅰ社会的自立の基盤となる力の確立」の「改革の方向」について提示をする。

〈改革の方向〉
(1)学校の設置目的に応じた学力の向上
　第一次実施計画における取組
　ア「都立高校学力スタンダード」の策定
　都立高校卒業までに生徒が修得すべき学力の水準である「都立高校学力スタンダード」を、都教育委員会が学校の設置目的に応じて策定する。各校はこれに基づいて自校の学力スタンダードを設定し、校内で統一的な指針に基づき指導内容・方法を見直し実践することで、自校の学力スタンダードに設定した学習内容を卒業までに着実に身に付けさせる。
　イ「学力向上開拓推進事業」の実施
　都立高校入学者選抜における学力検査や各校で実施する学力調査等のデータ分析に基づき、生徒の学力の実態を客観的に把握し、次の到達目標や目標到達のための指導内容・方法を定めた「学力向上推進プラン」を作成する。
　《見解・提言》—　目標Ⅰ・Ⅱ・Ⅲ・Ⅳ・Ⅴは、現在日本の多くの国民が

期待する後期中等教育改革の方向と一致するものであり共感する。特に、社会と学校教育の密接なつながりを意識して改革の方向を示している点は評価できる。そのような観点から東京都教育委員会が推進しようとしている高校改革では、学力の向上を重視し、そのため、教育内容・方法について具体的な基準を示している。国際競争激化の現在この改革は理解できるが、格差の固定化に連動しない配慮も必要である。同時に、学力向上だけでなく全人的な教育の充実を基盤に改革を推進するよう期待する。

5 校長会の見解(「都立高校改革15年の成果と課題— 改革推進計画の検証と新たな提言」平成23年)から

第2部　全体的評価と提言
第1章　学校経営の確立
「評価」(項目と論述のキーポイントを紹介する。)

(1) 校長の任期期間と学校経営

校長がリーダーシップを発揮できる環境は整ったが、校長の在任期間が短い。新設校の校長が初めての卒業生を送り出すのを見ずに異動となるようなケースも生じている。

(2) 教育管理職の育成

極めて苛酷な勤務内容の副校長職を目の当たりにして教育管理職を目指す教員が減り、教育管理職選考試験の低倍率が続いている。将来のリーダーとなる教育管理職志望者が激減したことは、学校経営上の深刻な問題。

(3) 主幹制度と職の分化

研修システムの充実を含めて主幹制度に柔軟性をもたせた見直しが必要である。

(4) 教員の資質能力と研修

教員の生命線ともいえる授業力向上のための一貫した研修は極めて低調である。教師の授業力向上なくして、生徒の学力向上、魅力的な学校生活はあり得ない。

(5) 学校運営連絡協議会と学校運営

学校経営支援に大きな成果をあげた。しかし、学校改善への効果が弱まっ

ている。

(6) 学校経営支援センターの学校支援

きめ細かな学校経営支援が行われ、学校経営に資するところが多かった。しかし、学校経営適正化が確立した今、本庁業務の下請け的な業務や学校への形骸的な監察等も目立ってきた。

《見解・提言》── 組織の活動についての改革を進めようとすれば、現に活動に従事している渦中の人の見解を重視すべきである。外部からの数量的な把握をもととした改革の提示も一概に否定するのは正しくないと考えるが、何よりも現に活動している組織の活動を総合的に把握することが求められる。その意味から、この「学校経営の確立」という視点からの、「評価」と「提言」は大いに参考になる。基本的には、国・教育委員会の方針を尊重しつつ、その実現に向けてどうあるべきかについて提言をしている。教育委員会としては改革の基本方針策定のプロセスで校長会の見解を聴取しているであろうが、実践の段階では一層校長会との連携を強化することが重要になる。

6 平成25年度文部科学省関係予算から

◇ 学力と人間力を備えた人材を育成するための教育再生の実現。

(1) 世界トップレベルの学力・規範意識による日本の成長を牽引する人材の育成

①新たな教育改革の推進　◆高等学校等の新たな教育改革に向けた調査研究【新規】

生徒の多様な教育ニーズに応じ、高校教育が多様化した中で、生徒に確かな学力や学習意欲の向上等を身に付けさせるなど、中央教育審議会での高校教育の質の保証に係る検討状況を踏まえ、高校教育の質の保証に係る一層の取組を推進。

《見解・提言》── 多様化が推進されているが、教育改革としてその成果をどう評価するのかが大きな課題になっている。その意味から、このような調査研究は有意義である。

7 中央教育審議会答申「第2期教育振興基本計画」(平成25年4月25日)から

今年度から5年間の教育政策の方針を定めた。その中で、小・中・高校・

大学の就学年数を定めた「6・3・3・4制」の検討など現行の教育制度を抜本的に見直す方向が示された。高校教育に関連しては、高校での学習到達度テストの導入と大学入試の活用などの改革を求めている。
　《見解・提言》―　社会の大きな変化に伴い、教育制度の抜本的な見直しなどは必要な段階に至っているであろう。国民全体の幅広い意見を集約し慎重に検討することが求められる。

8　スーパー・グローバル・ハイスクール(読売新聞夕刊・2013年5月21日)から

　文部科学省は21日、海外で活躍する「グローバル人材」育成に取り組む高校「スーパー・グローバル・ハイスクール」(仮称)を各都道府県で指定し、重点的に支援する方針を決めた。数学や理科も英語で教えるなどを想定し、海外有名大学への進学も積極的に促す。・・・同省は、外国人教員や英語が堪能な日本人教員等の人件費や学習プログラム開発費などの助成に必要な経費を、来年度予算の概算要求に盛り込む意向。
　《見解・提言》―　国際化の進行に応ずる改革として「グローバル人材」育成の必要性は感ずる。しかし同時に、教育成果の二極分化を招く危険をどう回避するかが課題になるであろう。

9　総括的な《見解と提言》

　戦後の社会体制の大きな転換が要求されてきている現在、教育の在り方も基本から問い直されてきている。今、真に期待される青年期の人間教育の内容・方法は何かを根本から検討すべき段階になっている。その中で、国際化の進行・競争激化の中で、後期中等教育の学力向上をどう図るかが緊急の課題になっているように見える。変革には、その他多くの課題があるが、次のような視点で考えることが必要であろう。

(1) 多様な思想・理論のもと教育実践をどう構想し実践するか

　何が真実か何が正義かが不分明の実態である。戦後構築してきた社会の在り方を根本から再検討する動きもある。このような時に、国民教育としての後期中等教育をどう改革したらよいかを国民的論議を経て明確にする必要が

ある。

(2) 学校教育・教師の専門性を新しい発想から考える必要性
　社会から、学校教育について多様な期待・要求が寄せられる、今、学校教育の独自性・教師の専門性を新しい発想から明確化することが求められる。

(3) 中央集権・地方分権
　公教育としての共通性と、地域さらには各学校ごとの独自性をどう融合していくかが課題になっている。基本は、各地域・各学校の独自性を尊重しつつ、後期中等教育についての国としての共通性をも重視することが必要である。

(4) 競争原理・市場原理を教育でどう受け止めるか
　国際的な経済競争が激化している時、この流れに日本の小・中・高・大がどう対応するかが大きな課題である。結論としては、すべての幼児・児童・生徒・学生の人間的成長を促進しつつ結果として競争にも勝てる人材育成を図ることが重要である。

(5) 今後の課題
　以上、後期中等教育制度改革について論述したが、この課題はその後もなお国家的重要教育課題として検討が進められている。例えば、国際化の進行に伴うグローバル人材などの養成が重要課題となってきている。われわれとしては、今後ともこのような動向に配慮しつつ、後期中等教育制度改革について研究を進めていくことが求められるであろう。

コラム7

高校教育像の史的探究ノート

　　　　　　　　　　　　　　　　　　　　　　　　　　大脇 康弘（大阪教育大学）

　高校教育制度の歴史を辿ると、変動する周期がみられる。戦後の教育改革期、1960年代の多様化政策推進期、1970年代～1990年代の高校教育像の模索と実験期、2000年代の統合再編期といくつかの山並みが見える。この間、高校教育は急増期と急減期を2回経ており、量的変動と質的変化が跛行しながら進行してきた。マーチン・トロウによれば、中等教育もまたエリート段階、マス段階、ユニバーサル段階を経るが、この発展段階論ではすくいきれない実態に迫りたいと考えてきた。

　日本教育制度学会中等教育部会は「高校教育像」というタームを導入して、理想像を視野に入れた実像を描く取組に挑戦してきた。その成果は、高校教育像第1集『高校教育像の史的展開―課題と方法』（2002年）として発行された。大脇康弘、山田朋子、亀井浩明、米田俊彦の4名が課題研究の成果をまとめた論稿を寄せている。

　この課題研究の基礎作業となったのは、「高校教育史総合年表―全国史・地方史・学校史」（1994年）および「戦後高校教育の歴史―1945年～1990年」（1994年）である。この作業に続いて、「高校教育像の史的展開」「進学競争の変容」がまとめられた。いずれも大阪教育大学レポジトリに掲載されているが、閲覧とダウンロード回数が多いのは前二者である。歴史年表の作成は、歴史的事項の選定・確認と手書き作業を重ねる根気のいる作業であった。あれから20年が経過し、その後をフォローすべきであるが、そのための時間とエネルギーはない。次世代の研究者達が引き継いでくれることを願っている。

　さて、高校教育像の史的展開を考察する作業は、高校教育像第1集では、次のようにラフスケッチしている。

　第一段階　大衆型高校像に基づく教育改革期―旧制エリート型高校像の変容
　・第1期　大衆型高校像の創出期
　・第2期　エリート志向型高校への修正期―進学準備教育の重視
　第二段階　高校の大衆化と能力主義的多様化をめぐる葛藤期―能力主義と平等主義
　　　　　　のせめぎ合い
　・第3期　第一次高校生急増と能力主義的多様化期
　・第4期　公立高校の平準化的再編と高校矛盾の進行期
　第三段階　高校の準義務化と高校教育改革の展開
　・第5期　第二次高校生急増と高校教育像の模索期
　・第6期　高校生急減と高校の特色化・多種類化

　その後、21世紀に入り、高校教育の自由化の動きの中で市場化・競争化が強まり、

入試制度・学区制度の再編、高校の多種類化・特色化は急速に進んでいる。その背後で、高校生の急減に対応した高校の統合再編が職業高校の再編、定時制の縮小再編、普通科高校の統合再編として進められた。そして、私学と公立を含む市場化・競争化が急速に進んできた。高校教育像は拡散化しており、統一的なイメージを再構成すべき時代に入ってきた。筆者は、高校教育像を再構成する視点として、次の5点を提示している。

　A．歴史的・原理的要因
　①教育目的としての進学準備教育と完成教育（市民教育・職業教育）の二重性
　②組織原理としての能力主義と平等主義の葛藤
　B．今日的要因
　③準義務教育機関的性格をめぐる葛藤
　④高校間格差を前提とする偏差値輪切り選抜の制度化からくる葛藤
　⑤学校化社会における青年の学校への囲い込みと学校離れという引き裂かれた状況

　高校教育制度が直面している課題は、歴史的・原理的要因を基盤に今日的要因に由来している。高校教育像のリデザインが必要不可欠と考える。

　なお、課題研究のまとめは『教育制度学研究』に掲載されているが、高校教育像第2集『中高一貫教育制度の構造的変化』が2011年に刊行されている。新たな高校教育像をめぐる葛藤を大脇康弘、藤田裕之、戸塚忠治、山崎保寿、坂田仰・亀井浩明が論じている。

(敬称略)

文献

『高校教育像』第1集、2002年、『高校教育像』第2集、2011年。

〔付録〕 日本教育制度学会20年の歩み

日本教育制度学会紀要『教育制度学研究』（創刊号～19号まで）および『教育改革への提言集』（全5冊）の目次を以下に記す。丸括弧内は執筆者名、それに続く数字は頁数である。

『教育制度学研究』創刊号（1995年10月29日発行）

日本教育制度学会の発足にあたって
　会長挨拶（真野宮雄）
　ごあいさつ（桑原敏明）

Ⅰ　創立記念シンポジウム「教育制度研究の課題を探る」　　　　　1-45
　司会　桑原敏明／小沢熹
　提案者　日本教育行政学会会長　　高倉翔
　　　　　日本教育経営学会理事　　中留武昭
　　　　　日本教育法学会会長　　　永井憲一
　　　　　日本教育社会学会会長　　天野郁夫
　　　　　日本比較教育学会会長　　川野辺敏
　　　　　日本教育制度学会会長　　真野宮雄

Ⅱ　特別寄稿論文「教育制度研究の課題を考える」
　教育制度研究の意味を問う（下村哲夫）　　　　　　　　　　　49-61
　「制度」概念の検討を中心として（新井郁男）　　　　　　　　 62-70
　教育制度研究の対象と課題（平原春好）　　　　　　　　　　　71-79
　教育制度研究の対象と方法（市川昭午）　　　　　　　　　　　80-94
　福祉の視点から見る教育制度（一番ヶ瀬康子）　　　　　　　　95-100
　生涯学習と学校制度の研究課題（金子照基）　　　　　　　　　101-111

Ⅲ　自由研究論文
　大学教育改革における単位制度運用の現状と課題（清水一彦）　115-136
　現代フランスにおける初等教育改革の論理―改革の前提となる
　　「問題」認識の分析―（藤井穂高）　　　　　　　　　　　　137-153
　専門的教育職員の人事制度をめぐる問題に関する一考察

	―指導主事と社会教育主事との比較検討をもとに―（佐藤晴雄）	155-173
Ⅳ	最近5年間の日本教育制度改革年表(桑原敏明)	177-215
Ⅴ	日本教育制度学会創立への経過(学会事務局)	217-227
Ⅵ	編集後記（亀井浩明／堀井啓幸）	229-231

『教育制度学研究』第2号（1995年10月14日発行）

Ⅰ　特集テーマ論文「生涯学習社会における学校制度のあり方を問う」

　　生涯学習時代(社会)における学校制度(森隆夫)　　　　　　　　3-8
　　生涯学習社会における学校制度のあり方を問う(平沢茂)　　　　9-25

Ⅱ　第2回研究大会報告

1　シンポジウム「生涯学習社会における学校制度のあり方」

　　「生涯学習社会における学校制度のあり方について」まとめ(新井郁男)　29-31
　　日本の学校教育を考える―生涯学習論の立場から―（鈴木正幸）　32-37
　　小学学習時代の学校制度のあり方―学校の役割と学校観の再考―（二宮皓）
　　　　　　　　　　　　　　　　　　　　　　　　　　　　　　38-43
　　夜間中学校の現場から(見城慶和)　　　　　　　　　　　　　44-50
　　教育について思うこと(寺田孝行)　　　　　　　　　　　　　51-56

2　課題別セッション要旨

　(1) 教育制度の歴史的研究

　　企画趣旨(村田鈴子)　　　　　　　　　　　　　　　　　　　57-59
　　高等教育制度の歴史的研究(金子勉)　　　　　　　　　　　　60-64
　　申請中学校を成立させたもの(赤塚康雄)　　　　　　　　　　65-70

　(2) 看護教育における制度的課題

　　企画趣旨(津曲裕次)　　　　　　　　　　　　　　　　　　　71-72
　　1条校以外で行われる看護教育(興梠清美)　　　　　　　　　 73-78
　　看護教育における制度的課題―短期大学の場合―（奥宮暁子）　79-86
　　看護教育における制度的課題＜看護系大学＞(濱田悦子)　　　 87-94

　(3) 学校管理職養成の制度化の可能性と課題(その1)

　　企画趣旨(中留武昭)　　　　　　　　　　　　　　　　　　　95-97
　　アメリカにおける学校管理職の資格・免許制度の現状と課題(八尾坂修)
　　　　　　　　　　　　　　　　　　　　　　　　　　　　　 98-105
　　戦後日本における免許・資格制度の設置と廃止を
　　　めぐる問題から(高橋寛人)　　　　　　　　　　　　　　　106-111
　　教育長・校長の職務内容の現状と課題から(加治佐哲也)　　　112-116

(4) 高校教育改革の課題と制度上の課題　　　　　　　　　　　117
　　―後期中等教育の動向分析―企画趣旨（西本憲弘）　　117-119
　高校教育改革の課題と制度上の課題
　　―後期中等教育の動向分析―（西本憲弘）　　　　　　120-125
　高校教育改革の課題と制度上の課題
　　―普通教育と職業教育の関係を中心に―（西山薫）　　126-129
　高校教育制度改革におけるボランティア活動の問題構成（藤澤健一）130-134
(5) 教育制度研究における法的アプローチの意義・限界と課題
　企画趣旨（小野田正利）　　　　　　　　　　　　　　　135-137
　子ども・父母の人権・権利保障の問題に照らして（黒崎勲）　138-142
　中学―高校間の「つなぎ」における新しい権利の創造
　　―教育評価の立場からの問題提起―（淀川雅也）　　　143-148

Ⅲ 自由研究論文
　開発途上国における初等教育完全普及への壁
　　―世界銀行『初等教育政策報告書』の分析を中心に―（斉藤泰雄）151-165
　イギリスの保育学校制度成立に関する研究
　　―1944年教育法の成立過程を中心に―（中嶋一恵）　　167-178
　小学校通学区域制度の規範構造と力学
　　―分析枠組みの考察―（葉養正明）　　　　　　　　　179-193
　イギリスの大学評価と財政制度（馬場将光）　　　　　　195-210
　臨時教育審議会後の教育制度改革に関する一考察―昭和50年代
　　以降の特別活動論の分析をふまえて―（福本みちよ）　211-226
　戦後の中学校における進路指導実践組織枠組みの変容と
　　その問題（藤田晃之）　　　　　　　　　　　　　　　227-244

Ⅳ 研究報告
　アメリカ・コミュニティ・カレッジの精神遅滞者
　　プログラム（米田宏樹）　　　　　　　　　　　　　　247-260

Ⅴ 教育制度研究情報
　研究情報欄設定の趣旨（亀井浩明）　　　　　　　　　　262
(1) 教育制度研究国内情報
　　第2次大戦後の高校改革政策（坂野慎二）　　　　　　263-269
(2) 教育制度最前線情報
　　当面する教育行政の課題と対応
　　　―東京都教育委員会の場合―（蛭田政弘）　　　　　270-272
　　新しい学校教育の動向―学校教育制度に

ついて考える—（北村文夫）	273-275
学習情報提供・学習相談システム（高橋興）	276-278
(3)教育制度研究国外情報	
Ⅰ．オーストラリア（神鳥直子）	279-283
Ⅱ．ニュージーランド（福本みちよ）	284-286
Ⅵ　日本教育制度学会会務報告	287-290
編集後記（亀井浩明）	291

『教育制度学研究』第3号（1996年10月1日発行）

特集テーマ論文《学校教育における選択の自由》

学校教育における「選択の自由」—高等学校における その動向を中心に—（江幡裕）	3-16
イギリスにおける学校選択の自由化に関する実証的研究 —エイヴォン県（County of Avon）の中等学校入学者数の 構造的変化と問題点—（山村滋）	17-30

第3回研究大会報告

〇公開シンポジウム《学校選択の自由》

学校選択の自由と義務教育法制—比較教育の観点から—（窪田眞二）	33-39
学校選択の多元化と制度的保障—高校教育改革の 最前線での探求—（大脇康弘）	39-44
中学校の進路指導と学校選択の自由（豊福保成）	45-50
討論とまとめ（桑原敏明）	50-52

〇特別公開講演「韓国の教育改革と教育制度の変遷」（鄭泰秀）	53-64

〇課題別セッション

Ⅰ　学校管理職養成の制度化の可能性と課題（その2）

中堅層教員に対する学校経営関連研修の今日的特色 —指導者養成の視点—（八尾坂修）	66-72
新構想大学大学院におけるカリキュラムの特徴と指導者養成の 可能性—鳴門教育大学の場合を中心に—（佐竹勝利）	73-77
兵庫教育大学大学院連合学校教育学研究科（構想）と 学校管理職養成（加治佐哲也）	78-82
校長職養成の新しい動向—1990年代アメリカの大学院養成 プログラムの吟味—（中留武昭）	82-87
＜討論とまとめ＞（中留武昭）	87-90

Ⅱ 看護教育制度における専門学校の位置
看護教育制度における専門学校の位置
　　―臨地実習に関する制度的課題―（柴田恭亮）　　　　91-95
看護教育制度における専門学校の位置
　　―入学の選考に関する制度的課題―（堤由美子・橋口友子）　95-105
討論とまとめ（岩橋法雄）　　　　　　　　　　　　　　　106-108

Ⅲ 高校教育改革の現状と問題点
高校教育制度改革の現状と問題点―比較教育学の立場
　　からの示唆―（田崎徳友）　　　　　　　　　　　　　109-113
地方自治体における先導的役割としての高等学校教育改革
　　の提言と実践（西本憲弘）　　　　　　　　　　　　　113-118
「脱偏差値」時代の高校入試制度改革―推薦入学・調査書
　　の実状と問題点―（藤澤健一）　　　　　　　　　　　118-122
討論とまとめ（有吉英樹）　　　　　　　　　　　　　　　122-125

Ⅳ 教育制度研究における法的アプローチの意義・限界と課題（その2）
教育法現象としての教育制度（榊達雄）　　　　　　　　　126-130
小学校通学区域制度における制度・法・文化（葉養正明）　131-137
教育制度研究と教育法学的アプローチ―「親の教育権と
　　父母参加制度」を手がかりに―（仲田陽一）　　　　　137-142
討論とまとめ（林量俶）　　　　　　　　　　　　　　　　142-145

自由研究論文
現代日本における幼児保育制度改革の方向と課題
　　―「子育て支援政策」文書の分析を中心に―（秋川陽一）　149-162
ホームルームの固定化に関する研究（佐々木司）　　　　　163-176
ロシア共和国における教員養成制度の創制とその実態
　　―大十月革命前後の継続性の検討―（高瀬淳）　　　　177-190

教育制度研究情報
〔教育制度研究国内情報〕
初任者研修に関する地方教育センター等の先行研究の検討（坂本孝徳）193-200
〔教育制度最前線情報〕
　『「いじめ問題」研究報告書』の概要（報告）
　　　―いじめ解決の方策を求めて―（宮地忠明）　　　　201-205
　学校週5日制と社会教育の対応―少年自然の家の取組みと
　　　今後の課題―（磯田亮洋）　　　　　　　　　　　　205-210
〔教育制度研究国外情報〕

フランスにおける学校週4日制の実験(池田賢一)	211-217
イギリス(イングランド)における教育改革の動向(沖清豪)	217-222
日本教育制度学会情報	225-232
編集後記(亀井浩明)	233

『教育制度学研究』第4号(1997年11月10日発行)

I 特集テーマ論文「人間社会の展望・課題と教育制度改革研究」

一人一人の能力・適性に応じた教育制度改革の研究課題(桑原敏明)	8-18
社会変化と教育制度(森隆夫)	19-28
多文化社会における学校教育制度の課題―言語問題と宗教問題を中心とした一考察―(小林順子)	29-39
社会のグローバル化と教育制度―人権と開発の統合という視点から―(渋谷英章)	40-50
「高齢社会化」をめぐる問題(津曲裕次)	51-60

II 第4回研究大会報告：公開シンポジュウム「六三三制の五十年―学制改革の可能性―」

六三三制の五十年―学制改革の可能性についての思考実験―(浦野東洋一)	64-68
時代の変化と六・三制の変化(斉藤諦淳)	69-75
六・三制の功罪(原田誠治)	75
上級学校との接続関係をめぐる諸問題―高校進学を中心に―(藤田晃之)	76-79
討論とまとめ(亀井浩明・沼田俊昭)	80-82

III 第4回研究大会報告：課題別セッション

1 学校管理職養成の制度化の可能性と課題(その3)

校長職の養成と力量形成に関わる研究者と現職者(校長・教諭)の意識(中留武昭)	83-86
学校管理職の養成と選考・研修―学校指導者の意識―(八尾坂修)	87-89
個別事例から見た校長職のキャリア形成(佐竹勝利)	90-92
〔討論とまとめ〕校長職養成制度化の可能性と課題(中留武昭)	93-94

2 高校教育改革における制度上の課題―総合学科をめぐって―

総合学科等の導入について(花岡愛夫)	95-98
高校教育改革の概要と総合学科について(岡田修二)	98-101
小笠高校の現状と課題(戸塚忠治)	101-104

教育運動の現在における総合学科―教育制度学における
　　　分析枠組の歴史的変遷への定位―（藤澤健一） 104-107
　　＜討論とまとめ＞高校教育改革における制度上の課題
　　　―総合学科をめぐって―（西本憲弘） 108-109
　3　高等教育制度における看護学教育
　　看護制度における看護教育の現状―看護専門学校の
　　　今日的課題について―（渡辺君子） 110-113
　　看護短期大学の立場からの提言（村本淳子） 113-116
　　大学教育の立場から（箕浦とき子） 116-119
　　＜討論とまとめ＞新指定規則と看護教育制度について（津曲裕次） 119-121
　4　高等教育改革試論
　　京都・大学センターの単位互換制度について（村田鈴子） 122-125
　　大学単位制度の確立の必要性（清水一彦） 126-129
　　もっと変わるべき大学―しばらくは市場型の
　　　方向性を目指して―（池田輝政） 129-131
　　大学評価について考える―イギリスの事例を
　　　参考にして―（馬場将光） 131-134
　　＜討論とまとめ＞高等教育制度改革の手がかりを求めて（石村雅雄） 134-136
Ⅳ　自由研究論文
　豪州ニューサウスウェールズ州における学校審議会に関する考察
　　　―学校長と父母・地域社会の連携を視点として―（伊井義人） 138-153
　合衆国における制度論の視角―制度の規定力に
　　　関する議論を中心に―（中田康彦） 154-166
　子どもの権利条約における情報プライバシー権（中嶋哲彦） 167-180
　「責任ある市民」形成教育と「市民的自由」の道具的機能―学習権・教育権
　　　の観点からのアメリカにおける判例法理の考察―（平田淳） 181-196
　単位制高校の科目選択制度に関する研究―生徒および
　　　教員の科目選択制度に対する意識を視点として―（山崎保寿） 197-209
Ⅴ　教育制度研究情報
〔国内最前線情報〕
　　はじめに（亀井浩明・佐藤晴雄） 211-212
　　これからの教育行政と教育委員会の課題（若月秀夫） 212-215
　　足立区の社会教育・生涯学習の現況（桜井通） 215-217
　　一校一特運動―学校の役割と学校ができること―（齊藤壽彦） 218-221
〔国外最前線情報〕

ペルー・フジモリ政権の下での教育改革の動向(斉藤泰男)　　222-227
　　　オレゴン州のチャレンジ：世紀の変わり目における
　　　　K－16の教育改革(池田輝政)　　227-234
〔教育制度研究動向紹介〕
　　　戦後教育行政制度の原理と論理―その捉え直しの動向―（荻原克男）
　　　　　　　　　　　　　　　　　　　　　　　　　　　　　　235-239
　　　イギリス現行資格制度に関する日本での研究動向
　　　　　―生涯学習論の立場から(柳田雅明)　　240-243
　　　東南アジア地域における教育研究の動向(池田充裕)　　244-248
Ⅵ　日本教育制度学会情報　　249-258
編集後記(林量俶)　　259

『教育制度学研究』第5号(1998年12月1日発行)

特集テーマ論文《変革期における学校教育制度の課題》
**　　―"46答申"以降の検証と21世紀への課題―**
　　　義務教育観の転換(下村哲夫)　　6-16
　　　義務教育制度の変容―教育制度の体系と教育意識の共変―（三上和夫）　17-30
　　　教育制度論における問題図式の起点―中教審1971年答申を
　　　　めぐる後期中等教育制度論に関連させて―（藤澤健一）　　31-41
　　　高等教育改革の課題と展望(池田輝政・沖清豪)　　42-49
　　　中高一貫教育に関する一考察(藤井佐知子)　　50-61
第5回研究大会報告
○公開シンポジウム《教育制度の「弾力化」を問う》
　　　規制緩和は「諸刃の剣」か(下村哲夫)　　64-69
　　　教育制度の弾力化と学校改善の可能性(中留武昭)　　69-75
　　　規制緩和　―日本的な新システムの創出は可能か―（水原克敏）　　76-80
　　　＜討論とまとめ＞教育制度の「弾力化」を問う(今村令子・松井一麿)　　81-83
○課題別セッション
Ⅰ　高等教育制度の歴史的研究
　　　実業系高等教育機関の発展(金子勉)　　84-87
　　　日本における学生財政援助制度の展開
　　　　―育英と奨学の観点から―（服部憲児）　　87-90
　　　女子の大学制度の発展(村田鈴子)　　91-94
　　　＜討論とまとめ＞わが国高等教育制度発展の諸相(村田鈴子)　　94-95

Ⅱ 高校教育制度改革の現状と問題点―総合学科における教育課程運営―
  総合学科における教育課程の運営について(西本憲弘)   96-99
  本校総合学科の内容と取り組み(関口武)   100-102
  総合学科一期生の自己実現に向けて(佐藤笙子)   103-105
  総合学科第一期生卒業(岡崎務)   106-108
  ＜討論とまとめ＞高校教育制度改革の現状と問題点(藤澤健一)   109-110

Ⅲ 高等教育セクターに対する資金調達の未来
  ―国立大学の民営化論を出発点として―
  高等教育の費用は誰が負担すべきか―イギリス、
    デアリングレポートから―（馬場将光）   111-114
  国立大学を学校法人化した場合の財源不足額の試算
    ―人文又は社会科学系1学部の例―（佐野享子）   115-119
  ベトナムにおける高等教育セクターに対する資金調達(石村雅雄)   119-122
  ＜討論とまとめ＞高等教育セクターに対する
    資金調達の未来(清水一彦)   123-124

自由研究論文
  日本における学校施設整備事業への国庫支出金制度の変容―1980年
    代以降を中心とした時系列的検討と執行過程の検討―（青木栄一）   126-139
  生涯学習推進体制における住民意向の反映と行政の責任
    ―地方公共団体の実態調査を通じて―（大桃敏行・背戸博史）   140-154
  1930年代アメリカ合衆国公立学校財政の州集権化(上寺康司)   155-171
  南北戦争後米国南部における連邦解放民局による黒人教育の特質
    ―「市民性」の涵養に注目して―（住岡敏弘）   172-186

教育制度研究情報
〇教育制度研究動向紹介
  戦後日本における教員制度研究の課題と展望
    ―研究の視点に着目して―（木岡一明）   188-191
  高等教育制度研究の動向と課題―大学評価制度研究の
    到達点と課題―（角替弘規）   192-198
  高校教育制度改革をめぐる研究動向(藤田晃之)   198-203
〇教育制度国内最前線情報
  はじめに(亀井浩明・佐藤晴雄)   204
  教員研修の実態と今後の在り方(原田晴夫)   205-208
  「学校と家庭・地域社会の連携」に関する実践事例の検討(佐藤晴雄)   209-214
〇教育制度国外最前線情報

ユネスコの識字教育推進における機能―アジア・太平洋地域
　　　中央事務所のアピール事業の考察を通して―（石田憲一）　　215-219
　　カナダにおける就学義務免除制度の展開
　　　―ホームスクールの制度化―（小林順子）　　220-224
日本教育制度学会情報　　226-234
編集後記（林量俶）　　235

『教育制度学研究』第6号（1999年11月1日発行）

特集テーマ論文《大転換期の〈教育制度〉改革》
　　　―〈教育制度〉をめぐる〈関係性〉を問う―
　学校と学校外の教育をめぐる関係性の吟味―開かれた連携と
　　協働に焦点をあてて―（中留武昭）　　6-21
　子どもの現状が問うているもの（笹森健）　　22-33
　教師・学校管理職に問われること―教育における関係性に
　　関する一考察―（亀井浩明・佐藤晴雄）　　34-45
　学校運営と教育行政機関との関係性を問う（宮腰英一）　　46-59
　教員養成をめぐる関係性を問う（三輪定宣）　　60-69
　公立中高一貫校設置の動向と意義に関する一考察（南澤信之）　　70-82

第6回研究大会報告
○公開シンポジウム《中高一貫制の方向を探る》
　中高一貫教育の選択的導入の趣旨と制度の概要（素川富司）　　84-89
　中高一貫制の方向を探る―進路指導の立場から―（渡辺三枝子）　　89-94
　中高一貫制教育の在り方を探る―中学校の立場から―（堀内一男）　　94-99
　中高一貫教育の可能性と課題―高等学校教育論の立場から―（大脇康弘）
　　　　　　　　　　　　　　　　　　　　　　　　　　　　99-105
　＜討論とまとめ＞中高一貫性の方向を探る（真野宮雄・二宮皓）　　106-107
○課題別セッション
　Ⅰ　教育行政制度の歴史的研究
　　戦後校長職の地位と役割の変遷（元兼正浩）　　108-111
　　教育長50年の人的変化（雲尾周）　　111-114
　　指導主事とカリキュラム行政（高橋寛人）　　114-117
　　＜討論とまとめ＞戦後教育行政制度の発展と問題点―校長・
　　　教育長・指導主事の職務権限及び実態の検証―（村田鈴子）　　117-119
　Ⅱ　高等教育機関の評価システムの確立に向けて―高等教育機関に

対する資源の効果的分配を視野において―
　　　日本における大学評価の在り方(清水一彦) 　　　　　　　　120-125
　　　ドイツ高等教育の評価と財政への影響(吉川裕美子) 　　　　125-128
　　　イギリスにおける大学評価と財政配分(角替弘規) 　　　　　128-131
　　　＜討論とまとめ＞高等教育機関の評価システムの確立に向けて―高等
　　　教育機関に対する資源の効果的配分を視野において―（宮腰英一） 131-133
Ⅲ　高校教育改革における制度上の課題
　　　―総合学科における進路指導・学習の検証―
　　　本校進路指導の現状と課題(大平典男) 　　　　　　　　　　134-137
　　　個性を育む高校教育の在り方を求めて―久喜北陽高等学校
　　　　における進路指導―（細田真由美） 　　　　　　　　　　138-140
　　　キャリア・カウンセラーの実践(大池公紀) 　　　　　　　　141-143
　　　＜討論とまとめ＞総合学科における進路指導・学習の現状と
　　　　理論的課題(藤澤健一) 　　　　　　　　　　　　　　　　144-145

自由研究論文
　　アメリカにおける学校と企業のパートナーシップ形成に関する考察
　　　―パートナーシップに向けた組織化論の検討を中心に―（大野裕己）148-161
　　ケンタッキー州における教育アカウンタビリティ監視
　　　システムに関する研究(佐々木司) 　　　　　　　　　　　　162-175
　　公立学校における校長への責任帰属過程に関する研究
　　　―校長・教員・保護者の責任比較―（露口健司） 　　　　　176-189
　　ノルウェーにおける「子どものためのオンブズマン」制度の運用実態
　　　―初代BO・フレッコイ在任期の事例を中心として―（半田勝久）190-201

研究報告
　　シンガポールにおけるマイノリティ教育政策―マレー系住民に
　　　対する教育支援政策を中心にして―（池田充裕） 　　　　　202-217

教育制度研究情報
○教育制度研究動向紹介
　　個人教育情報保護制度研究の動向―論点の整理と課題―（中嶋哲彦）220-223
　　教育参加・学校参加制度に関する研究動向紹介(坂野慎二) 　　224-229
　　看護・福祉教育制度(津曲裕次) 　　　　　　　　　　　　　　230-233
○教育制度国内最前線情報
　　指導主事と社会教育主事との連携を図るための諸課題(吉澤良保) 234-237
　　学校と指導主事との連携の実態(渡邊守) 　　　　　　　　　　237-239
　　地域との協働による学校づくりの推進(伊藤昭彦) 　　　　　　240-243

○教育制度国外最前線情報
　欧米編：フランスの「教育外交」戦略と高等教育改革(坂井一成) 244-249
　アジア編：ベトナムにおける民立大学の誕生と挑戦(近田政博) 250-254
日本教育制度学会情報 256-265
編集後記(林量俶) 266

『教育制度学研究』第7号（2000年11月1日発行）

特集テーマ論文《教育制度における公共性の変容と質の確保》
　基礎教育の普遍化におけるNGOの機能―教育の公共性
　　という視点から―（渋谷英章） 6-16
　公立大学をめぐる政策に関する史的考察(高橋寛人) 17-26
　私学の自由と公共性の法的構造(結城忠) 27-39
　教育の公共性の再構築と私事の組織化論(井深雄二) 40-49
　イギリスの教育行政機関と高等教育機関の関係性
　　―非省庁型公共機関（NDPB）の機能と大学評価―（沖清豪） 50-57
第7回研究大会報告
○公開シンポジウム《高校教育改革は成功するか》
　高校教育改革と大学教育との接続の立場から(西本憲弘) 60-65
　中高一貫教育と進路指導の立場から(藤田晃之) 66-71
　教育意識と教育制度体系との共変の立場から(三上和夫) 72-76
　高校教育改革の視点と課題―中高一貫教育と高校教育実践
　　の立場から―（南澤信之） 77-83
　＜討論とまとめ＞高校教育改革は成功するか(若井彌一・小野田正利) 84-85
○課題別セッション
　Ⅰ　高校教育制度改革の課題
　総合学科における科目選択・進路選択(田中葉) 86-90
　総合学科への転換と進路実現の変化(毛利徳司) 91-93
　総合学科に関する諸説の検討(広瀬義徳) 94-97
　＜討論とまとめ＞高校教育制度改革の課題―教育体系から
　　みた総合学科―（藤澤健一） 98-99
　Ⅱ　大学が法人によって運営されることの意味
　明治期大学独立論からの示唆(金子勉) 100-103
　イギリスにおける中央教育行政とエージェンシー―日本の
　　「国立大学」独立行政法人化への示唆―（沖清豪） 104-106

日本での法人化をめぐる議論の進行状況と課題(石村雅雄)　　107-110
　　＜討論とまとめ＞大学が法人によって運営される
　　　　ことの意味(石村雅雄)　　111-112
　Ⅲ　教育行政・学校運営制度改革をめぐって
　　地方分権一括法と教育行政制度改革(窪田眞二)　　113-116
　　学校運営サポートシステムの構築の可能性をめぐって(宮腰英一)　　117-120
　　国民の教育参加・知る権利と教育行政改革(中嶋哲彦)　　121-123
　　＜討論とまとめ＞教育行政改革の今日的動向をとらえる
　　　　視点とは(西山薫)　　124-125
自由研究論文
　　米国公立学校における同僚教員評価制度の意義と課題(古賀一博)　　128-145
　　公立学校のスクールカウンセラー制度導入による効果についての研究
　　　　―学校文化における促進・阻害要因の事例を通して―(増田健太郎)　146-158
　　イタリアにおける障害児統合教育導入と学校改革
　　　　―普通学校に焦点をあてて―（一木玲子)　　159-173
教育制度研究情報
〇教育制度研究動向紹介
　　学習権論の動向―教育権から教育人権へ―（江幡裕)　　176-180
　　高校と大学との接続(荒井克弘)　　181-185
　　学校選択に関する研究動向(大桃敏行)　　186-189
〇教育制度国内最前線情報
　　校長・教頭任用制度の今日的状況(元兼正浩)　　190-195
　　わが国における学校評議員制度と学校自己評価(八尾坂修)　　196-203
〇教育制度国外最前線情報
　　フィリピンにおける私立高等教育機関(中井俊樹)　　204-208
　　カナダ・オンタリオ州におけるスクール・カウンシルの
　　　　現状と課題(平田淳)　　209-216
教育制度学会情報　　218-228
編集後記(榊達雄)　　229

『教育制度学研究』第8号(2001年11月1日発行)

特集テーマ論文《あらためて学校教育制度の意義を問う》
　　―義務教育段階の検討を中心に―
　学校教育制度におけるアーティキュレーションの問題
　　―課題意識の変容と教育課題―（清水一彦）　　　　　　　　8-23
　参加型学校改革―親子間の距離の縮小と多様性の承認―（大桃敏行）　24-33

第8回研究大会報告
○公開シンポジウム《学校の自主性・自律性の確立と特色ある学校づくり》
　校長のリーダーシップと運営体制・責任（亀井浩明）　　　　　36-41
　地域に開かれた学校づくりと学校評議員制度の導入
　　という観点から（木岡一明）　　　　　　　　　　　　　　　41-46
　教育委員会の学校支援・援助と基盤整備（宮腰英一）　　　　　47-53
　学校評議員制度における保護者・地域住民の位置づけと課題（窪田眞二）53-58
　＜討論とまとめ＞学校の自主性・自律性の確立と
　　特色ある学校づくり（高倉翔・結城忠）　　　　　　　　　　58-60
○課題別セッション
Ⅰ　高校教育制度改革の課題―総合学科の検証―
　高校教育制度の構成原理からみた総合学科（大脇康弘）　　　　61-64
　比較教育の視点から（池田賢市）　　　　　　　　　　　　　　64-67
　カリキュラムの多様化と生徒の進路意識の変容
　　―総合学科における進路形成再考―（荒川葉）　　　　　　　68-71
Ⅱ　高等学校における教育課程改革の現状と課題
　高等学校における教育課程改革の現状と課題（山﨑保寿）　　　72-73
　総合的な学習推進の立場から（西尾克明）　　　　　　　　　　73-76
　中高一貫教育推進の立場から（南澤信之）　　　　　　　　　　77-79
　教育課程行政の立場から（佐々木幸寿）　　　　　　　　　　　79-83
Ⅲ　制度としての学校選択
　学校選択の正当性論拠の検証（大桃敏行）　　　　　　　　　　84-88
　公立学校における学校選択の事例研究―東京都品川区の
　　「区立小学校通学区域のブロック化」について―（嶺井正也）88-91
　＜討論とまとめ＞選択制度の範囲と制度原理（三上和夫）　　　92-93
Ⅳ　外部セクター方式による学校評価の実施方略と実行システム(1)
　イギリスにおける学校の外部評価―視学制度の現状と課題―（沖清豪）94-97
　ニュージーランドにおける外部機関方式による学校評価システム
　　―学校による自己評価と外部機関評価の関連性に着目して―

〔付録〕 日本教育制度学会 20 年の歩み　239

　　　（福本みちよ）　　　　　　　　　　　　　　　　　　97-100
　　ドイツにおける「評価」の位置づけ（南部初世）　　　　101-103
　　＜討論とまとめ＞学校評価研究の課題（木岡一明）　　　104-105
Ⅴ　マイノリティーの学習権阻害状況―学習権論再論―
　　学習権論再考―現代法理論の地平から―（広瀬義徳）　　106-108
　　少年法の構造に見る学習権論の課題（江幡裕）　　　　　108-111
　　外国人の子どもの学習権保障をめぐる課題（嶺井明子）　112-113
　　就学（義務）原則のもたらす学習権阻害
　　　　―ノンフォーマル教育の位置づけをめぐって―（渋谷英章）　114-116
　　＜討論とまとめ＞マイノリティーの学習権阻害状況（江幡裕）　117-118

自由研究論文
　政策形成過程における文部省・地方政府関係の変容
　　　―公立学校施設整備制度に着目して―（青木栄一）　120-134
　少年法の構造から見た学習権論の課題（江幡裕）　　　　　135-149
　戦後初期における大学管理制度改革をめぐる議論の展開
　　　―大学基準協会の大学自治運営「折衷方式」案を中心に―（鳥居朋子）150-165
　明治末期の北海道における中等学校整備政策とその実施過程
　　　―学校種統制手段としての自賄主義の破綻―（大谷奨）　166-179
　イギリスにおける学校選択自由化に関する研究―市場原理に基づく
　　教育水準向上政策としての有効性と問題点―（山村滋）　180-194
　イギリス国庫補助学校財政制度に関する研究―学校財団
　　（Funding Agency for Schools）の役割を中心として―（三山緑）　195-208
　ドイツにおける親の権利の変容過程
　　　―懲戒権規定の改正を通して―（荒川麻里）　　　　　209-224
　アメリカの学校管理職養成制度に関する研究―1990年代の
　　州間連携事業における統一的基準の開発を中心に―（大竹晋吾）　225-240
　中国私立大学卒業者の学歴認定に関する一考察
　　　―高等教育学齢証書試験を中心に―（王幡）　　　　　241-255
　ベトナムにおける職業技術教育制度の変遷
　　　―再統一以降を中心として―（マイ・クアン・フイ）　256-270

教育制度研究情報
〇教育制度研究動向紹介
　生涯学習体系研究の前提と研究の課題（角替弘志）　　　　272-276
　教員養成制度研究の課題と視角
　　　―教員養成系大学・学部を中心に―（西山薫）　　　　276-280

教育行政の研究と教育をどのように見直すか―アメリカ教育学会
　　　（AERA）Division A task forceの提言―（堀和郎）　　　　　280-285
○教育制度国内最前線情報
　　わが国における学校選択制導入の動向（貞広斎子）　　　　　　286-290
　　わが国における指導力不足教員の判例等からみた
　　　様相と対応策の展望（八尾坂修）　　　　　　　　　　　　　291-302
○教育制度国外最前線情報
　　タイにおける教育改革の動向
　　　―仏暦2542（1999）年国家教育法を中心に―（渋谷恵）　　　303-308
　　チェコにおける高等教育の多様化（石倉瑞恵）　　　　　　　　308-313
○真野宮雄先生への追悼のことば（亀井浩明）　　　　　　　　　　　314
教育制度学会情報　　　　　　　　　　　　　　　　　　　　　　316-326
　編集後記（榊達雄）　　　　　　　　　　　　　　　　　　　　　　327

『教育制度学研究』第9号（2002年11月1日発行）

特集テーマ論文《揺らぐ教育の機会均等》―教育制度における「優秀性」を問う―
　　「教育の機会均等」政策の変容―公立学校制度の限界―（黒崎勲）　6-15
　　学校選択制における私立学校問題―米国・ミルウォーキー市の
　　　ヴァウチャープログラムの事例を通して―（成松美枝）　　　　16-28
　　教育改革における市場と区域―「経済特区」をめぐる教育論争―（三上和夫）
　　　　　　　　　　　　　　　　　　　　　　　　　　　　　　　29-38

第9回研究大会報告
○公開シンポジウム《大学と地域との連携》
　　大学コンソーシアム京都の連携教育事業（森島朋三）　　　　　　40-45
　　大学運営の観点からみた地域との連携課題
　　　―大学をめぐる環境変化と龍谷大学の改革事例―（河村能夫）　45-50
　　教員養成大学における地域との連携（新井郁男）　　　　　　　　51-53
　　地域教育計画と大学の将来像（高木英明）　　　　　　　　　　　53-58
　　＜討論とまとめ＞大学と地域との連携（清水一彦・山田礼子）　　58-60
○課題別セッション
Ⅰ　学習権論再論
　　「オウムの子どもたち」の就学をめぐる問題状況（牛尾直行）　　 61-64
　　外国人の子どもの学習権―フランスの事例を通して―（池田賢市）65-67
　　グローバル化時代の国民国家の変容と学習権（国祐道広）　　　　68-71

＜討論とまとめ＞学習権保障における国民国家（江幡裕）　　　　　　　71-73
Ⅱ　高校教育像の史的展開―課題と方法―
　　高校教育像の史的展開―視点と枠組み（大脇康弘）　　　　　　　　　74-77
　　高校教育像の変容に関する先行研究のレビュー（山田朋子）　　　　　77-80
　　体験的高校教育の変遷―戦後の改革（亀井浩明）　　　　　　　　　　80-84
　　高校教育像の史的展開に関する認識枠組み―旧制中等学校と
　　　新制高等学校の連続面を中心に―（米田俊彦）　　　　　　　　　　84-86
Ⅲ　大学ユニバーサル化時代の新しい教育接続―アメリカの事例を中心に―
　　新アドミッションシステム導入の政策的背景（藤井佐知子）　　　　　87-89
　　オレゴン州高校教育の動向とPASSによる接続の開始
　　　―理想・制度・現実―（橋本昭彦・河野銀子）　　　　　　　　　　90-92
　　アメリカにおける教育接続の枠組み（池田輝政）　　　　　　　　　　93-94
　　コミュニティカレッジを活用した接続改革（尾中文哉）　　　　　　　94-96
　　4提案へのコメント（木村元）　　　　　　　　　　　　　　　　　　96-98
　　＜討論とまとめ＞（荒井克弘）　　　　　　　　　　　　　　　　　　99-101
Ⅳ　教育課程改革期における高等学校教員研修の現状と課題
　　―総合的な学習の時間に関する研修を基本的視点として―
　　教育課程改革期における高等学校教員研修の現状と課題
　　　―提案の趣旨―（山﨑保寿）　　　　　　　　　　　　　　　　　102-104
　　総合的な学習の時間に関する教育委員会の研修（南澤信之）　　　　104-107
　　総合的な学習の時間に関する研究指定校の研修（小田清隆）　　　　107-110
　　総合的な学習の時間に関する校内研修（西尾克明）　　　　　　　　110-114
自由研究論文
　　高校入試改革普及の規定要因―イヴェント・ヒストリー分析
　　　を用いて―（中澤渉）　　　　　　　　　　　　　　　　　　　　116-129
　　看護専門学校における実習調整者制度の成果に関する研究―学校と実
　　　践の場の連携を促進する実習調整者の役割の分析から―（原田広枝）130-144
　　中国における小中一貫制学校に関する考察（楠山研）　　　　　　　145-157
　　「満洲国」における朝鮮族教育制度の成立過程（于逢春）　　　　　158-171
　　ネパールの王政復古期における初等教育計画の特徴と限界
　　　―教育制度創設に向けた教育理念に焦点を当てて―（中村裕）　　172-187
　　アメリカの中等学校制度改革と人種問題―シアトル市のミドル・
　　　スクールの創設を事例に―（杉浦慶子）　　　　　　　　　　　　188-201
　　カリフォルニア州の州民投票・提案227の課題
　　　―教育政策の評価と教育の正統性に着目して―（滝沢潤）　　　　202-215

```
  ニュージーランドの学校評価システムに関する研究
    —外部評価機関の位置と役割に着目して—（福本みちよ）       216-229
  フィンランドにおけるヴァーチャル・ユニバーシティの開発（渡邊あや）
                                                              230-243
```

教育制度研究情報
○教育制度研究動向紹介
 大学における教養教育に関する研究（佐藤浩章）　　　　　　　246-250
 高校教育改革の研究動向（山田朋子）　　　　　　　　　　　　250-255
 学校評価に関する研究動向—教育改革を背景とした
  学校評価論の展開—（福本みちよ）　　　　　　　　　　　255-258
○教育制度国内最前線情報
 教育課程改訂にともなう学校と地域社会の連携形成の
  課題と展望（大野裕己）　　　　　　　　　　　　　　　　259-264
 大学におけるSD（事務職員の職能開発）の現状と動向（坂本孝徳）　265-268
○教育制度国外最前線情報
 仏英の教育課程にみる参加型市民教育（園山大祐）　　　　　　269-278
 カナダ先住民の学校教育に対する自治権限の現在（広瀬健一郎）　279-286
日本教育制度学会情報　　　　　　　　　　　　　　　　　　　　288-299
編集後記（榊達雄）　　　　　　　　　　　　　　　　　　　　　　　　300

『教育制度学研究』第10号（2003年11月1日発行）

特集テーマ論文《諸外国における教育制度改革の争点を問う》
 イギリスにおける中央集権的視学・監察制度の機能変容（沖清豪）　6-20
 現代アメリカ教育制度研究の課題と方向性—「外制度」による
  呪縛を超えて—（佐々木司）　　　　　　　　　　　　　　21-35
 反市場主義の教育改革—フランス公教育の伝統と変容—（藤井佐知子）
                                                              36-50
 イタリア中道右派政権・モラッティ教育改革に関する一考察（嶺井正也）51-67
 現代中国の初等教育改革と"隠れた争点"—西部・少数民族貧困県
  からの視点—（仲田陽一）　　　　　　　　　　　　　　　68-81

第10回研究大会報告
○公開シンポジウム《教育改革の原理を問う》
 現場研究の立場から（亀井浩明）　　　　　　　　　　　　　　84-89
 学校現場からの提言（中野謹矢）　　　　　　　　　　　　　　90-93

学習権の保障こそ(桑原敏明)　　　　　　　　　　　　　93-96
   公教育論の視点から(堀尾輝久)　　　　　　　　　　　　96-103
   ＜討論とまとめ＞(津布楽喜代治・二宮皓)　　　　　　　103-105
○課題別セッション
 Ⅰ　学習権論再論
   障害児の学習権をめぐって(一木玲子)　　　　　　　　　106-109
   人権論から見た学習権論の課題(林量俶)　　　　　　　　109-112
   学習権論の隘路(江幡裕)　　　　　　　　　　　　　　　112-115
   ＜討論とまとめ＞学習権論の課題(江幡裕)　　　　　　　115-117
 Ⅱ　高校教育像の史的展開(その2)―大衆型高校像による制度の創出と修正―
   大阪府における新制高等学校の成立と変容(大脇康弘)　　118-121
   長野県における新制高等学校の成立と変容(西山薫)　　　121-123
   高知県における新制高等学校発足時の実像(西本憲弘)　　124-129
   ＜討論とまとめ＞討議の概要とまとめ(山崎清男)　　　　129-131
 Ⅲ　外部セクター方式による学校評価の実施方略と実行システム(2)
     ―支援と知恵を巻き込む学校組織開発へ―
   学校組織開発を目指す学校評価制度の在り方
     ―品川区における学校評価制度を事例として―(木岡一明)　132-135
   外部評価の専門性について―「意見表明システム」の構築と
     「評価の評価」をめぐって―(沖清豪)　　　　　　　　136-139
   「内部評価」と「外部評価」の関係性に着目して
     ―ドイツの事例から―(南部初世)　　　　　　　　　　140-143
   外部評価制度における支援機能について
     ―ニュージーランドの事例から―(福本みちよ)　　　　143-146
   ＜討論とまとめ＞学校評価研究の課題(2)(湯藤定宗)　　146-147
 Ⅳ　高等学校教育課程改革における価値構造の変容に関する検討
   制度逸脱的価値判断の構造とプロセス
     ―教育の情報化にむけて―(南澤信之)　　　　　　　　148-152
   高等学校教師集団に見られる価値構造の特性(西尾克明)　152-155
   高等学校の変化に対する制度的検討と理論的サポート―「制度」
     としてのカリキュラムと評価による価値構造の変容―(加藤崇英)　156-158
   教育課程経営における脱制度的価値判断の理論的構造(山﨑保寿)　159-162
   ＜討論とまとめ＞教育課程改革と価値構造の変容プロセス(山﨑保寿)　162-163
 Ⅴ　学校の組織変革における協働・連携をめぐる課題
   学校の組織変革と官民パートナーシップ―学校経営の

エンパワーメント枠組についての英国事例の検討―（若林直樹）　164-165
　文教施設の建築・管理・運営へのPFI方式の導入(池内耕作)　166-167
　学校連合による教育支援体制(吉原美耶子)　167-170
　＜コメント＞(高橋寛人)　170-171
　＜討論とまとめ＞(宮腰英一)　171-172
自由研究論文
　昭和初期における中等教育制度一元化への教育システムの
　　内在的要因(井本佳宏)　174-188
　1911(明治44)年私立学校令改正と私学制度(大迫章史)　189-203
　米国テキサス州におけるAlternative Teacher Certificationの
　　特質(小野瀬善行)　204-217
　学校選択制度と民主主義：抑制と均衡の原理に基づく学校選択
　　についての一考察(清田夏代)　218-233
　教育権論における「文化」(広瀬義徳)　234-250
　山東省における海外中国人留学生招致政策の成立に
　　関する研究(劉国彬)　251-264
教育制度研究情報
○教育制度研究動向紹介
　「初期教育制度」研究の動向と課題(秋川陽一)　266-270
　大学の設置形態と管理運営に関する研究の動向(佐野享子)　271-275
○教育制度国内最前線情報
　中高一貫教育の全国的動向(坂野慎二)　276-284
　地方政府の機構改革―教育委員会事務局と首長部局の機能分担の
　　見直し―（青木栄一）　285-289
○教育制度国外最前線情報
　OECDの教育政策と研究事業について
　　―『教育政策分析』を中心に―（稲川英嗣）　290-297
　ドイツ教育制度における宗教戦争(斉藤一久)　298-302
日本教育制度学会情報　304-315
編集後記(仙波克也)　316

『教育制度学研究』第11号(2004年11月10日発行)
特集テーマ論文≪教育制度のアーティキュレーションを問う≫
　生涯学習機関としての大学―大学教育の拡張と体系化に関する

一考察—（猿田真嗣） 6-19
　　学校教育と生涯学習の接続を考える（背戸博史） 20-34
　　人事交流による校種間接続の可能性と課題
　　　—小・中連携に焦点をあてて—（元兼正浩） 35-48
第11回研究大会報告
○公開シンポジウム《これからの学校・学校制度はどうなるか》
　　テーマ設定の趣旨（佐竹勝利） 50
　　基調提案：規制改革会議の考えるこれからの学校（葉養正明） 51-55
　　総合的な学習の時間は学校をどう変えるか（勝瀬奈奈子） 56-60
　　二学期制の導入は学校を変えるか（近藤芳夫） 61-64
　　子どもの学びの個別性への注目は学校をどう変えるか
　　　—学校変容の否定的側面に注目して—（江幡裕） 65-69
　　＜討論とまとめ＞（岩城孝次・仙波克也） 70-72
○課題別セッション
Ⅰ　教育制度改革と学習権
　　親の教育権と子どもの学習権—児童虐待防止法改正論議における
　　　親権のあり方をめぐって—（牛尾直行） 73-76
　　学習権保障主体論—『地域』という主体—（広瀬義徳） 76-79
　　外国人にとっての学習権（佐野通夫） 79-82
　　＜討論とまとめ＞学習権保障主体に課せられる責任・義務（江幡裕） 82-84
Ⅱ　幼保一元化を考える—地方自治体での改革動向を踏まえて—
　　本課題別セッションの趣旨について（秋川陽一） 85-88
　　「幼保一元(一体)化」論の現状および「幼保一元(一体)化」政策の課題
　　　—静岡県における二・三の事例と New Zealand の
　　　Te Whāriki を参考に—（久保田力） 88-91
　　岡山市の幼保一体化の取組について（井山房子） 91-94
　　幼稚園・保育所の「一元化」と幼稚園・保育所経営（伊藤良高） 94-97
　　＜討論とまとめ＞（藤井穂高） 97-99
Ⅲ　教員人事評価システムの特質と課題
　　公務員制度改革と教員評価（高橋寛人） 100-103
　　優秀教員評価システムとその活用 —都道府県・指定都市
　　　調査から—（佐藤晴雄） 103-107
　　東京都や大阪府の教員人事評価事例からみた課題（八尾坂修） 108-112
　　＜討論とまとめ＞ 教員評価システムの質的課題（佐竹勝利） 113-115
Ⅳ　地域教育計画の理論的課題

地域教育計画の今日的様相
　　―課題の確認と「総合性」概念の仮設―（三上和夫）　　　116-118
地域教育計画の理論的課題―総合的地域計画論の射程―（木岡一明）　119-121
米国における「総合的地域教育計画」をめぐる理論的課題（山下晃一）　122-125
＜討論とまとめ＞地域教育計画に関する今後の課題（湯藤定宗）　　126-128

V　高等学校教育課程改革における価値構造に関する研究

教育課程改革に見られる価値構造の教育制度的検討（南澤信之）　　129-132
教育実践における価値構造の特性的側面―青年期の教育に見られる
　　価値構造の特性―（西尾克明）　　　　　　　　　　　　　　　133-136
高等学校における教育課程経営と価値構造に関する考察（山﨑保寿）　136-139
＜討論とまとめ＞学校組織の持つ価値構造という視点
　　の必要性（山﨑保寿）　　　　　　　　　　　　　　　　　　　139-141

自由研究論文

文部省の官房機能
　　―機構面と人事面からの分析―（荻原克男・青木栄一）　　　　144-158
中国における「重点校政策」の教育効果に関する実証的研究
　　―高校ランク別の学力水準との関連で―（張春蘭）　　　　　　159-171
米国におけるホームスクールへの公的支援制度―アラスカ州
　　Family Partnership Charter School を事例に―（下村一彦）　　172-185
ネパールにおける高等教育制度の成立と機構―トリブヴァン大学
　　創設の背景とその組織に注目して―（中村裕）　　　　　　　　186-201
普通科高校における新教育課程編成方針の分析―「教育の基調の
　　転換」と学校の社会的位置づけ―（山村滋・荒牧草平）　　　　202-214
米国教員養成機関のアクレディテーション市場に関する研究
　　―新規参入団体による影響を中心に―（佐藤仁）　　　　　　　215-228
1980年代におけるアメリカのコミュニティカレッジに関する研究
　　―コミュニティカレッジの方向性に関する3つの議論
　　に焦点をあてて―（浅田昇平）　　　　　　　　　　　　　　　229-243
アメリカの大学と学校の連携における大学教員参画の促進条件
　　―テキサス大学エルパソ校の連携実践における報酬システムの
　　整備を事例として―（吉田武大）　　　　　　　　　　　　　　244-258
韓国の才能教育における高大接続に関する考察―科学高等学校と
　　英才学校の大学進学制度を事例に―（石川裕之）　　　　　　　259-273
フランス教員組合運動史―組織と運動の確立過程を
　　中心として―（片山政造）　　　　　　　　　　　　　　　　　274-288

ケンタッキー教育改革法(KERA)における改革戦略の特徴—School-
　　　Based Decision Making政策の特質の解明を中心に—(柳林信彦)　289-302
教育制度研究情報
○教育制度研究動向紹介
　　学校経営制度に関わる研究の背景とその動向(中留武昭)　304-311
　　中等後教育制度に関する研究動向(宮腰英一)　311-315
　　教員制度研究の新たな視座(八尾坂修)　315-321
○教育制度国内最前線情報
　　構造改革特別区域法と公教育制度(坂田仰)　322-328
　　高校入試改革と「主観主義の設計」(末冨芳)　329-333
○教育制度国外最前線情報
　　インドにおける高等教育の民営化の現状(牛尾直行)　334-339
　　フィンランドにおける大学運営改革の動向(渡邊あや)　340-345
日本教育制度学会情報　348-359
編集後記(仙波克也)　360

『教育制度学研究』第12号(2005年11月1日発行)

特集論文テーマ《義務教育制度の分権化・弾力化問題を問う》
　　義務教育制度の規制改革と地方分権改革—教育人権保障と
　　　教育自治の視点から—(中嶋哲彦)　6-19
　　義務教育制度改革論の文脈と課題(葉養正明)　20-31
　　PISA以後のドイツにおける学校制度改革の展望—「地域共通学校」
　　　の提唱と新しい学習論—(前原健二)　32-46
第12回大会報告
○公開シンポジウム《『義務教育』のあり方をあらためて問う
　　—いわゆる「公共性」をめぐって》
　　自由で民主的な社会的法治国家における義務教育法制への
　　　アプローチ(結城忠)　48-53
　　株式会社の参入—学校設置権・設置義務と設置能力—(井深雄二)　53-58
　　教育改革の動向と子ども・現場の悩み(嶺井正也)　58-63
　　＜討論とまとめ＞(南部初世・窪田眞二)　64-66
○課題別セッション
　Ⅰ　教育制度原理—教育制度改革における学習権問題
　　ニューカマーの子どもの学習権の諸問題(太田晴雄)　67-70

フランスにおける外国人の子どもの学習権保障・制約の文脈(池田賢市) 70-73
学校制度改革提言と学習権―多様な修学年数学校の共存と
　　グローバルでユニバーサルな学習権保障へ―(国祐道広)　　73-76
＜討論とまとめ＞(広瀬義徳)　　76-78

Ⅱ　初等教育制度―幼保一元化を考える(2)　～教育制度論的課題の検討
幼保一元化施設の創設に向けた地方自治体の取り組みとその課題(丹治恭子)
　　　　　　　　　　　　　　　　　　　　　　　　　　　　　79-82
公立幼稚園という問題(藤井穂高)　　82-85
「幼保一元化」の動向と保育者の諸問題(林若子)　　85-89
＜討論とまとめ＞幼保一元化の課題と展望を探る(伊藤良高)　　89-91

Ⅲ　中等教育制度―高等学校と高等教育機関並びに企業との連携の意義と課題
高等学校と高等教育機関並びに企業との連携の意義と課題
　　―連携の二つの意義について―(南澤信之)　　92-95
高校・専門学校連携の試み(山本哲也)　　96-98
高大連携事業に対する高校及び高校生の意識(佐々木幸寿)　　99-101
大学側から見た高大連携の問題と展望(山﨑保寿)　　102-104
地域との連携により学校の活性化をはかる取り組み―長野県
　　飯田工業高校における取り組み―(保高勝通)　　105-108
＜討論とまとめ＞高等学校教育における連携の意義と実際(南沢信之)
　　　　　　　　　　　　　　　　　　　　　　　　　　　　108-110

Ⅳ　高等教育制度―わが国における大学評価の到達点と課題
大学評価と学位の質保証(吉川裕美子)　　111-114
日本における認証評価の将来展望(清水一彦)　　115-117
＜討論とまとめ＞フランスの経験を手がかりとしたまとめ(石村雅雄)
　　　　　　　　　　　　　　　　　　　　　　　　　　　　118-122

Ⅴ　教員制度―諸外国における教員人事評価の今日的特徴と展望
米国同僚教員支援・評価システムの特質と意義―カリフォルニア州
　　ポーウェイ統合学区の事例分析を通して―(古賀一博)　　123-128
イギリスにおける教員の人事評価と職能開発―イギリスにおける
　　業績評価と指導力不足教員への対応の問題を中心に―(堀井啓幸) 128-131
ロシア連邦における教員の上位資格と人事評価(高瀬淳)　　131-134
諸外国における教員人事評価の今日的な特徴と展望
　　―コメンテーターとして―(亀井浩明)　　134-135
＜討論とまとめ＞これからの教員人事評価の活路を探る(八尾坂修)　135-137

Ⅵ　地方教育計画―地域教育計画の理論的課題(2)

〔付録〕 日本教育制度学会20年の歩み　249

　　―制度機構の再編動向に焦点をあてて―
　現代アメリカにおける地域教育計画をめぐる制度再編の動向
　　―教育委員会と首長部局の関係再編の一断面―（山下晃一）　　138-142
　アメリカにおけるチャータースクールの管理・運営に関する
　　新たな動向（湯藤定宗）　　143-145
　教育行政のガバナンスと学校運営の多元化の論点整理
　　―三つの論点と一つの概念―（三上和夫）　　146-147
　＜討論とまとめ＞地域教育計画における首長のリーダーシップと
　　教育の供給主体の多元化に関する検討（滝沢潤）　　147-149

自由研究論文
　米国における公教育の市場化・脱規制化と教員組合運動―NEA・
　　AFTのチャーター・スクール対策の分析―（髙橋哲）　　152-166
　フランス公教育における非宗教性原則の問題構成―2004年非宗教性
　　原則適用法の分析を中心として―（藤井穂高）　　167-181
　教育委員会制度の運用実態に関する実証的研究―教育委員会会議の
　　活性化にかかわる要因の分析を中心として―（堀和郎・柳林信彦）　182-196
　ロシア連邦における学校の管理運営体制の法制と実態
　　―モスクワ州の事例に着目して―（高瀬淳）　　197-210
　中国における普通高級中学の発展形態
　　―1990年代以降を中心として―（費駿闍）　　211-225

教育制度研究情報
○教育制度研究動向紹介
　直面する教育課題と対策―特に高校教育に焦点化して―（亀井浩明）　228-233
　教育行政に関する研究動向（前原健二）　　233-238
　地方教育計画における教育専門性と民主性の相克（木岡一明）　　238-242
　義務教育制度改革と学習権に関わる研究の背景と課題（動向）（国祐道広）
　　　　　　　　　　　　　　　　　　　　　　　　　　　　　　242-246
○教育制度国内最前線情報
　地方交付税による「学校図書館図書整備費」の動向
　　―措置状況と問題点―（黒川雅子）　　247-252
　子どもの権利に関する条例研究の進展と制定上の課題（半田勝久）　252-257
○教育制度国外最前線情報
　イタリアにおける障害児のインクルージョンの一事例（一木玲子）　258-264
　ドイツにおける「エリート大学」構想の行方
　　―連邦と州の関係に注目して―（大野亜由未）　　265-270

日本教育制度学会情報　　　　　　　　　　　　　　　272-284
編集後記(仙波克也)　　　　　　　　　　　　　　　　284

『教育制度学研究』第13号(2006年11月1日発行)
第13回研究大会報告
○公開シンポジウム
学校とマスコミの間にある距離―お互いの実像の「理解」から
　"学校"と"報道"の課題を探る―　　　　　　　　　　6-61
シンポジスト：高橋庄太郎・安東義隆・中尾孝則・古川治
司会：木岡一明・小野田正利
学校とマスコミの間のミゾは埋まるか
　―シンポジウムを終えて―（小野田正利）　　　　　62-66

○課題別セッション
I 「質の高い学校」(quality school)づくりのための条件と持続メカニズム
　学校経営改革の様相―全国22校の事例調査から―（加治佐哲也）　67-70
　「質の高い学校」づくりを促進する条件―若干の事例を
　　手がかりに―（葉養正明）　　　　　　　　　　　71-74
　校内研究体制の確立条件と「質の高い学校」の持続メカニズム(山﨑保寿)　74-77
　＜討論とまとめ＞「質の高い学校」(quality school)づくりのための
　　条件と持続メカニズム(中留武昭)　　　　　　　　77-79

II 成人学習領域における公共管理システムの比較分析
　イギリス(イングランド)における成人学習公共管理システムの
　　転換(柳田雅明)　　　　　　　　　　　　　　　　80-83
　アメリカ合衆国における成人学習プログラムの公共管理(藤田晃之)　84-87
　ユネスコの生涯学習施策における官(公)民役割分担の考え方(内田広之)　87-90
　＜討論とまとめ＞成人学習施策の比較分析(大桃敏行)　90-92

III 幼児教育の公的責任を考える
　幼児教育における公的責任をめぐる原理的諸問題の提起(秋川陽一)　93-98
　幼稚園と保育所の一体的運営の現状と共通カリキュラム
　　―保育と小学校教育との接続に焦点を当てて―（梨子千代美）　98-101
　公的責任の観点からみた保育者養成の課題
　　―保育士養成を中心に―（矢藤誠慈郎）　　　　　101-104
　＜討論とまとめ＞「構造改革」の進展と幼児教育における
　　公的責任(伊藤良高)　　　　　　　　　　　　　　104-106

VI 教育制度改革における学習権問題

インクルージョンの理念に基づいた学習権保障の提起(一木玲子) 107-111
定時制(通信制)高校の現状を契機とした学習権問題
　の提示(池田賢市) 111-114
学習権保障の「新」展開―機会の保障から質の保障へ―(渋谷英章) 114-116
＜討論のまとめ＞学習権理論の今日的課題と課題克服
　の展望(林量俶) 117-119

自由研究論文

学校と地域の連携における子どもの主体形成―参加・他者との
　関係性・社会認識と自己認識に着目して―(柏木智子) 122-135
中国における農民工子女の義務教育機会の保障に関する中央・地方
　政府の役割―関係法規の制定状況と就学実態の分析―(植村広美) 136-148
わが国の教員集団における専門職化過程の特殊性に関する一考察
　―アングローアメリカ・大陸モデルとの比較から―(丸山和昭) 149-162
学校運営協議会の制度化に関する一考察(日髙和美) 163-175
イギリスにおける人材に対する投資活動への認証制度―教育・訓練
　政策における「人々への投資家(Investors in People)」の位置づけに
　焦点を当てて―(白幡真紀) 176-189

教育制度研究情報

○教育制度研究動向紹介
　幼小連携論の動向と課題(藤井穂高) 192-195
　高等教育研究の動向―学士課程制度に着目して―(山田礼子) 196-200
　看護教育制度に関する研究動向(高瀬淳) 200-204
○教育制度国内最前線情報
　近年の学校管理職研修の動向(大竹晋吾) 205-209
　教員の政治的行為再考―山梨県教組事件から考える―(田中洋) 210-216
○教育制度国外最前線情報
　米国におけるホームスクール関連法制の現状と課題(下村一彦) 217-222
　シンガポールにおける教育改革の動向(池田充裕) 222-229

書評

書評　久保富三夫著『戦後日本教員研修制度成立過程の研究』(高橋寛人)
　　　232-238
「書評」に応えて(久保富三夫) 238-244

日本教育制度学会情報 246-257

編集後記(江幡裕) 258

『教育制度学研究』第14号（2007年11月1日発行）

第14回研究大会報告

○**公開シンポジウム《教育制度改革のめざす"学校力""教師力""人間力"を考える》**

<解題> "学校力""教師力""人間力"を高める教育制度改革
　　の展開（八尾坂修）　　　　　　　　　　　　　　　　　　6-21

<報告>
　教育制度改革のめざす"学校力""教師力""人間力"を考える
　　―福岡市教育委員会の施策の視点から―（植木とみ子）　22-31
　教育制度改革のめざす"学校力""教師力""人間力"を考える
　　―生涯教育の観点から―（桑原敏明）　　　　　　　　　32-41
　教育制度改革のめざす"学校力""教師力""人間力"を考える
　　―教育政策の視点から―（中田康彦）　　　　　　　　　42-53
　教員免許、学校評価制度改革の視点から"学校力""教師力"
　　"人間力"を考える（八尾坂修）　　　　　　　　　　　　53-65
　<討論とまとめ> 三つの「力」をめぐる教育制度改革の課題（佐藤晴雄）
　　　　　　　　　　　　　　　　　　　　　　　　　　　　66-71

○**課題別セッション**

I　生涯学習施策における公共セクターの転換―行政改革・財団・NPO―
　行政改革に伴う生涯学習関連施設等の公的管理の変容（内田広之）　72-75
　公共セクターの転換と財団の今日的課題（背戸博史）　　　　　　 76-79
　生涯学習施設の指定管理者としてのNPOの諸相（泉山靖人）　　　 79-82
　<討論とまとめ>（宮腰英一）　　　　　　　　　　　　　　　　　82-84

II　義務教育における"愛国心教育"を考える―日米欧比較を通じて―
　フランスにおける「共和国の価値・象徴」に関する教育（大津尚志）　85-88
　ドイツの州憲法教育規定にみる共通教育目的とポリティクス（大野亜由未）
　　　　　　　　　　　　　　　　　　　　　　　　　　　　　　　89-93
　"アメリカ人を創る"―"自由の国アメリカ合衆国"のジレンマ―（坂田仰）
　　　　　　　　　　　　　　　　　　　　　　　　　　　　　　　93-96
　日本における"愛国心教育"の歴史と展望（田中洋）　　　　　　　97-100
　<企画者のコメント>改憲と二つのナショナリズム（高橋寛）　　100-102

III　初期教育制度
　保育施設における親支援―その課題と可能性を探る―
　ニュージーランドの保育施設における親支援―現状と
　　課題―（石毛久美子）　　　　　　　　　　　　　　　　　　103-106
　スウェーデンの保育制度における親の参加―親協同組合幼稚園

の現状と課題―（大城愛子）　　　　　　　　　　　106-109
　　保育施設における親支援の現状と課題(加藤繁美)　　109-112
　　＜討論とまとめ＞保育施設における親支援―なにを、
　　　どこまで(伊藤良高)　　　　　　　　　　　　　　112-114
自由研究論文
　　米国ワシントン州におけるチャータースクール法制化の拒否
　　　―No Child Left Behind 法下の模索―（杉浦慶子）　116-129
　　就学義務制度上における契約概念の検討（雪丸武彦）　130-143
　　教育委員会の適正規模の問題の諸側面―個人と組織の関係性
　　　の視点から―（佐々木幸寿）　　　　　　　　　　144-157
　　米国の大学のキャリア形成支援における準専門職学生の役割と効果
　　　―問題対応的な対個人支援におけるスタッフの職務分担に
　　　着目して―（橋場論）　　　　　　　　　　　　　158-172
　　地方公共団体の生涯学習施策における住民参加の拡大と
　　　行政の役割(後藤武俊・岡敬一郎)　　　　　　　　173-186
教育制度研究情報
　〇教育制度研究動向紹介
　　特別支援教育体制における教職員の役割に関する研究と
　　　動向(田口康明)　　　　　　　　　　　　　　　　188-191
　　教員制度改革の展開と研究動向―養成・研修・評価を
　　　中心に―（山下晃一）　　　　　　　　　　　　　192-196
　　「キャリア形成支援」のための生涯学習制度研究の課題(猿田真嗣)　196-200
　〇教育制度国内最前線情報
　　学校参画制度の現状と課題(日高和美)　　　　　　　201-206
　　学校事務の共同実施の動向(藤原文雄)　　　　　　　207-211
　〇教育制度国外最前線情報
　　オーストラリアにおける学力向上政策(伊井義人)　　212-216
　　イギリスにおける教員評価(堀井啓幸)　　　　　　　217-221
書評
　　書評　青木栄一著『教育行政の政府間関係』（横井敏郎）　224-229
　　書評に応えて(青木栄一)　　　　　　　　　　　　　229-234
　　書評　清田夏代著『現代イギリスの教育行政改革』（沖清豪）　235-240
　　書評にお応えして(清田夏代)　　　　　　　　　　　240-245
日本教育制度学会情報　　　　　　　　　　　　　　　　248-259
編集後記(江幡裕)　　　　　　　　　　　　　　　　　　260

『教育制度学研究』第15号（2008年11月1日発行）

第15回研究大会報告

○公開シンポジウム《学校と地域の新しい関係づくりをどう進めるか
　—これからの公立学校像を考える—》

＜解題＞学校と地域の新しい関係づくりをめぐる動向と課題
　　—これからの公立学校像をどう描くか—（葉養正明）　　　　　　　　6-15

＜報告＞
　学校と地域の新しい関係づくりをどう進めるか—川崎市立
　　土橋小学校におけるコミュニティ・スクールの取組—（小笹奨）　　　15-18
　教育改革に経営的発想を生かす（吉田和夫）　　　　　　　　　　　　　19-24
　学校と地域の新しい関係づくりをどう進めるか—これからの
　　公立学校像を考える—（亀井浩明）　　　　　　　　　　　　　　　　25-26
　＜討議とまとめ＞　学校の自律と地域の学校支援、
　　学校と協働との「間」（葉養正明）　　　　　　　　　　　　　　　　27-28

○課題別セッション

Ⅰ　学校教育の自由化を考える
　教育の規制改革における学校選択の位置（高橋寛人）　　　　　　　　　29-33
　教育バウチャー議論の軌跡と現代的意味—教育制度の「公共性」に
　　照射して—（坂田仰）　　　　　　　　　　　　　　　　　　　　　　34-37
　株式会社立学校・NPO法人立学校の評価をめぐる問題点（窪田眞二）　　38-41
　＜討論とまとめ＞（二宮皓）　　　　　　　　　　　　　　　　　　　　41-42

Ⅱ　学校管理職資格・養成制度の国際比較
　米国における学校管理職養成制度改革—レビン・レポート
　　（2005年）の分析—（大桃敏行）　　　　　　　　　　　　　　　　　43-48
　カナダ・オンタリオ州における学校管理職養成・資格制度
　　—制度を支える理念・鍵的概念に着目して—（南部初世）　　　　　　48-53
　日本における現状と課題—「学校組織マネジメント」教育・研修の
　　広がりに着目して—（木岡一明）　　　　　　　　　　　　　　　　　54-56
　＜討議とまとめ＞学校管理職力量形成のための基礎制度（雲尾周）　　　57-59

Ⅲ　大学における二元行政下の専門職養成カリキュラムの検討
　看護師養成カリキュラムの現状と課題（佐々木幾美）　　　　　　　　　60-65
　管理栄養士養成カリキュラムの現状と課題（楠木伊津美）　　　　　　　65-70
　社会福祉士養成カリキュラムの現状と課題（高瀬淳）　　　　　　　　　70-74
　＜討議とまとめ＞大学における二元行政下の専門職養成
　　カリキュラムの課題（住岡敏弘）　　　　　　　　　　　　　　　　　75-78

Ⅳ　ネットワーク型支援体制による地域人材育成の現状と課題
　　―日英の事例調査を通して―
　日本における生涯学習施策の転換とネットワーク型学習支援(背戸博史) 79-84
　地域人材育成推進におけるネットワーク構築―文部科学省「再チャレンジの
　　ための学習支援システムの構築」事業採択事例調査より―(泉山靖人) 84-89
　英国の「地域人材育成」施策の特質―スコットランドの地域再生
　　プログラムから―(吉原美那子)　　　　　　　　　　　　　　　 89-94
　＜討議とまとめ＞ネットワークによる学習支援(宮腰英一)　　　　　 94-96
Ⅴ　保育所保育指針の告示化を考える―その意義と課題の検討―
　保育所保育指針の告示化を考える―改定のねらいと経緯
　　の観点から―(加藤繁美)　　　　　　　　　　　　　　　　　　 97-102
　保育所保育指針の告示化を考える―幼稚園教育要領との
　　比較の観点から―(秋川陽一)　　　　　　　　　　　　　　　 102-107
　保育所保育指針の告示化を考える―保育所経営の観点から―(伊藤良高)
　　　　　　　　　　　　　　　　　　　　　　　　　　　　　　 107-112
　＜討議とまとめ＞保育所保育指針の告示化が抱える課題(矢藤誠慈郎)
　　　　　　　　　　　　　　　　　　　　　　　　　　　　　　 113-115

自由研究論文
　ニュージーランドにおける教員の業務・業績管理システムに
　　関する考察―教員評価と職能開発―(高橋望)　　　　　　　　 118-131
　対学校特定補助金(categorical fund)の功罪に関する研究
　　―米国ニューヨーク州における低学年学級規模縮小政策の
　　運用実態分析を通じて―(貞広斎子)　　　　　　　　　　　　 132-145
　アメリカ連邦政府による高等教育政策の普及に関する方策
　　―FIPSEを一事例として―(吉田武大)　　　　　　　　　　　 146-160

教育制度研究情報
○教育制度研究動向紹介
　義務教育制度に関する研究動向(渡邊あや)　　　　　　　　　　 162-165
　後期中等教育制度に関する研究動向(山﨑保寿)　　　　　　　　 165-169
　教育経営・行政制度に関する研究動向(関芽)　　　　　　　　　 169-173
○教育制度国内最前線情報
　教員の「公募制」人事および「FA制」人事の動向(川上泰彦)　　 174-179
　教職員の非違行為と情報公開―公務員の氏名公開に関する議論を
　　参考に―(河内祥子)　　　　　　　　　　　　　　　　　　　 179-186
○教育制度国外最前線情報

ロシア連邦における教育課程基準と児童生徒の資質・能力(高瀬淳)　187-191
マレーシアにおける教育制度の改革動向
　　―就学前教育と初等教育を中心に―　(鴨川明子)　192-196

書評
　書評　佐藤修司著『教育基本法の理念と課題
　　―戦後教育改革と内外事項区分論』(中田康彦)　198-203
　書評に応えて(佐藤修司)　204-209
　書評　鳥居朋子著『戦後初期における大学改革構想の研究』(金子勉)　210-214
　書評にお応えして(鳥居朋子)　215-222

日本教育制度学会情報　224-235

編集後記(江幡裕)　236

『教育制度学研究』第16号(2009年11月1日発行)

○公開シンポジウム《日本における多文化状況の進行と公教育の責任をどう考えるか》
　<解題>　日本における多文化状況の進行と公教育の責任(佐久間正夫)　6-8
　<報告>
　　アメラジアンの教育権保障運動が示唆すること(野入直美)　8-16
　　グローバル時代の「国民」教育制度の限界と課題(嶺井明子)　16-25
　　多文化状況の進行と公教育の存在意義
　　　―憲法・義務教育制度・国民統合―　(坂田仰)　25-35

○課題別セッション
　Ⅰ　教員養成高度化の国際比較
　　米国における教員養成システムの変動(大桃敏行)　36-41
　　中国における教員養成の高度化
　　　―現職教育による専門職学位「教育修士」―　(雲尾周)　42-46
　　日本における教員養成の高度化(木岡一明)　46-51
　　<討論とまとめ>　制度改革の課題(南部初世)　51-53

　Ⅱ　「公立」であることの意義―公立幼稚園の存在理由とはなにか―
　　公立幼稚園の存在意義
　　　―地方公共団体の報告書等を手がかりに―　(藤井穂高)　54-59
　　公立幼稚園は必要か―その基礎理論的検討―(広瀬義徳)　59-64
　　<討論とまとめ>　幼児教育の公共性と公立幼稚園の近未来像
　　　―公立幼稚園に明日はあるか―　(伊藤良高)　65-67

Ⅲ 生涯学習推進体制における「協働」のレトリックと多様性
　住民参加型生涯学習事業の組織・運営にみる「協働」
　　―東京都墨田区事例―（後藤武俊）　　　　　　　　　　　68-73
　地域振興型生涯教育の推進体制における「協働」のレトリック
　　―岩手県金ケ崎町事例―（背戸博史）　　　　　　　　　　73-78
　NPOとの協働による生涯学習の推進
　　―東京都杉並区の事例―（泉山靖人）　　　　　　　　　　78-83
　＜討論とまとめ＞ 生涯学習の振興における「協働」の
　　レトリック（宮腰英一）　　　　　　　　　　　　　　　　83-85
Ⅳ PISAテストと義務教育制度―フィンランド、ドイツからの示唆―
　フィンランドにおけるPISAの受容と義務教育の展望（渡邊あや） 86-90
　ドイツの義務教育政策に与えたPISAの影響（大野亜由未）　　 90-94
　PISAテストと義務教育制度―フィンランド・ドイツからの示唆と
　　日本への示唆―（二宮皓）　　　　　　　　　　　　　　　94-98
　＜討論とまとめ＞ PISAテストと義務教育制度の行方（坂田仰） 98-100

自由研究論文
　基礎自治体における子ども行政の一元化に関する研究
　　―教育委員会における「こども課」設置を中心に―（安宅仁人） 102-115
　市費負担教員制度による少人数学級の導入と課題（押田貴久）　 116-129
　教育制度研究情報
○教育制度研究動向紹介
　教育行政の制度原理に関する研究動向（村上祐介）　　　　　 132-136
　初期教育制度改革の展開と研究動向―保育・幼児教育制度改革に
　　焦点をあてながら―（加藤繁美）　　　　　　　　　　　　 136-140
　高等教育に関する研究動向―質保証システムに注目して―（鳥居朋子）
　　　　　　　　　　　　　　　　　　　　　　　　　　　　 140-145
○教育制度国内最前線情報
　学校評価の制度化と学校における実施状況（垂見直樹）　　　 146-151
　大学におけるキャリア形成支援の動向と課題―近年の調査研究と
　　文部科学省による施策の検討を中心として―（橋場論）　　 151-156
○教育制度国外最前線情報
　フランスにおける通学区域緩和措置（小林純子）　　　　　　 157-162
　台湾の大学における教員養成制度改革のインパクト（小川佳万） 162-167
書評
　書評　松井一麿著『イギリス国民教育に関わる国家関与の

構造』（清田夏代）　　　　　　　　　　　　　　170-175
　　書評に応えて（松井一麿）　　　　　　　　　　　176-180
　　書評　植村広美著『中国における「農民工子女」の教育機会に
　　　関する制度と実態』（小川佳万）　　　　　　　181-186
　　書評にお応えして（植村広美）　　　　　　　　186-191
　　書評　佐々木司著『カリフォルニア州学校選択制度研究』（柳林信彦）　192-196
　　書評にお応えして（佐々木司）　　　　　　　　197-202
日本教育制度学会情報　　　　　　　　　　　　　　204-215
編集後記（仙波克也）　　　　　　　　　　　　　　　　216

『教育制度学研究』第17号（2010年11月1日発行）
第17回研究大会報告
○公開シンポジウム《地域生涯学習システムへの期待と現実》
　＜解題＞　地域生涯学習システムへの期待と現実
　　　―その政策動向を中心に―（猿田真嗣）　　　6-16
　＜報告＞
　地域生涯学習システムへの期待と現実
　　　―生涯学習推進行政の立場から―（杉浦正則）　16-22
　地域生涯学習システムへの期待と現実
　　　―NPO・指定管理者の立場から―（松下光恵）　23-28
　地域生涯学習システムへの期待と現実
　　　―大学生涯学習センターの立場から―（阿部耕也）　29-39
　地域生涯学習システムへの期待と現実
　　　―教育制度学研究の視点から―（渋谷英章）　　39-48
　＜討論とまとめ＞　地域生涯学習システムの理論的・
　　実践的課題（猿田真嗣）　　　　　　　　　　　48-52
○課題別セッション
Ⅰ　教育制度分析は因果関係を明らかにできるか？―社会科学と制度分析―
　　教育制度研究の制度観と分析視角（荒井英治郎）　53-58
　　社会科学における制度論の発展と教育制度研究（村上祐介）　59-64
　　＜討論とまとめ＞　新制度論のレビューを通じて教育の制度分析
　　　の可能性を探る（青木栄一）　　　　　　　　64-66
Ⅱ　学校評価システムの展開過程に関する研究―日本・英国・NZでの
　　学校評価システムの運用における支援とその特質に着目して―

〔付録〕 日本教育制度学会 20 年の歩み　259

　　学校評価システムの展開過程に関する研究＜英国の場合＞(高妻紳二郎)　67-71
　　学校評価システムの展開過程に関する研究
　　　＜ニュージーランドの場合＞(福本みちよ)　71-74
　　学校評価システムの展開過程に関する研究＜日本の場合＞(加藤崇英)　74-78
　　＜討論とまとめ＞　学校評価システムにおける支援機能に関する
　　　課題と展望(湯藤定宗)　78-80
Ⅲ　教育における規制緩和と国家責任―国家統制批判と規制緩和をめぐる相克―
　　教育における規制改革の現状と課題(谷口聡)　81-86
　　立憲主義からみた教育の新自由主義と国家責任(松下丈宏)　87-92
　　教育の自由論からみた規制緩和をめぐる問題(髙橋哲)　92-97
　　＜討論とまとめ＞　規制緩和と国家責任論から教育行政・
　　　制度学を照射する(高橋寛人)　98-99
Ⅳ　中高一貫教育制度の構造的変化と課題
　　中高一貫教育制度の認識枠組み(大脇康弘)　100-104
　　中高一貫教育制度の構造的変化(澤田裕之)　105-108
　　公立中高一貫教育校の事例分析(戸塚忠治)　109-112
　　中高一貫教育制度の課題と展望(山﨑保寿)　113-116
　　＜討論とまとめ＞　中高一貫教育校の構造的変化から見出された
　　　課題(亀井浩明・坂田仰)　117-119
Ⅴ　初期教育制度―幼児期の教育の「質向上」問題～その教育制度論的
　　課題の探求―
　　幼児期の教育の「質向上」問題―その動向と研究課題―（秋川陽一）　120-125
　　義務教育及び高等教育の「質保証」問題
　　　―幼児期の教育の「質向上」問題との比較のために―（藤井穂高）　125-130
　　保育の質の向上と『保育所の自己評価ガイドライン』(矢藤誠慈郎)　130-134
　　＜討論とまとめ＞　保育制度改革の展開と幼児期の教育の
　　　「質向上」問題―教育制度論的アプローチから考える―（伊藤良高）　135-137
Ⅵ　高等教育におけるグローバル化の影響に関する研究
　　グローバル化時代における現象の同時性と多様性(荒井克弘)　139-140
　　グローバル時代における高等教育の学習成果をどう測定するのか：
　　　現状と課題(山田礼子)　140-141
　　高等教育におけるグローバル化の影響に関する研究(二宮晧)　141-142
　　＜討論とまとめ＞(二宮晧)　142-143
自由研究論文
　　親や住民のボランティアが学びの場に及ぼす影響―児童および

教員との関係性に着目して―（武井哲郎） 146-160

インドの教育制度における「影の制度」の位置づけの検討―無認可学校
の統制をめぐるデリー高等裁判所での訴訟の分析―（小原優貴） 161-174

学校管理職の任用システムに関する研究
―女性教員の管理職への昇任プロセスに着目して―（楊川） 175-189

教育制度研究情報

○教育制度研究動向紹介

教員制度改革の進展と研究動向（笹田茂樹） 192-196

専門教育制度に関する研究動向（丸山和昭） 196-200

福祉教育制度に関する研究動向（住岡敏弘） 200-204

○教育制度国内最前線情報

教育委員会制度改革と地方教育行政（辻村貴洋） 205-210

校長・教頭等任用制度の全国的動向（楊川） 210-215

○教育制度国外最前線情報

能力認証に関する国レベル枠組みの動向―イギリス（イングランド）
におけるNQFからQCFへの移行を事例に―（柳田雅明） 216-220

アメリカ合衆国における教員制度の現状と研究上の要請（小野瀬善行） 221-225

書評

書評 堀和郎・柳林信彦著『教育委員会制度再生の条件 運用実態の
実証的分析に基づいて』（日髙和美） 228-232

書評に応えて（堀和郎） 233-240

書評 髙橋寛人著『20世紀日本の公立大学』（大谷奨） 241-246

書評にお応えして（髙橋寛人） 246-251

日本教育制度学会情報 254-265

編集後記（坂田仰） 266

『教育制度学研究』第18号（2011年11月1日発行）

第18回研究大会報告

○公開シンポジウム

《構造改革と質の向上を考える―幼保一体化の新たな制度を切り口にして―》

＜解題＞ シンポジウムの企画趣旨と報告（堀井啓幸・秋川陽一） 6-10

＜報告＞

新たな制度と構造改革（加藤繁美） 11-20

規制緩和のメリット・デメリット（鈴木信行） 21-25

新たな制度と質の向上（阿部真美子）　　　　　　　　　　　　26-37
○課題別セッション
　Ⅰ　教育制度研究に制度変化の理論を導入する―教育の制度分析に
　　　歴史的制度論を移入する―
　　システム論的アプローチによる学校体系論（井本佳宏）　　　38-43
　　「社会資源の複合体」としての学校制度（湯田拓史）　　　　　43-48
　　＜討論とまとめ＞ 教育の制度分析に歴史的制度論を移入する（青木栄一）
　　　　　　　　　　　　　　　　　　　　　　　　　　　　　　48-50
　Ⅱ　義務教育学校をめぐる学校行政制度の検討
　　教育における意思決定の公共性と公選制教育委員会制度（石井拓児）　51-56
　　「学校理事会」構想と学校行政制度変革の可能性（大野裕己）　56-61
　　教育委員会制度の歴史と必要性（髙橋寛人）　　　　　　　　62-66
　　＜討論とまとめ＞ 3制度の比較による理論的課題（南部初世）　67-69
　Ⅲ　生涯学習の推進に係る専門職の再考
　　生涯学習推進に係る専門性の多様化（背戸博史）　　　　　　70-75
　　生涯学習推進主体に求められる資質・知識・技能について（後藤武俊）　76-80
　　生涯学習の推進に係る専門職の再考―東京都杉並区での
　　　社会教育主事経験から―（中曽根聡）　　　　　　　　　　81-85
　　＜指定討論＞ 生涯学習推進に係る専門性・主体の多様化と
　　　専門職（岡敬一郎）　　　　　　　　　　　　　　　　　　85-87
　　＜討論とまとめ＞ 時代のニーズの変化に伴う専門性の変容（宮腰英一）　87-89
　Ⅳ　専門職性をはぐくむ看護師養成教育の質的保証に関する研究
　　専門職をめぐる展開と今日的課題（坂本泰雅・小早川倫美）　90-94
　　タイアップ科目の現状と課題―ヘルスアセスメント
　　　実践論―（渡邊裕子）　　　　　　　　　　　　　　　　　95-99
　　移り変わる療養の場、暮らしの場での看護（大町いづみ）　　99-103
　　＜討論とまとめ＞ 専門職性をはぐくむ看護師養成教育の
　　　質的保証に向けて（中嶋一恵）　　　　　　　　　　　　　103-106
　Ⅴ　高等教育におけるグローバル化の影響に関する研究
　　内部保証システムの視点から―構成要件および運用をめぐる
　　　議論―（鳥居朋子）　　　　　　　　　　　　　　　　　　108-109
　　旧ソ連圏における高等教育改革とボローニャ・プロセス
　　　―中央アジアを事例として―（河野明日香）　　　　　　　110-112
　　欧州の小国にみるグローバル化への対応を中心として（渡邊あや）　112-113
　　高等教育のグローバル化の影響に関する研究―短期高等教育を

中心として―（和賀崇）　　　　　　　　　　　　　　113-115
　アジアにおける動向を中心として（二宮晧）　　　　　　115-116
　＜討論とまとめ＞　複雑化する高等教育改革（荒井克弘）　116-117
Ⅵ　学校評価システムの展開過程に関する研究Ⅱ ―事例を通してみる
　　学校評価が有効に機能するための要因の検討―
　学校評価システムの到達点―福岡県を事例として―（高妻紳二郎）　118-122
　自己評価：計画と評価の一体化―横浜市を事例として―（福本みちよ）
　　　　　　　　　　　　　　　　　　　　　　　　　　　122-126
　学校関係者評価：協同的な学校評価システムづくり
　　―長崎県西海市を事例として―（髙橋望）　　　　　　126-130
　第三者評価：専門的評価を組み込んだシステム設計
　　―品川区を事例として―（木岡一明）　　　　　　　　130-134
　＜討論とまとめ＞　わが国の学校評価システムにおける今後の可能性
　　―指導主事機能と第三者評価、それぞれの強化の
　　あり方をめぐって―（加藤崇英）　　　　　　　　　　134-136
Ⅶ　新たな教員養成・免許制度の可能性と課題
　中央教育審議会論議(特別部会・教員養成部会)の
　　方向性を探る（八尾坂修）　　　　　　　　　　　　　137-142
　教職大学院制度と資格・免許制度―専門職学位「教職修士
　　（専門職）」の意義―（大竹晋吾）　　　　　　　　　142-146
　教員養成制度における修士号取得の意義と課題―オルタナティブな
　　取得ルートを踏まえて―（小野瀬善行）　　　　　　　146-150
　教員養成に係る課程認定や事後評価システムのあり方―アメリカの
　　アクレディテーションを踏まえて―（佐藤仁）　　　　151-155
　＜討論とまとめ＞　教員養成・免許制度をめぐる研究課題
　　―日米比較の深化を目指して―（山本晃一）　　　　　156-158
自由研究論文
　2007年地教行法改正にみる教育委員会の点検・評価制度の成立過程
　　―教育委員会―教育長の指揮監督関係に注目して―（大畠菜穂子）　160-174
　米国における公立学校教員報酬制度の今日的傾向と特質（藤村祐子）　175-190
教育制度研究情報
〇教育制度研究動向紹介
　教育課程をめぐる教育経営・教育行政制度に関する研究動向（押田貴久）
　　　　　　　　　　　　　　　　　　　　　　　　　　　192-196
　義務教育制度の研究動向（小入羽秀敬）　　　　　　　　196-199

後期中等教育研究動向(亀井浩明)　　　　　　　　　　　　200-207
○教育制度国内最前線情報
　　防災拠点としての学校―東日本大震災から問われる課題―（堀井啓幸）
　　　　　　　　　　　　　　　　　　　　　　　　　　　　208-213
　　高大接続：大学入学基準を考える(荒井克弘)　　　　　　　213-218
○教育制度国外最前線情報
　　韓国における高校「平準化」政策と葛藤(田中光晴)　　　　219-224
　　オランダにおける私学助成制度の現状と課題(澤田裕之)　　224-229
書評
　　書評　村上祐介著『教育行政の政治学―教育委員会制度の改革と
　　　実態に関する実証的研究―』(雪丸武彦)　　　　　　　　232-236
　　書評にお応えして(村上祐介)　　　　　　　　　　　　　　237-241
日本教育制度学会情報　　　　　　　　　　　　　　　　　244-255
編集後記(坂田仰)　　　　　　　　　　　　　　　　　　　　　256

『教育制度学研究』第19号(2012年11月1日発行)

特集《知識基盤社会における教育制度のあり方を問う①
　　―高等教育制度を中心にして―》
　　はじめに(木岡一明)　　　　　　　　　　　　　　　　　　　6-8
　　学士課程教育の質保証に向けての改革課題―学習成果アセスメントを
　　　巡って―（山田礼子）　　　　　　　　　　　　　　　　　9-24
　　学士課程教育におけるキャリア開発の現状と課題―大学設置基準の
　　　改正を巡って―（橋場論）　　　　　　　　　　　　　　25-37
　　「多様な大学入学者選抜制度」の今日的状況―その理念と現実とが
　　　邂逅する「現場」からの所感―（木村拓也）　　　　　　38-53
第19回研究大会報告
○公開シンポジウム
　　「21世紀教育改革の原理を問う(1)」　　　　　　　　　　　56-65
　　シンポジスト：桑原敏明・江幡裕・秋川陽一・窪田眞二・亀井浩明・山田礼子・
　　　山下晃一・背戸博史・高瀬淳・木岡一明
　　司会：澤井昭男・清水一彦
　　＜資料１＞日本教育制度学会第19回大会シンポジウムの趣旨(桑原敏明)
　　　　　　　　　　　　　　　　　　　　　　　　　　　　　 66-67
　　＜資料２＞日本教育制度学会創立20周年記念事業『「21世紀人類教育制度

　　　　改革指針」とその解説』要項(案)（桑原敏明）　　　　　　　　68-81
○課題別セッション
Ⅰ　コミュニティの再生と生涯学習
　　自治基本条例・総合計画等の策定・実施プロセスにおける
　　　学習機会の提供―埼玉県三郷市事例―（後藤武俊）　　　　　83-87
　　定住自立圏の形成過程における教育／学習の多様な介在（背戸博史）　88-93
　　図書館の情報拠点化とプロスポーツチームを核としたまちづくり
　　　―図書館海援隊・川崎市事例―（泉山靖人）　　　　　　　　93-98
　　＜討論とまとめ＞　コミュニティ再生への生涯学習の新たな
　　　ミッション（宮腰英一）　　　　　　　　　　　　　　　　　98-100
Ⅱ　教育の制度化をどう説明するか
　　米国の教員組合運動と教育労働法制改革―法と運動の相互関係を
　　　めぐって―（高橋哲）　　　　　　　　　　　　　　　　　　101-106
　　「教育の地方自治」制度化の構想と展開―教育専門職
　　　リーダーシップの位置づけをめぐって―（辻村貴洋）　　　　106-111
　　＜討論とまとめ＞　教育の制度化をどう説明するか（青木栄一）　111-113
Ⅲ　保育制度改革と保育施設経営
　　保育制度改革と保育施設経営―自著『保育制度改革と保育施設経営』
　　　（風間書房、2011年)の紹介―（伊藤良高）　　　　　　　　114-120
　　保育制度改革と保育施設経営：教育制度研究の立場から（荒川麻里）　120-124
　　保育制度改革と保育施設経営：保育実践研究の立場から（木戸啓子）　125-130
　　＜討論とまとめ＞　保育施設の「経営」と「自治」（藤井穂高）　130-132
Ⅳ　高等教育におけるグローバル化の影響に関する研究
　　企画の趣旨（二宮皓）　　　　　　　　　　　　　　　　　　　133-134
　　国境を超える米国のアクレディテーション
　　　―その背景と意味―（佐藤仁）　　　　　　　　　　　　　134-135
　　高等教育政策に見られる世界の共通点
　　　―グローバル化の影響を軸に―（山田礼子）　　　　　　　135-137
　　高等教育におけるグローバル化の影響（荒井克弘）　　　　　　137-138
　　高等教育におけるグローバル化の影響に関する研究
　　　―「まとめ」のためのフレームワーク―（二宮皓）　　　　139-141
Ⅴ　学校現場からみた高校教育改革
　　高校教育改革による学校現場の変容（山﨑保寿）　　　　　　　142-146
　　高校教育改革を学校現場から読み解く（澤田裕之）　　　　　　146-151
　　学校現場から見た東京都の高校教育改革（大河内保雪）　　　　152-154

＜討論とまとめ＞ 2000年以降の高校教育改革の検証とこれからの
　　高校教育制度研究(亀井浩明・堀井啓幸)　　　　　　　　　　　154-157
Ⅵ　**教員制度における現代的教育課題への"応答性"の再構築**
　　―日米比較の観点から―
　　教員の専門性と社会的予期の相互調整をめぐる問題
　　　　―日米の状況から―（山下晃一）　　　　　　　　　　　　159-164
　　教員資格・養成・研修制度における社会的応答性再構築の課題
　　　　―ペンシルベニア州の事例検討を中心に―（大野裕己）　　　165-169
　　アメリカ合衆国における「臨床」を重視した教員養成
　　プログラム再編の特質と課題―NCATE学識者会議報告書(2010)を
　　　　手がかりとして―（小野瀬善行）　　　　　　　　　　　　170-174
　　現職教育制度における現代的教育課題への"応答性"
　　　　―教員免許状更新講習を中心に―（生嶌亜樹子）　　　　　175-178
　　＜討論とまとめ＞ 教員制度における現代的教育課題への
　　　　"応答性"の再構築に関する議論と今後の課題(湯藤定宗)　　179-181
自由研究論文
　　近代沖縄における研究訓導制度史の研究
　　　　―その運営過程と効果に注目して―（藤澤健一）　　　　　184-197
　　米国オバマ政権下のRace to the Topによる教育改革
　　　　―ワシントン州の分析から―（杉浦慶子）　　　　　　　　198-211
　　王政復古期のネパールにおける教育行政制度整備過程の特徴と帰結
　　　　―NNEPCの教育行政計画における教育委員会構想に焦点を
　　　　当てて―（中村裕）　　　　　　　　　　　　　　　　　212-225
　　ドイツにおける「目標協定(Zielvereinbarung)」制度
　　　　―学校と学校監督の新たな関係―（南部初世）　　　　　　226-240
　　米国カリフォルニア州の学級規模縮小法案の成立要因
　　　　―1996年の州議会における成立過程に着目して―（星野真澄）　241-255
　　公立学校教員に対する懲戒処分の規定要因―飲酒運転裁判における
　　　　「信用失墜行為」に焦点を当てて―（山田知代・坂田仰）　256-269
教育制度研究情報
○教育制度研究動向紹介
　　制度原理に関する研究動向(荒井英治郎)　　　　　　　　　　　272-279
　　初期教育制度に関する研究動向(大城愛子)　　　　　　　　　　280-283
　　高等教育に関する研究動向(和賀崇)　　　　　　　　　　　　　283-287
○教育制度国外最前線情報

ニュージーランドの高等教育における質保証システム(福本みちよ)　288-293
　　中国の高級中学における国際部の制度的特質(小野寺香)　293-298
書評
　書評　松原信継著『アメリカにおける教育官僚制の発展と克服に
　　関する研究―歴史的・制度的視点から―』(後藤武俊)　300-305
　書評にお応えして(松原信継)　305-310
　書評　髙橋哲『現代米国の教員団体と教育労働法制改革
　　―公立学校教員の労働基本権と専門職性をめぐる相克』(坂田仰)　311-316
　書評にお応えして(髙橋哲)　316-321
日本教育制度学会情報　324-335
編集後記(木岡一明)　336

『教育改革への提言集』(2002年12月1日発行)

はじめに(桑原敏明)　iii - v
第1章　教育制度の原理を考える
　第1節　学習権―児童の最善の利益―を軸とする教育制度
　　の構築を(若井彌一)　3-12
　第2節　選択の自由・市場原理を問い直す(亀井浩明)　12-22
　第3節　インクルーシヴ教育の確立に向けて(嶺井正也)　23-33
　第4節　「国民」教育制度を問う―外国籍の子どもの
　　学習権保障を(嶺井明子)　33-42
第2章　早幼児期における発達・学習支援制度の構築を(桑原敏明)　43-58
第3章　義務教育制度の見直し
　第1節　活動主義から初等教育を見直す(藤井穂高)　59-68
　第2節　教育機会を保障する義務教育から能力獲得を保障する
　　「義務」教育へ(渋谷英章)　69-75
　【小提言1】学校のあり方を根本的に見直し、義務制、無償制を
　　縮小する方向へ(石村雅雄)　76
第4章　青年期の教育制度
　第1節　高校教育の総合化・選択化の理論(大脇康弘)　77-89
　第2節　学習・学校から労働・社会への接続こそ(岩橋法雄)　89-102
第5章　大学制度
　第1節　大学における教養教育の再構築を(清水一彦)　103-114
　【小提言2】専攻と学位に関する選択肢の拡大(井口千鶴)　115

〔付録〕日本教育制度学会20年の歩み　267

　【小提言3】グローバル化を意識した高等教育改革(井口千鶴)　　116
　【小提言4】大学制度の開放と国際化(村田鈴子)　　117
　第2節　大学における教育、研究、経営の機能分担を(馬場将光)　118-129
　第3節　公私協力方式の構築(村田鈴子)　　129-141
第6章　教師教育制度
　第1節　教員養成系大学・学部から教師教育系大学・学部への
　　　　転換(葉養正明)　　142-151
　第2節　校長職養成の制度化(中留武昭)　　151-162
第7章　学校施策の改革
　第1節　少人数教育・学級編制弾力化(八尾坂修)　　163-175
　【小提言5】日本の教職員は総合職、よって教員一人あたりの
　　　　生徒数国際比較の見直しを(小野田正利)　　176
　第2節　教科書検定を廃止する(榊達雄)　　177-187
第8章　学校経営制度の改革
　第1節　学校と地域との連携を考える
　　　　―学校・教育委員会への提言―（堀井啓幸)　　188-198
　【小提言6】教育委員会制度を廃止し、教育もそれ自身、今後改革
　　　　されていく「一般」政治意思集約システムの中で揉まれるような
　　　　骨太の教育システムを構築する(石村雅雄)　　199
　【小提言7】地域に開かれたPTA・学校支援ボランティアの創始(井口千鶴)　200
　第2節　学校評議員制度を契機に参加協力型学校づくりを(浦野東洋一)
　　　　　　　　　　　　　　　　　　　　　　　　　　　　201-211
　第3節　学校苦情への対応と処理体制の確立を(小野田正利)　211-222
　第4節　学校評価・学校支援システムを考える(木岡一明)　　222-233
おわりに(桑原敏明)　　234-236
執筆者略歴一覧　　237-242

『教育改革への提言集〔第2集〕』(2003年12月1日発行)

はじめに(桑原敏明)　　iii - v
第1章　生涯発達支援教育制度のグランドデザインを描く―脱
　　　　「構造改革」、脱「たくましい日本人」の教育改革を―（桑原敏明)　3-23
第2章　中央教育審議会の教育基本法改正審議に見る学習権論(江幡裕)　24-38
第3章　公立小・中学校の学校選択制と親の教育権(結城忠)　　39-50
第4章　子育て支援をめぐる幼児教育制度の改革課題(秋川陽一)　51-63

第5章　青年期教育の課題（西尾克明） 64-82
第6章　日本における「キャリア教育」導入に向けた提言―キャリア教育に関する総合的調査研究協力者会議による「中間まとめ」に寄せて―（藤田晃之） 83-97
第7章　教師の専門職性―（亀井浩明） 98-117
第8章　自律する学校－支援する教育委員会の構築―新しい学校マネジメントの構想―（大脇康弘） 118-129
第9章　教育振興基本計画のあり方（三上和夫） 130-141
第10章　義務教育費国庫負担制度改革論の射程（井深雄二） 142-152
第11章　教育費の保護者の負担軽減を考える（仙波克也） 153-162
第12章　効果的な改革の基盤整備（窪田眞二） 163-172

【資料：各教育改革諸案にみるグランド・デザイン】

1. 「新しい時代を拓く心を育てるために―次世代を育てる心を失う危機（中央教育審議会答申「幼児期からの心の教育の在り方について」）（1998年6月）（中村裕） 174-177
2. 中央教育審議会答申「新しい時代における教養教育の在り方について」（2002年2月）（吉田武大） 178-180
3. 中央教育審議会答申「大学の質の保証に係る新たなシステムの構築について」（2002年8月）（和賀崇） 181-183
4. 中央教育審議会答申「今後の教員免許制度の在り方について」（2002年2月）の意義と課題（小野瀬善行） 184-187
5. 文部科学省「キャリア教育総合計画の推進」について（前川奈津美） 188-191
6. フランスにおける2000年代のコレージュ（中学校段階）改革プラン「コレージュの変革：すべてのもののための、そして一人ひとりのためのコレージュ」（山口警子） 192-195

【コラム1】第1集・若井彌一提言を読んで（国祐道広） 196-197
【コラム2】第1集・亀井浩明提言を読んで（国祐道広） 198-199
おわりに（桑原敏明） 200-201
教育制度改革カタログと提言一覧 202-207
執筆者略歴一覧 208-211

『教育改革への提言集〔第3集〕』（2004年12月1日発行）

はじめに（桑原敏明） ⅲ - ⅴ
第1部　教育改革の原理

第1章 「知る」から「分かる」の教育へ(鈴木正幸)	5-15
第2章 教育のみらい　学校のゆくえ(下村哲夫)	16-47
第3章 教育制度設計士の創設(桑原敏明)	48-60

第2部　各制度領域の改革

第4章 義務教育など学校教育に係る諸制度のあり方について ―15年制シームレス＆パッチワーク学校制度と多様な修学年数学校の共存―（国祐道広）	63-67
第5章 公立幼稚園という問題(藤井穂高)	68-80
【コラム1】学校は児童虐待の予防、早期発見、問題解決に向けて真剣な取り組みを(井口千鶴)	81-82
第6章 高等学校「普通科」の課題と改革の方向性(西山 薫)	83-96
第7章 大学卒業制度の改革提言(清水一彦)	97-110
第8章 大学システムにおけるベンチマーキング ―大学評価へのDEAの導入―（馬場将光）	111-120
【コラム2】市民の生涯学習要求や外部研究者の研究要求にもっと開かれた大学図書館を(井口千鶴)	121-122
第9章 教員の人事評価制度導入に向けた活路 ―諸外国の動向との比較において―（八尾坂修）	123-138
第10章 コミュニティ・スクール構想の陥穽 ―参加ではなく批判を―（木岡一明）	139-148
第11章 教科書採択を教師・父母の手に(榊達雄)	149-160
第12章 教育特区を活用した自治体内発型教育革新と教育意志決定システム見直しの視点(葉養正明)	161-169

資料：中央教育審議会の最近の提言

1. 中央教育審議会答申「初等中等教育における当面の教育課程及び指導の充実・改善方策について」(2003年10月7日)（小杉夏子）	172-176
2. 中央教育審議会答申「新しい時代にふさわしい教育基本法と教育振興基本計画の在り方について」(2003年3月20日)（岡敬一郎）	177-181
3. 中央教育審議会答申「今後の学校の管理運営の在り方について」(2004年3月4日)（吉原美那子）	182-189
4. 中央教育審議会答申「新たな留学生政策の展開について」(2003年12月16日)（陳曦）	190-193
5. 中央教育審議会答申「食に関する指導体制の整備について」(2004年1月20日)（井本佳宏）	194-198

おわりにかえて(桑原敏明)　199

教育制度改革カタログと提言一覧	200-206
執筆者略歴一覧	207-211

『教育改革への提言集〔第4集〕―改革はここから―』（2005年12月1日発行）

はじめに(桑原敏明)	ⅲ - ⅴ
第1章 「国際理解教育」と「国際教育」の概念整理を	
―「国際教育推進検討会報告」(2005年8月3日)の検討(嶺井明子)	3-16
第2章 「人間の安全保障」の議論と日本の教育改革(牛尾直行)	17-30
第3章 子どもの人権保障を目指す幼保一元化の改革課題(秋川陽一)	31-43
第4章 「親と子が共に育つ」視点に立った幼稚園経営	
―当面する改革の課題と展望(伊藤良高)	44-58
第5章 授業改革への提言(亀井浩明)	59-73
第6章 定時制の現代的特徴から出発する高校教育改革(池田賢市)	74-85
第7章 おとな準備教育の在り方―「ニート」撲滅論(桑原敏明)	86-103
第8章 「生涯学習評価システム」の構築に向けて(猿田真嗣)	104-115
第9章 学校と設置者―設置費用の負担とその管理(大谷奨)	116-127
第10章 カリキュラムマネジメントによる学校改善	
―その実態と課題性の吟味(中留武昭)	128-142
附録 年表・中央教育審議会と戦後教育改革(桑原敏明)	143-168
おわりにかえて(桑原敏明)	169
教育制度改革カタログと提言一覧	170-176
執筆者略歴一覧	177-180

『教育改革への提言集〔第5集〕―教育基本法改正案の意義を考える―』（2006年12月1日発行）

はじめに(桑原敏明)	ⅲ - ⅳ
第1部 教育基本法改正案の意義を考える	
第1章 教育基本法改正案と今後の日本の教育	
―改正は日本の教育を悪化させ、日本を衰退させる―(桑原敏明)	5-17
第2章 教育基本法改正案「愛国心」条項の意味	
―国旗国歌法のインパクトを素材として―(坂田仰)	18-26
第3章 教育基本法改正―教育行政について―(岩橋法雄)	27-38
第4章 教育基本法「改正」と地方教育行政の危機(中嶋哲彦)	39-47
第5章 教育基本法は世界教育史の遺産である(鈴木正幸)	48-55
第2部 教育改革への提言	

第1章 学校教育に対する規制緩和・民間開放の論理と問題点(高橋寛人)
　　　　　　　　　　　　　　　　　　　　　　　　　　　　59-75
第2章 校長がリードする教育改革(亀井浩明)　　　　　　　76-86
第3章 教育・学校紛争の増大にどのように対処すべきか
　　　―メディエーション(meditation)への注目―　(松原信継)　87-99
第4章 少子化社会における幼児教育改革は何を
　　　目指すべきか(秋川陽一)　　　　　　　　　　　　　100-109
第5章 中等後教育制度の設計
　　　―中等後教育システムの構築に向けて―　(仙波克也)　110-120
第6章 高等学校におけるキャリア教育の改革課題(河内祥子)　121-129
第7章 現代の高等教育改革の課題と展望
　　　―教員の組織改革への提言―　(清水一彦)　　　　　130-142
第8章 留学生からみた「課程制」大学院への課題(小川佳万)　143-157
附録『教育改革事典』への想い(桑原敏明)　　　　　　　　　161-175
執筆者略歴一覧　　　　　　　　　　　　　　　　　　　　176-180

■執筆者紹介（上巻、執筆順）

清水 一彦	筑波大学 副学長
桑原 敏明	筑波大学 名誉教授
佐藤 修司	秋田大学教育文化学部 教授
半田 勝久	東京成徳大学子ども学部 准教授
池田 賢市	中央大学文学部 教授
澤田 裕之	国際学院埼玉短期大学 講師
秋川 陽一	福山市立大学教育学部 教授
藤井 穂高	筑波大学人間系 教授
伊藤 良高	熊本学園大学社会福祉学部子ども家庭福祉学科 教授
梨子 千代美	彰栄保育福祉専門学校 非常勤講師
窪田 眞二	筑波大学人間系 教授
南部 初世	名古屋大学大学院教育発達科学研究科 教授
佐藤 晴雄	日本大学文理学部教育学科 教授
星野 真澄	筑波大学大学院人間総合科学研究科 院生
藤田 晃之	筑波大学人間系 教授
福野 裕美	岡山学院大学食物栄養学科 助教
山﨑 保寿	静岡大学大学院教育学研究科 教授
桑原 哲史	東京都立南平高等学校化学科 教諭
松原 悠	筑波大学大学院人間総合科学研究科 院生
亀井 浩明	帝京大学 名誉教授
大脇 康弘	大阪教育大学教育学部 教授

日本教育制度学会 20 周年記念出版

現代教育制度改革への提言　上巻

2013年11月15日　　初　版第1刷発行　　　　　　　　　　　〔検印省略〕
　　　　　　　　　　　　　　　　　　　　　　定価はカバーに表示してあります。

編者Ⓒ日本教育制度学会／発行者 下田勝司　　　　印刷・製本／中央精版印刷

東京都文京区向丘1-20-6　　郵便振替00110-6-37828
〒113-0023　TEL(03)3818-5521　FAX(03)3818-5514　　　　発行所　株式会社 東信堂
Published by TOSHINDO PUBLISHING CO., LTD.
1-20-6, Mukougaoka, Bunkyo-ku, Tokyo, 113-0023, Japan
E-mail : tk203444@fsinet.or.jp http://www.toshindo-pub.com

ISBN978-4-7989-1191-1　C3037　　Ⓒ Nihonkyoikuseidogakkai 2013

― 東信堂 ―

現代教育制度改革への提言 上・下	日本教育制度学会編	各二八〇〇円
教育改革への提言集 第1集〜第5集	日本教育制度学会編	各二八〇〇円
現代日本の教育課題―二一世紀の方向性を探る	村田翼夫・上田 学編著	二八〇〇円
バイリンガルテキスト現代日本の教育	村田翼夫・山口満編著	三八〇〇円
転換期を読み解く―潮木守一時評・書評集	潮木守一	二六〇〇円
大学再生への具体像―大学とは何か【第二版】	潮木守一	二四〇〇円
フンボルト理念の終焉?―現代大学の新次元	潮木守一	二五〇〇円
いくさの響きを聞きながら―横須賀そしてベルリン	潮木守一	二四〇〇円
国立大学法人の形成	大﨑 仁	二六〇〇円
国立大学・法人化の行方―自立と格差のはざまで	天野郁夫	三六〇〇円
転換期日本の大学改革―アメリカと日本	江原武一	三六〇〇円
私立大学マネジメント	(社)私立大学連盟編	四二〇〇円
私立大学の経営と拡大・再編―一九八〇年代後半以降の動態	両角亜希子	四七〇〇円
大学の発想転換―体験的イノベーション二五年	市川太一	二五〇〇円
大学のイノベーション―30年後を展望する中規模大学	坂本和一	二六〇〇円
大学のカリキュラムマネジメント―マネジメント・学習支援・連携	坂本和一	二〇〇〇円
教育機会均等への挑戦―授業料と奨学金の8カ国比較	小林雅之編著	六八〇〇円
アメリカ連邦政府による大学生経済支援政策	中留武昭	三二〇〇円
【新版】大学事務職員のための高等教育システム論―より良い大学経営専門職となるために	山本眞一	一六〇〇円
アメリカ大学管理運営職の養成	犬塚典子	三八〇〇円
アメリカにおける多文化的歴史カリキュラム	高野篤子	三二〇〇円
アメリカ公民教育におけるサービス・ラーニング	桐谷正信	三六〇〇円
	唐木清志	四六〇〇円

〒113-0023 東京都文京区向丘1-20-6
TEL 03-3818-5521 FAX 03-3818-5514 振替 00110-6-37828
Email tk203444@fsinet.or.jp URL:http://www.toshindo-pub.com/

※定価：表示価格（本体）＋税

東信堂

比較教育学事典	日本比較教育学会編	一二〇〇〇円
比較教育学―越境のレッスン	馬越徹	三六〇〇円
比較教育学―伝統・挑戦・新しいパラダイムを求めて	M・ブレイ編／馬越徹・大塚豊監訳	三八〇〇円
世界の外国人学校	末藤美津子・大塚豊監訳	三八〇〇円
多様社会カナダの「国語」教育（カナダの教育3）	関口礼子編著	三八〇〇円
国際教育開発の再検討―途上国の基礎教育普及に向けて	浪田克之介編著	二四〇〇円
中国教育の文化的基盤	顧明遠／大塚豊監訳	二九〇〇円
中国大学入試研究―変貌する国家の人材選抜	大塚豊	三六〇〇円
中国高等教育独学試験制度の展開	小川佳万・劉文君編著	三六〇〇円
大学財政―世界の経験と中国の選択	南部広孝	三三〇〇円
中国の民営高等教育機関―社会ニーズとの対応	鮑威	五四〇〇円
「改革・開放」下中国教育の動態	阿部洋編著	四六〇〇円
中国の職業教育拡大政策―背景・実現過程・帰結	呉霞	五〇四八円
中国の後期中等教育の拡大と経済発展パターン―江蘇省と広東省の比較	劉文君	三八二七円
中国高等教育の拡大と教育機会の変容	王傑	三九〇〇円
現代中国初中等教育の多様化と教育改革	楠山研	三六〇〇円
ドイツ統一・EU統合とグローバリズム―教育における国家原理と市場原理	木戸裕	六〇〇〇円
教育の視点からみたその軌跡と課題		
チリ現代教育史に関する研究	斉藤泰雄	三八〇〇円
中央アジアの教育とグローバリズム	川野辺敏編著	三二〇〇円
バングラデシュ農村の初等教育制度受容	日下部達哉	三六〇〇円
オーストラリア学校経営改革の研究―自律的学校経営とアカウンタビリティ	佐藤博志	三八〇〇円
オーストラリアの言語教育政策―多文化主義における「多様性と」「統一性」の揺らぎと共存	青木麻衣子	三八〇〇円
マレーシア青年期女性の進路形成	鴨川明子	四七〇〇円
「郷土」としての台湾―郷土教育の展開にみるアイデンティティの変容	林初梅	四六〇〇円
戦後台湾教育とナショナル・アイデンティティ	山﨑直也	四〇〇〇円

〒113-0023　東京都文京区向丘1-20-6
TEL 03-3818-5521　FAX03-3818-5514　振替 00110-6-37828
Email tk203444@fsinet.or.jp　URL:http://www.toshindo-pub.com/

※定価：表示価格（本体）＋税

東信堂

大学の自己変革とオートノミー——点検から創造へ	寺﨑昌男	二五〇〇円
大学教育の創造——歴史・システム・カリキュラム	寺﨑昌男	二五〇〇円
大学教育の可能性——教養教育・評価・実践	寺﨑昌男	二五〇〇円
大学は歴史の思想で変わる——FD・評価・私学	寺﨑昌男	二八〇〇円
大学改革 その先を読む	寺﨑昌男	一三〇〇円
大学自らの総合力——理念とFD そしてSD	寺﨑昌男	二〇〇〇円
高等教育質保証の国際比較	羽田貴史編	三六〇〇円
大学教育の臨床的研究	杉本和弘編	二八〇〇円
臨床的人間形成論の構築——臨床的人間形成論第２部	田中毎実	二八〇〇円
大学教育のネットワークを創る——FDの明日へ 京都大学高等教育研究開発推進センター編	田中毎実	三二〇〇円
ポートフォリオが日本の大学を変える——ティーチング／ラーニング／アカデミック・ポートフォリオの活用 松下佳代編集代表		二五〇〇円
ティーチング・ポートフォリオ 授業改善の秘訣	土持ゲーリー法一	二〇〇〇円
ラーニング・ポートフォリオ 学習改善の秘訣	土持ゲーリー法一	二五〇〇円
大学教育改革と授業研究	土持ゲーリー法一	二五〇〇円
大学教育実践の「現場」から	須藤敏昭	一八〇〇円
学士課程教育の質保証へむけて——学生調査と初年次教育からみえてきたもの	山田礼子	三三〇〇円
大学教育を科学する——学生の教育評価の国際比較	山田礼子編著	三六〇〇円
初年次教育でなぜ学生が成長するのか——全国大学調査からみえてきたこと	河合塾編著	二八〇〇円
アクティブラーニングでなぜ学生が成長するのか——経済系・工学系の全国大学調査からみえてきたこと	河合塾編著	二八〇〇円
教育哲学問題集——教育問題の事例分析	宇佐美寛	二八〇〇円
教育哲学	宇佐美寛	二四〇〇円
[新訂版] 大学の授業	宇佐美寛	二八〇〇円
大学授業の病理——FD批判	宇佐美寛	二五〇〇円
授業研究の病理	宇佐美寛	二五〇〇円
大学授業入門	宇佐美寛	一六〇〇円
作文の論理——〈わかる文章〉の仕組み	宇佐美寛	一九〇〇円
作文の教育——〈教養教育〉批判	宇佐美寛編著	二〇〇〇円
問題形式で考えさせる	大田邦郎	二〇〇〇円
視写の教育——〈からだ〉に読み書きさせる	池田久美子	二四〇〇円

〒113-0023　東京都文京区向丘1-20-6
TEL 03-3818-5521　FAX 03-3818-5514　振替 00110-6-37828
Email tk203444@fsinet.or.jp　URL:http://www.toshindo-pub.com/

※定価：表示価格（本体）＋税

東信堂

オックスフォード キリスト教美術・建築事典	P&L・マレー著 中森義宗監訳	三〇〇〇〇円
イタリア・ルネサンス事典	J・R・ヘイル編 中森義宗監訳	七八〇〇円
美術史の辞典	P・デューロ他 中森義宗・清水忠訳	三六〇〇円
日本人画工 牧野義雄―平治ロンドン日記	ますこ ひろしげ	五四〇〇円
ネットワーク美学の誕生	川野 洋	三六〇〇円
〈芸術学叢書〉		
芸術理論の現在―モダニズムから	藤枝晃雄編著	三八〇〇円
絵画論を超えて	谷川渥編	三八〇〇円
美を究め美に遊ぶ―芸術と社会のあわい	尾崎信一郎	四六〇〇円
バロックの魅力	江藤光紀	二六〇〇円
新版 ジャクソン・ポロック	荻野厚志	二六〇〇円
美学と現代美術の距離	小田中佳子編	二八〇〇円
ロジャー・フライの批評理論―アメリカにおけるその乖離と接近をめぐって	藤枝晃雄	三八〇〇円
レノール・フィニ―知性と感受性の間で	金 悠美	三八〇〇円
いま蘇るブリア＝サヴァランの美味学―境界を侵犯する新しい種	尾形希和子	二六〇〇円
	要 真理子	四二〇〇円
	川端晶子	三八〇〇円
〈世界美術双書〉		
バルビゾン派	井出洋一郎	二〇〇〇円
キリスト教シンボル図典	中森義宗	二三〇〇円
パルテノンとギリシア陶器	関 隆志	二三〇〇円
中国の版画―唐代から清代まで	小林宏光	二三〇〇円
象徴主義―モダニズムへの警鐘	中村隆夫	二三〇〇円
中国の仏教美術―後漢代から元代まで	久野美樹	二三〇〇円
セザンヌとその時代	浅野春男	二三〇〇円
日本の南画	武田光一	二三〇〇円
画家とふるさと	小林 忠	二三〇〇円
ドイツの国民記念碑―一九一三年	大原まゆみ	二三〇〇円
日本・アジア美術探索	永井信一	二三〇〇円
インド、チョーラ朝の美術	袋井由布子	二三〇〇円
古代ギリシアのブロンズ彫刻	羽田康一	二三〇〇円

〒113-0023　東京都文京区向丘1-20-6
TEL 03-3818-5521　FAX 03-3818-5514　振替 00110-6-37828
Email tk203444@fsinet.or.jp　URL:http://www.toshindo-pub.com/

※定価：表示価格（本体）＋税

東信堂

ハンス・ヨナス「回想記」	H・ヨナス／盛永審一郎・木下喬・馬渕浩二・山本達訳	四八〇〇円
責任という原理――科学技術文明のための倫理学の試み（新装版）	H・ヨナス／加藤尚武監訳	四八〇〇円
原子力と倫理――原子力時代の自己理解	Th・リット／小笠原道雄編	一八〇〇円
死の質――エンド・オブ・ライフケア世界ランキング	丸祐一・小野谷加奈恵・飯田亘之訳	一二〇〇円
生命の神聖性説批判	H・クーゼ／飯田亘之・石川悦久・小野谷加奈恵・片桐茂博・水野俊誠訳	四六〇〇円
メルロ＝ポンティとレヴィナス――他者への覚醒	屋良朝彦	三八〇〇円
概念と個別性――スピノザ哲学研究	朝倉友海	四六〇〇円
〈現われ〉とその秩序――メーヌ・ド・ビラン研究	村松正隆	三八〇〇円
省みることの哲学――ジャン・ナベール研究	越門勝彦	三二〇〇円
ミシェル・フーコー――批判的実証主義と主体性の哲学	手塚博	三二〇〇円
カンデライオ〈ジョルダーノ・ブルーノ著作集1巻〉	加藤守通訳	三二〇〇円
原因・原理・一者について〈ジョルダーノ・ブルーノ著作集3巻〉	加藤守通訳	四八〇〇円
傲れる野獣の追放〈ジョルダーノ・ブルーノ著作集5巻〉	加藤守通訳	五二〇〇円
英雄的狂気〈ジョルダーノ・ブルーノ著作集7巻〉	加藤守通訳	三六〇〇円
ロバのカバラ――ジョルダーノ・ブルーノにおける文学と哲学	N・オルディネ／加藤守通監訳	三六〇〇円
哲学への誘い――新しい形を求めて 全5巻		
哲学の立ち位置	松永澄夫編	三二〇〇円
哲学の振る舞い	松永澄夫編	三二〇〇円
社会の中の哲学	松永澄夫編	三二〇〇円
世界経験の枠組み	松永澄夫編	三二〇〇円
自己	松永澄夫編	三二〇〇円
哲学史を読むⅠ・Ⅱ	松永澄夫編	各三八〇〇円
言葉は社会を動かすか	伊東道生・松永澄夫編	三二〇〇円
言葉の働く場所	高橋克也編	三二〇〇円
食を料理する――哲学的考察	松永澄夫	二〇〇〇円
言葉の力《音の経験・言葉の力第Ⅰ部》	松永澄夫	二五〇〇円
音の経験《音の経験・言葉の力第Ⅱ部》――言葉はどのようにして可能となるのか	松永澄夫	二八〇〇円
環境安全という価値は…	松永澄夫編	二〇〇〇円
環境設計の思想	松永澄夫編	三二〇〇円
環境・文化と政策	松永澄夫編	三二〇〇円

〒113-0023 東京都文京区向丘1-20-6　TEL 03-3818-5521　FAX 03-3818-5514　振替 00110-6-37828
Email tk203444@fsinet.or.jp　URL:http://www.toshindo-pub.com/

※定価：表示価格（本体）＋税